Georg W. Kampfer
Fotografie: Martin Stromann

Raue Zeiten Raue Sitten

für Ostfrieslands Küste und Inseln

Ostfriesland Verlag – SKN

SEPTENTRION
MIDY
OCCIDENT
EMBDEN
AURICH
MER D'ALLEMAGNE
PAIS DE HARLING
BAILLIAGE D'AURICH
BAILLIAGE DE FRIDEBURG
SEIGNEURIE DE JEVER
Seigneurie de Kniphausen
BUTIADINGER LAND
DOLLART
EMS R.
BAILLIAGE D'EMDEN
BAILLIAGE DE LEER
BAILLIAGE DE STICKHUSEN
DE MUNSTER
D'OLDENBURG
LA PRINCIPAUTÉ D'OST=FRISE, ou LE COMTÉ D'EMBDEN, avec ses principales Jurisdictions, Carte dessinée de nouveau par TOB. CONRAD LOTTER, Geographe à AUGSBOURG.

„Dort, an einem von altersher geheiligten Ort, unter dem schirmenden Dach alter Eichen, beraten sie gemeinsam über das Wohl und Wehe des ganzen Staates, über Krieg und Frieden, über staats- und privatrechtliche Angelegenheiten und über Ruhe und Ordnung im Inneren." Ubbo Emmius

Raue Zeiten
Raue Sitten
für Ostfrieslands Küste und Inseln

Georg W. Kampfer
Fotografie: Martin Stromann

1. Auflage 2015

ISBN 978-3-944841-13-7

Bibliografische Information der Deutschen Nationalbibliothek:
Die Deutsche Nationalbibliothek verzeichnet diese Publikation in der Deutschen Nationalbibliografie; detaillierte bibliografische Daten sind im Internet über http://dnb.dnb.de abrufbar.

Verlagsanschrift: Stellmacherstraße 14, 26506 Norden
Internet: www.skn.info – E-Mail: verlag@skn.info

Lektorat: Johann Haddinga
Umschlaggestaltung / Layout: Carina Rewerts
Bildbearbeitung: Karsten Patzelt
Grundschrift: Baskerville

Druck und Verarbeitung:
SKN Druck und Verlag GmbH & Co. KG
Printed in Germany

Fotos SKN-Bildarchiv, Martin Stromann

Ostfriesland vor 300 Jahren:

Georg W. Kampfer

... ein Land noch ohne Mais und Kartoffeln, aber voller Moore und nasser Wiesen – und doch schon rundum eingedeicht, wenngleich diese Deiche noch oft brachen und die See weit ins Land eindrang. Für zumeist ausreichende Nahrung sorgten Weidewirtschaft, Getreideanbau und Fischerei. Transporte von Gütern und Personen verliefen häufig auf dem Wasser, über Kanäle und an der Küste entlang, denn vor allem in den Wintermonaten waren Überlandtransporte auf den tiefgründigen Wegen kaum möglich.

Die Landesherren, Fürsten aus dem Geschlecht der Cirksena, residierten in Aurich. Doch ihre Herrschaft war eher nominell, denn für Gesetzgebung, Steuererhebung und Rechtsprechung waren nicht sie, sondern die Landstände zuständig, die aus Vertretern der ostfriesischen Ritter, Bürger und Bauern bestanden. Ständige Konflikte zwischen dem Landesherren und den Landständen waren damit unausweichlich. Zu allem Überfluss hatte Emden, die größte Stadt Ostfrieslands, die Cirksena aus ihren Mauern vertrieben und agierte nun selbstbewusst wie eine freie Reichsstadt.

Auch in religiöser Hinsicht war das Land zerrissen. Obwohl sich die Reformation in Ostfriesland schnell durchgesetzt hatte, herrschte dennoch kein Religionsfrieden. Während der Osten des Landes lutherisch betete, stand der Westen unter niederländischem Einfluss, betete calvinistisch und sprach auch gern Holländisch.

Es ist daher kaum verwunderlich, dass diese Zerrissenheit die Begehrlichkeit anderer Mächte weckte. So hatten die Niederländer bereits eigene Soldaten in Leer stationiert und die Brandenburger in Greetsiel. Und auch der Kaiser in Wien hatte noch eine eigene Schutztruppe in Ostfriesland aufgestellt.

Damit war vor 300 Jahren in Ostfriesland eine völlig unübersichtliche Gemengelage entstanden, in der jedermann versuchte, seine eigenen Interessen durchzusetzen oder zu wahren.

In dem vorliegenden Buch habe ich eine Sammlung von verschiedenen Beiträgen zusammengestellt, die in den vergangenen Jahren unabhängig voneinander in der lokalen Presse erschienen sind. Es handelt sich um Tatsachenberichte, die zum größten Teil auf den Unterlagen des Staatsarchivs in Aurich sowie der Stadtarchive in Emden und Norderney beruhen. Den Mitarbeitern dieser Archive danke ich herzlich für zahlreiche Hilfen und Hinweise.

Georg W. Kampfer, Norderney

Inhalt

Freibeuter für Ostfrieslands Küste und Inseln

Norderneyer Raubeine

„Alle, die mit uns auf Kaperfahrt fahren,…

…müssen Männer mit Bärten sein,…“

… so heißt es in einem flämischen Volkslied, das auch in Deutschland nicht ganz unbekannt ist. Doch Bärte waren vor 300 Jahren sicher nicht Voraussetzung für eine erfolgreiche Kaperkarriere, wohl aber die Regel, denn an Bord gab es selten einen Barbier. Der Text des Liedes spielt allerdings wahrscheinlich eher auf die berühmte flämische Freibeuterfamilie des Jan Bart an, der damals zusammen mit zahlreichen anderen Freibeutern die Küsten von Portugal bis Norwegen heimsuchte.

So erhielten auch die Borkumer im Frühjahr 1711 ungewollten Besuch von flämischen Freibeutern. Diese hatten versucht, auf der Höhe der Insel ein Schiff zu kapern, das von Hamburg aus unterwegs nach Amsterdam war. Doch das Manöver misslang. Die Freibeuter liefen vor dem Borkumer Strand auf Grund und kamen nicht wieder frei. Die Borkumer, die die Havarie wohl beobachtet hatten, brachten eine Kanone an ihrem Strand in Stellung und drohten, das Kaperschiff zu beschießen. Die Lage der Freibeuter war aussichtslos. So gaben sie sich dem Borkumer Vogt Willm H. Harkens gefangen, wurden nach Aurich gebracht und dort zur Sache vernommen.

Es stellte sich heraus, dass es sich bei dem Kaperschiff um die Brigantine „Demoiselle Isabelle“ unter der Führung eines gewissen Jean Tilly handelte, der einen amtlichen Kaperbrief der französischen Admiralität vorlegen konnte. Seine Männer stammten zumeist aus Flandern, aber einige auch aus Emden, der Schweiz und Norwegen. Ein Schiffsarzt, ein Schreiber und ein Armeehauptmann gehörten gleichfalls zur Besatzung.

Das Angebot des Fürsten Georg Albrecht in Aurich, nun für ihn zu arbeiten, schlugen die Freibeuter aus. Sie wollten lieber wieder nach Haus. Nachdem sie dann geschworen hatten, nie wieder in oder vor Ostfriesland zu erscheinen, bekamen sie Reisegeld für den Rückweg und wurden zurück nach Flandern geschickt.

Freibeuter oder Kaper – aber keineswegs Seeäuber

Die Ereignisse vor Borkum waren kein Einzelfall. Da sich Kaperfahrten als äußerst einträgliches Geschäft bewährt hatten, wimmelte es in den Sommermonaten in der Nordsee von flämischen Kaperschiffen aller Größen, die kleinsten mit nur zwei oder vier Kanonen, die größten mit bis zu 50 Kanonen und 300 Mann Besatzung. Wohl versehen mit Kaperbriefen der französischen Admiralität überfielen sie Frachtschiffe auf hoher See, Fischkutter im Watt, Walfänger bei Spitzbergen, Heringslogger auf der Doggerbank und gelegentlich auch die Inseln, wo sie wohlhabende Bürger entführten, um für deren Freilassung Lösegeld zu erpressen. Kein Schiff in der Nordsee war vor ihnen sicher.

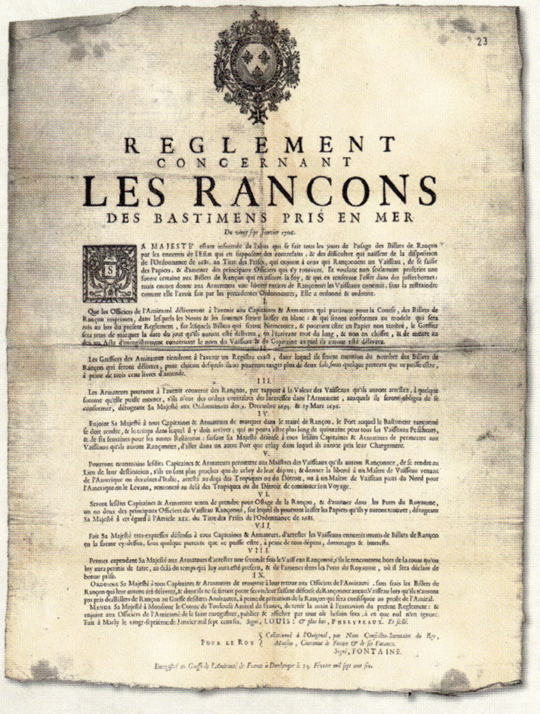
REGLEMENT
CONCERNANT
LES RANCONS
DES BASTIMENS PRIS EN MER

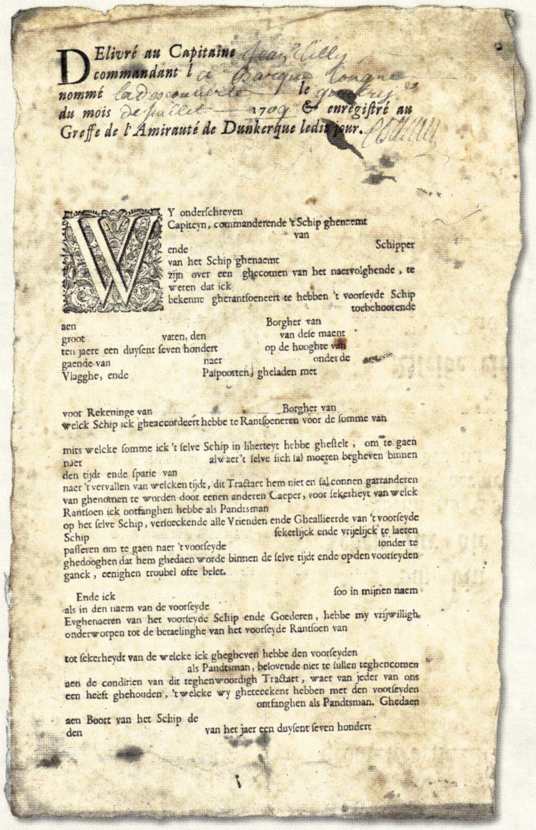
DElivré au Capitaine
commandant
nommé le
du mois 1709 & enregistré au
Greffe de l'Amirauté de Dunkerque ledit jour.

WY onderschreven
Capiteyn, commanderende 't Schip ghenaemt
van
ende Schipper
van het Schip ghenaemt
zijn over een ghecomen van het naervolghende, te
weten dat ick
bekenne gherantsoeneert te hebben 't voorseyde Schip
toebehoorende
aen Borgher van
groot vaten, den van dese maent
ten jaere een duysent seven hondert op de hooghte van
gaende van naer onder de
Vlagghe, ende Paspoorten, gheladen met

voor Rekeninge van Borgher van
welck Schip ick gheaccordeert hebbe te Rantsoeneren voor de somme van

mits welcke somme ick 't selve Schip in liberteyt hebbe ghestelt, om te gaen
naer alwaer 't selve sich sal moeten begheven binnen
den tijdt ende spatie van
naer 't vervallen van welcken tijdt, dit Tractaet hem niet en sal connen garranderen
van ghenomen te worden door eenen anderen Caeper, voor sekerheyt van welck
Rantsoen ick ontfanghen hebbe als Pandtsman
op het selve Schip, versoeckende alle Vrienden ende Gheallieerde van 't voorseyde
Schip sekerlijck ende vrijelijck te laeten
passeren om te gaen naer 't voorseyde sonder te
ghedooghen dat hem ghedaen worde binnen de selve tijdt ende op den voorseyden
ganck, eenighen troubel ofte belet.

Ende ick soo in mijnen naem
als in den naem van de voorseyde
Eyghenaeren van het voorseyde Schip ende Goederen, hebbe my vrijwilligh
onderworpen tot de betaelinghe van het voorseyde Rantsoen van

tot sekerheydt van de welcke ick ghegheven hebbe den voorseyden
als Pandtsman, belovende niet te sullen teghencomen
aen de conditien van dit teghenwoordigh Tractaet, waer van jeder van ons
een heeft ghehouden, 't welcke wy gheteeckent hebben met den voorseyden
ontfanghen als Pandtsman. Ghedaen
aen Boort van het Schip de
den van het jaer een duysent seven hondert

Vordruck der französischen Admiralität für die Vereinbarung von Lösegeld.

Allein von der flämischen Hafenstadt Dünkirchen, dem wichtigsten Stützpunkt der Freibeuter, gingen in den zwölf Jahren von 1702 bis 1713 über 580 Kaperfahrten aus, bei denen über 1600 Schiffe erbeutet wurden.

Zum Schutz ihres Seehandels hatten die deutschen Seehäfen Emden, Bremen und Hamburg deshalb einige schwer bewaffnete Begleitschiffe in Dienst gestellt, so genannte Konvoyer, denen es auch öfter gelang, Angriffe der Freibeuter abzuwehren. So war es dem Emder Konvoyer unter Kapitän Kivyt 1708 gelungen, ein französisches Kaperschiff mit dem hübschen Namen „La Gracieuse“ zu überwältigen und drei bereits gekaperte Schiffe wieder zu befreien.

Die Kapitäne der Handelsschiffe suchten auch damals schon den Schutz großer Konvois, die von den schwer bewaffneten Konvoyern begleitet wurden. Manche dieser Konvois bestanden aus mehr als hundert Schiffen.

Doch auch die Fahrt im Konvoi bot keine Garantie gegen die Übergriffe der Freibeuter, die sich flexibel auf die Situation einstellten und in Rudeln über die Konvois herfielen. So hatte der Dünkirchener Freibeuter Jan Bart bereits im Sommer 1694 vor der holländischen Küste mit mehreren Schiffen einen großen Geleitzug angegriffen und einundsechzig mit Getreide beladene Schiffe in seine Gewalt gebracht. Dünkirchen ist noch heute stolz auf diesen Sohn der Stadt und hat ihm ein Denkmal gesetzt. In französischen Geschichtsbüchern wird Jan Bart heute als Nationalheld und „König der Korsaren“ verehrt.

Doch wie war es damals zu dieser für die Handelsschifffahrt katastrophalen Situation gekommen?

Amtliche Bestimmungen der französischen Admiralität für die Kaperfahrt.

Hohe Investitionen...

Frankreich war als Großmacht aus dem 30-jährigen Krieg hervorgegangen und hatte Dünkirchen mit weiten Teilen Flanderns annektiert. Der französische „Sonnenkönig“ Ludwig XIV. versuchte nun, Frankreichs Einfluss auf ganz Europa auszudehnen. Dabei stieß er auf den entschlossenen Widerstand Englands, Deutschlands und der Niederlande.

Da der Sonnenkönig keine nennenswerte Kriegsmarine besaß, privatisierte er kurzerhand den Seekrieg gegen seine Gegner. Französische Reeder und andere Geschäftsleute, die über genügend Mittel verfügten, um ein Kaperschiff auszurüsten, konnten sich von der königlichen Admiralität gegen Hinterlegung einer beträchtlichen Kaution einen Kaperbrief ausstellen lassen. Dieses Dokument stellte das Kaperschiff unter den Schutz der französischen Krone und erlaubte ihm, Schiffe und Küsten feindlicher Staaten zu überfallen. Die Männer auf dem Schiff waren damit keine gewöhnliche Piraten, sondern „Freibeuter“, die bei einer Gefangennahme nicht als Kriminelle, sondern als Kriegsgefangene zu behandeln waren.

Nach dem Erwerb dieser Lizenz konnten die Unternehmer beginnen, ihr Schiff kriegsmäßig auszurüsten, Mannschaften anzuwerben und Proviant zu bunkern. Das war sehr kostspielig, denn zur Besatzung eines mittleren Kaperschiffes zählten häufig mehr als hundert Männer, die üblicherweise ihre Heuer für zwei oder drei Monate im Voraus forderten. Zum Leidwesen der Unternehmer kassierten manche angehenden Freibeuter zwar den Vorschuss, verschwanden dann aber vor Fahrtantritt.

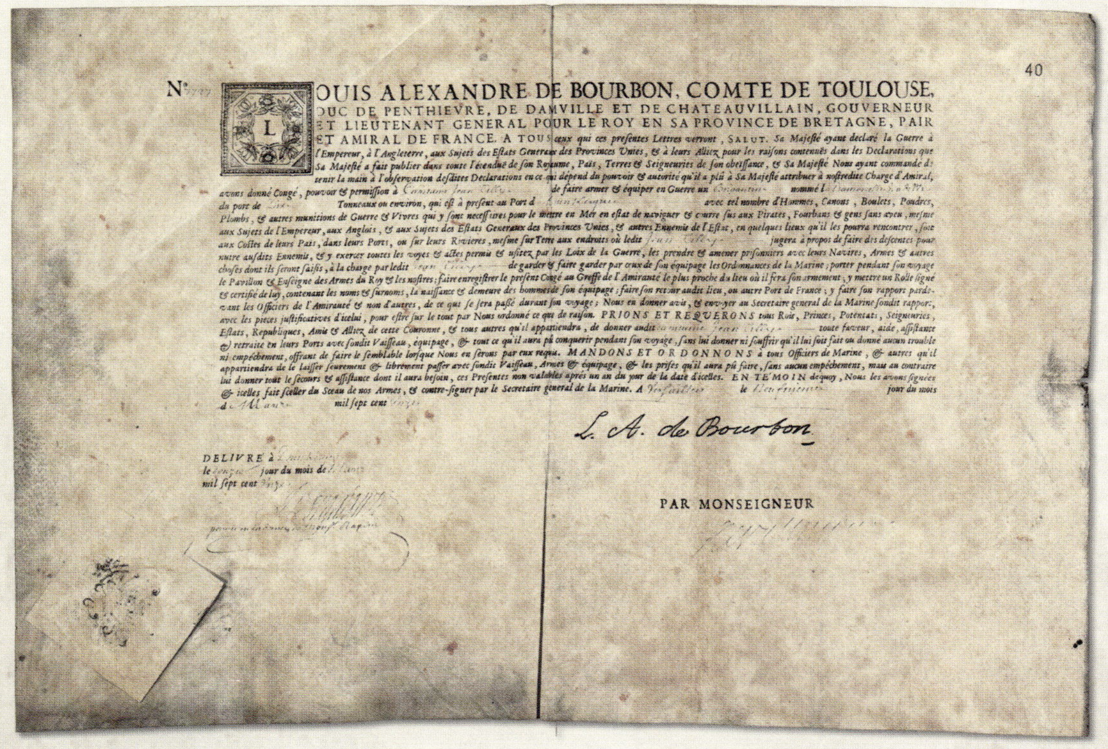

40

N° LOUIS ALEXANDRE DE BOURBON, COMTE DE TOULOUSE, DUC DE PENTHIEVRE, DE DAMVILLE ET DE CHATEAUVILLAIN, GOUVERNEUR ET LIEUTENANT GENERAL POUR LE ROY EN SA PROVINCE DE BRETAGNE, PAIR ET AMIRAL DE FRANCE. A TOUS ceux qui ces presentes Lettres verront, SALUT. Sa Majesté ayant declaré la Guerre à l'Empereur, à l'Angleterre, aux Sujets des Estats Generaux des Provinces Unies, & à leurs Alliez pour les raisons contenuës dans les Declarations que Sa Majesté a fait publier dans toute l'étenduë de son Royaume, Païs, Terres & Seigneuries de son obeissance, & Sa Majesté Nous ayant commandé de tenir la main à l'observation desdites Declarations en ce qui dépend du pouvoir & autorité qu'il a plû à Sa Majesté attribuer à nostredite Charge d'Amiral, avons donné Congé, pouvoir & permission à Capitaine Jean Tilly de faire armer & équiper en Guerre un ... nommé l... du port de ... Tonneaux ou environ, qui est à present au Port d... avec tel nombre d'Hommes, Canons, Boulets, Poudres, Plombs, & autres munitions de Guerre & Vivres qui y sont necessaires pour le mettre en Mer en estat de naviguer & courre sus aux Pirates, Fourbans & gens sans aveu, mesme aux Sujets de l'Empereur, aux Anglois, & aux Sujets des Estats Generaux des Provinces Unies, & autres Ennemis de l'Estat, en quelques lieux qu'il les pourra rencontrer, soit aux Costes de leurs Païs, dans leurs Ports, ou sur leurs Rivieres, mesme sur Terre aux endroits où ledit Jean Tilly jugera à propos de faire des descentes pour nuire ausdits Ennemis, & y exercer toutes les voyes & actes permis & usitez par les Loix de la Guerre, les prendre & amener prisonniers avec leurs Navires, Armes & autres choses dont ils seront saisis, à la charge par ledit Jean Tilly de garder & faire garder par ceux de son équipage les Ordonnances de la Marine; porter pendant son voyage le Pavillon & Enseigne des Armes du Roy & les nostres; faire enregistrer le present Congé au Greffe de l'Amirauté le plus proche du lieu où il fera son armement; y mettre un Rolle signé & certifié de luy, contenant les noms & surnoms, la naissance & demeure des hommes de son équipage; faire son retour audit lieu, ou autre Port de France; y faire son rapport pardevant les Officiers de l'Amirauté & non d'autres, de ce qui se sera passé durant son voyage; Nous en donner avis, & envoyer au Secretaire general de la Marine sondit rapport, avec les pieces justificatives d'iceluy, pour estre sur le tout par Nous ordonné ce que de raison. PRIONS ET REQUERONS tous Rois, Princes, Potentats, Seigneuries, Estats, Republiques, Amis & Alliez de cette Couronne, & tous autres qu'il appartiendra, de donner audit Capitaine Jean Tilly toute faveur, aide, assistance & retraite en leurs Ports avec sondit Vaisseau, équipage, & tout ce qu'il aura pû conquerir pendant son voyage, sans lui donner ni souffrir qu'il lui soit fait ou donné aucun trouble ni empéchement, offrant de faire le semblable lorsque Nous en serons par eux requis. MANDONS ET ORDONNONS à tous Officiers de Marine, & autres qu'il appartiendra de le laisser seurement & librement passer avec sondit Vaisseau, Armes & équipage, & les prises qu'il aura pû faire, sans aucun empéchement, mais au contraire lui donner tout le secours & assistance dont il aura besoin, ces Presentes non valables aprés un an du jour de la date d'icelles. EN TEMOIN dequoy, Nous les avons signées & icelles fait sceller du Sceau de nos Armes, & contre-signer par le Secretaire general de la Marine. A Versailles le ... jour du mois de Mars mil sept cent ...

L. A. de Bourbon

DELIVRE à ...
le ... jour du mois de ...
mil sept cent ...

PAR MONSEIGNEUR

Der hohe Kapitalbedarf führte die Unternehmer schon vor 300 Jahren dazu, ihre Betriebskosten durch die Ausgabe von Aktien zu decken. Diese Kaperaktien wurden nicht nur in den französischen Hafenstädten gehandelt, sondern auch in Paris. Sogar der deutsche Erzbischof von Köln hat 1704 unter souveräner Missachtung des 10. Gebots („Du sollst nicht begehren ...") vier Anteile an einer von Dünkirchen ausgehenden Kaperfahrt gezeichnet!

Wie heute noch vor Somalia und Sumatra, so wurden auch damals fast alle Schiffe praktisch kampflos genommen. Dramatische Seegefechte, die heute wesentlicher Bestandteil aller Piratenfilme sind, haben nur höchst selten stattgefunden. Die Freibeuter vermieden den Einsatz ihrer Kanonen, denn ein intaktes Beuteschiff mit voller Fracht und Besatzung war wesentlich mehr wert als ein zerschossenes Wrack. Zudem waren Zielgenauigkeit und Feuergeschwindigkeit der Schiffskanonen damals äußerst gering. Noch Anfang des 17. Jahrhunderts schafften es die Kanoniere selten, mehr als einen Schuss pro Stunde abzugeben.

Natürlich führten die Freibeuter auch keine schwarze Fahne mit einem Totenkopf, sondern näherten sich ihren Opfern unter einer unverdächtigen Flagge und verbargen ihre wahren Absichten bis zum letzten Moment. Das bedeutete, dass jeder Kapitän jedem anderen Schiff mit Argwohn und Vorsicht begegnen musste. Sichere Erkennungszeichen für ein Freibeuterschiff gab es nicht, nur wenn auffällig viele Männer an Bord waren, dann war das ein sehr verdächtiges Zeichen.

...bringen gute Rendite

Nach erfolgter Kaperung wurden zunächst die Begleitpapiere des erbeuteten Schiffes sichergestellt und die Fracht versiegelt. Die Schiffsladung war für die Freibeuter tabu. Die Besatzung des gekaperten Schiffes dagegen durfte allerdings ausgeplündert werden, aber auch das nur „standesgemäß": der Kapitän durfte den Kapitän ausplündern, der Steuermann den Steuermann, der Schiffsarzt den Schiffsarzt... Sodann wurde das gekaperte Schiff von einem Prisenkommando der Freibeuter übernommen und nach Dünkirchen eingebracht. Dort überprüfte ein amtliches Kapergericht, ob bei der Kaperfahrt die französischen Seerechtsbestimmungen eingehalten worden waren. War dies der Fall, wurden Schiff und Ladung verkauft oder gegen Lösegeld zurückgegeben.

Von dem Erlös wurden zehn Prozent für die königliche Admiralität abgezogen. Vom Rest gingen zwei Drittel an den Unternehmer und ein Drittel an die Besatzung. Anders als bei Störtebekers „Likedeelern" waren die Anteile für die Besatzung nicht gleich, sondern „dienstgradmäßig" gestaffelt. Der Kapitän erhielt etwa fünfmal so viel wie ein einfacher Freibeuter und 30 mal so viel wie der Schiffsjunge. Bei Verwundungen oder Todesfällen gab es allerdings Ausgleichszahlungen.

In Dünkirchen wurde von dem Erlös außerdem ein kleiner Betrag für eine Freibeutersozialkasse abgezogen, die zeitweise eine Tafel unterhielt, an der Not leidende Freibeuter oder deren Familienangehörige kostenlos oder verbilligt Nahrungsmittel erhielten.

Oftmals wurden die gekaperten Schiffe nicht nach Frankreich gebracht, sondern in einem abgekürzten Verfahren nach Vereinbarung einer Lösegeldzahlung wieder frei gelassen. Da sich an Bord des gekaperten Schiffes in der Regel nicht genügend Lösegeld befand, wurde das Problem des Finanztransfers vertraglich gelöst. Der Kaperkapitän führte nummerierte Vordrucke der Admiralität mit sich, in denen nur noch die Schiffsnamen, die Höhe des Lösegelds, Termine und Unterschriften zu ergänzen waren.

Auch an Bord der „Demoiselle Isabelle", die 1711 vor Borkum strandete, fand man derartige Formulare. Sie werden heute im Staatsarchiv Aurich aufbewahrt.

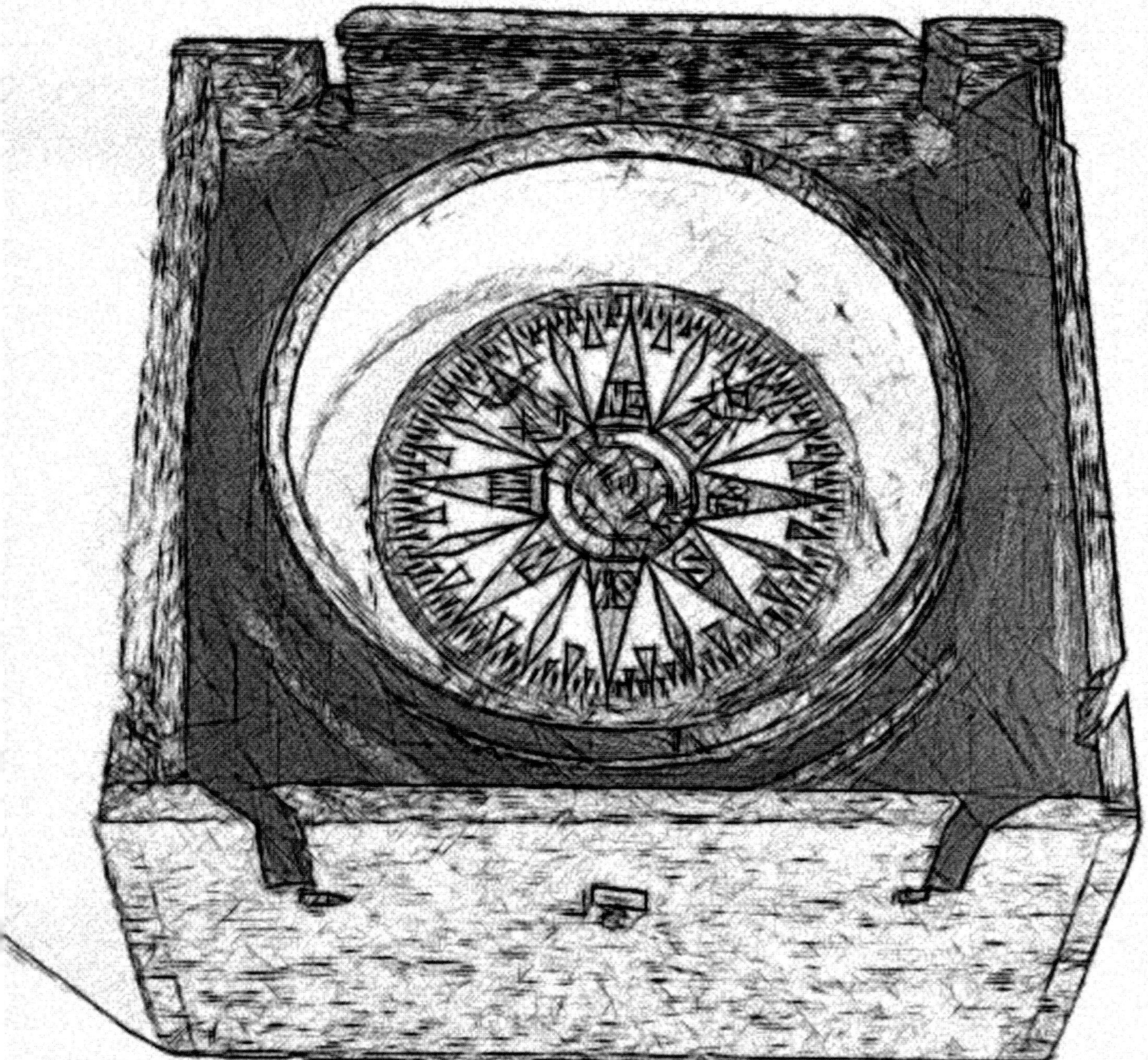

Der Führer des gekaperten Schiffes musste ein oder zwei möglichst hochrangige Geiseln stellen und sich verpflichten, innerhalb von zwei Wochen einen von den Freibeutern bestimmten Hafen anzulaufen, das Lösegeld zu beschaffen und nach Dünkirchen zu transferieren. Während dieses Zeitraums stand er unter dem Schutz der französischen Krone und war für andere Freibeuter tabu.

Gelegentlich fielen französische Freibeuter in feindliche Hände, was für sie jedoch kein besonderes Problem darstellte, denn als Kriegsgefangene wurden sie meist bald ausgetauscht und zurück nach Frankreich geschickt. Bei ihrer Entlassung erhielten sie in der Regel sogar noch etwas Reisegeld, damit sie auf ihrem Rückweg nicht auf Räubereien und Diebstähle angewiesen waren.

Freibeuter – ein Leben voller Abwechslungen

Wie turbulent das Leben eines Freibeuters sein konnte, zeigt das Schicksal des 1711 auf Borkum in Gefangenschaft geratenen Dünkirchener Kapitäns Jean Tilly. Dieser hatte seine Seeräuberkarriere im September 1703 mit einer winzigen Schaluppe mit nur neun Mann Besatzung begonnen. Er war in die Themse eingedrungen, hatte die Schaluppe dort gewaltsam gegen einen englischen Fischkutter getauscht und diesen mit zwei weiteren Schiffen nach Frankreich entführt. Zwei Monate später befehligte er das weitaus größere Kaperschiff „Le petit Dauphin" mit sechs Kanonen und 47 Männern an Bord und erbeutete drei Schiffe. Im Sommer 1704 war er wieder mit einer kleinen Schaluppe mit zehn Mann unterwegs, wurde von einem Sturm an die englische Küste verschlagen, von Bauern gefangen genommen und nach London gebracht, wo er dann zu seinem Leidwesen fast drei Jahre angekettet in einem finsteren Verlies verbringen musste. Anfang 1707 war er wieder in Dünkirchen und lief am 10. März schon zu einer neuen Kaperfahrt aus, wurde aber bereits zwei Tage später von einem englischen Kriegsschiff aufgebracht. Die neue Gefangenschaft dauerte allerdings nur kurz, denn am 28. Juni schon wurde er ausgetauscht, so dass er im September mit der Fregatte „Le Morien" wieder auf Kaperfahrt war. In wenigen Tagen erbeutete er drei Hamburger Schmackschiffe[1] und eine englische Brigantine[2]. Dann lief seine Fregatte vor der französischen Küste auf Grund und sank, doch Tilly konnte sich mit seinen Männern auf die gekaperte Brigantine retten.

Auch seine nächste Kaperfahrt war nur kurz, denn wieder nur zwei Tage nach dem Auslaufen wurde er von holländischen Freibeutern überwältigt. Fünf Tage später war er wieder frei.

In den folgenden Jahren kommandierte Tilly mehrere verschiedene Kaperschiffe, bevor er 1710 mit seiner Fregatte „Le Hardi" wieder von einem englischen Kriegsschiff überwältigt wurde. Nach weiterer kurzer Gefangenschaft lief er am 28. März 1711 mit der „Demoiselle Isabelle" aus und vor Borkum auf Grund. Seine anschließende Gefangenschaft in Ostfriesland dauerte wiederum nicht lange, denn noch im selben Jahr war er mit der „Saint Pierre" auf einer weiteren Kaperfahrt.

Bald nach Tillys Debakel vor Borkum hatten die Insulaner die erbeutete „Demoiselle Isabelle" wieder flott gemacht und wollten das Schiff in Emden verkaufen. Doch Fürst Georg Albrecht in Aurich beanspruchte das Schiff für sich und setzte seinen Anspruch schließlich auch gegen den erbitterten Widerstand der Borkumer durch. Der Verkauf des 41 Fuß langen Schiffes brachte ihm 385 Gulden ein, von denen er zwei Jahre später den Borkumern immerhin 100 zukommen ließ.

So war die Kaperfahrt auch an der ostfriesischen Küste vor 300 Jahren schon ein perfekt durchorganisiertes und äußerst einträgliches Geschäft, das erst nach dem Friedensschluss von 1714 abflaute.

Es wäre jedoch abwegig anzunehmen, dass es Freibeuter und Piraten nur vor 300 Jahren in der Nordsee gegeben hat. Piraterie gab und gibt es seit Beginn der Seefahrt, und schon Julius Cäsar ist vor 2000 Jahren in die Hände von Piraten gefallen, die das allerdings anschließend sehr bereuen sollten, denn nach seiner Freilassung ließ Cäsar sie hinrichten.

Besonders riskant war die Seefahrt vor 300 Jahren im Mittelmeer, wo zahlreiche moslemische Freibeuter aus Nordafrika und dem Osmanischen Reich äußerst aktiv waren und sich nicht nur für Geld und Sachwerte interessierten, sondern vor allem für die Besatzungen, die sie in die Sklaverei verkauften oder nur gegen erhebliches Lösegeld wieder frei ließen. Historiker schätzen, dass zwischen 1500 und 1800 rund eine Million europäische Seeleute in die Hände moslemischer Freibeuter und Piraten gefallen sind. Diese Gefahr war auch in Hamburg wohlbekannt und hatte dort 1624 zur Gründung einer „Sklavenkasse“ geführt, einer Pflichtversicherung für alle Seeleute, die gefährdete Gebiete befuhren. Diese Kasse übernahm im Versicherungsfall die Zahlung der fälligen Lösegelder und kaufte allein von 1719 bis 1747 über 600 Hamburger Seeleute wieder frei. Somit hat die Piraterie nicht nur beträchtliche Vermögenswerte transferiert, sondern auch zur Gründung der ersten echten Sozialversicherung in Deutschland geführt.

Die Kaperfahrten fanden 1856 ihr Ende, als man sich in Paris auf internationaler Ebene einigte, keine Kaperbriefe mehr auszustellen. Auch die „freiberufliche“ Piraterie ist inzwischen praktisch erloschen, war aber noch für Goethe fester Faktor eines jeden Zeitgeschehens, denn er lässt seinen Mephisto konstatieren: „Krieg, Handel und Piraterie, dreieinig sind sie nicht zu trennen.“

Quellen und weiterführende Literatur
1. *StA AURICH, Rep. 4 B II 36a, Rep. 4 B II g 188, et al.*
2. *Stadtarchiv EMDEN: Reg. I, Nr. 360*
3. *P. VILLIERS, (2000): Les Corsaires du Littoral, Presses Universitaires du Septentrion, 2000*
4. *H. MALO, La Grande Guerre des Corsaires, Paris, 1925*
5. *G. KAMPFER : „Kaperfahrten – ein einträgliches Geschäft“ in Ostfriesland Magazin, Norden, 10/2009*
6. *K. MÜLLGES : „Brände und Piraten“, www.dradio.de/dif/sendungen/studiozeit-ks/1064596/, 5.11.2009*

Illustration: Vordruck/OMA 10/2009, S. 38

Modell des Konvoyers „Wapen van Bremen“ (1674). Das Schiff hatte 250 Mann an Bord sowie 42 Kanonen und 40 Fass Pulver.

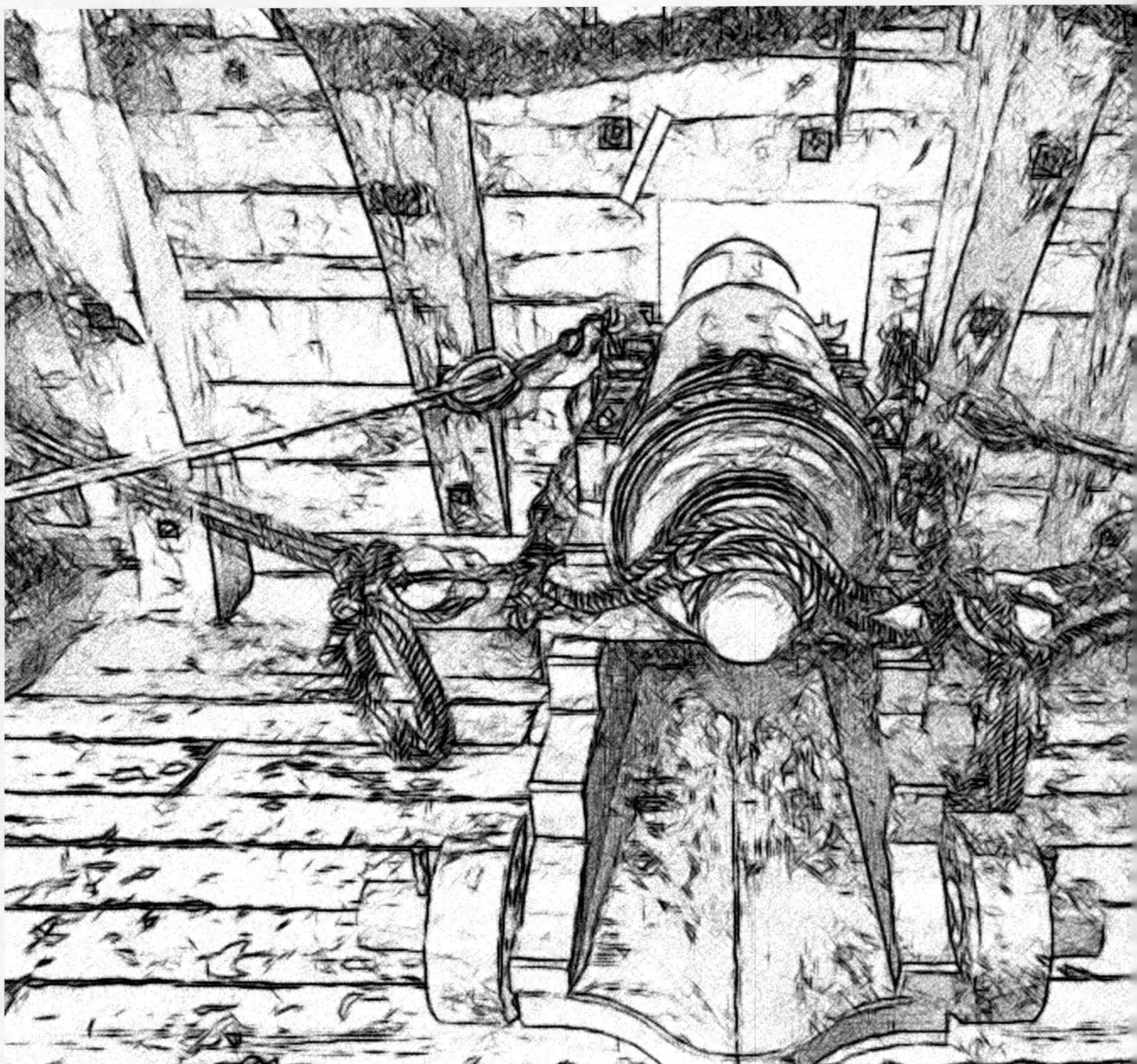

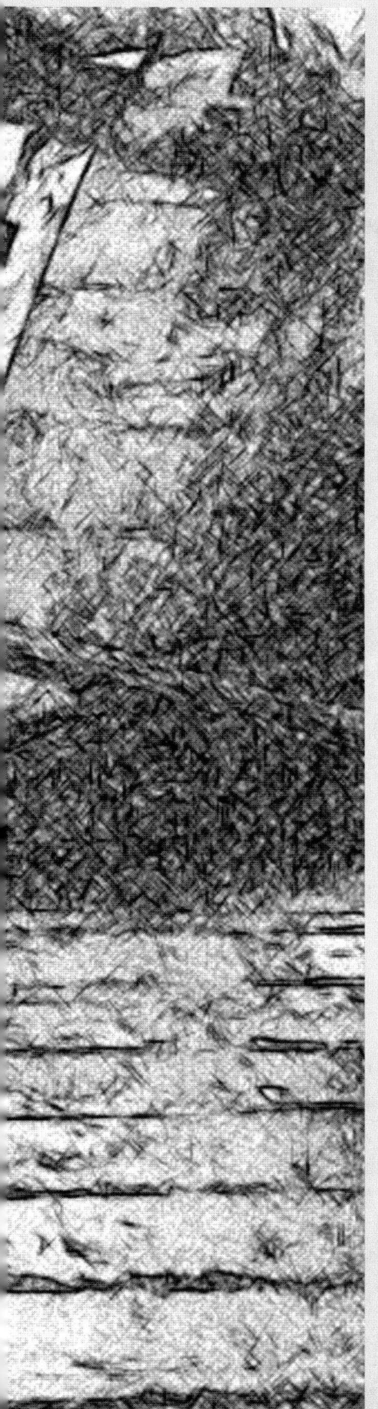

Seeräuber auf Norderney

Strandgut aus Feindesland

Nicht schlecht staunten die Norderneyer, als sie an einem Dezembermorgen des Jahres 1690 auf ihrem Strand im Osten der Insel einen großen Dreimaster entdeckten, dessen sechsköpfige Besatzung das gestrandete Schiff bereits verlassen und sich in den Dünen in Sicherheit gebracht hatte.

Bei dem verunglückten Schiff handelte es sich um die „Abraham" aus Amsterdam. Seltsamerweise verständigten sich jedoch vier der geretteten Seeleute auf Französisch und nicht auf Holländisch. Schnell stellte sich dann heraus, dass sie keine Holländer waren, sondern Franzosen, die die „Abraham" auf hoher See überfallen und gekapert hatten. Zum Beweis, dass sie aber keine gewöhnlichen Seeräuber waren, sondern als Freibeuter im Auftrag des französischen Königs handelten, legten sie den Norderneyern einen offiziellen Kaperbrief des Oberkommandierenden der französischen Marine vor.

Trotzdem wurden die vier Franzosen umgehend gefangen genommen – schließlich befand sich Frankreich seit zwei Jahren mal wieder im Kriegszustand mit dem Deutschen Reich.

Als Christian Eberhard, seit Anfang des Jahres regierender Fürst in Ostfriesland, von der Strandung erfuhr, beauftragte er seinen Hofnotar Johannes Hess, sich mit vier Soldaten nach Norderney zu begeben, um Genaueres über das Schiff, seine Ladung und Besatzung zu ermitteln.

Dabei stellte sich Folgendes heraus:

Die einem Amsterdamer Juden gehörende „Abraham" war vier Tage vor ihrer Strandung auf Norderney vor der norwegischen Küste von einem französischen Kaper mit dem eher friedlich klingenden Namen „Santa Maria Stella Maris" aufgebracht worden. Gegenwehr wäre zwecklos gewesen, denn die „Santa Maria" war mit 30 Kanonen bestückt und hatte mindestens 180 Mann an Bord. Die „Abraham" dagegen verfügte nur über eine bescheidene Besatzung von sechs Seeleuten.

So musste sich der Kapitän der „Abraham" mit drei weiteren Seeleuten auf die „Santa Maria" in Gefangenschaft begeben, während im Gegenzug vier Franzosen das Kommando auf dem gekaperten Schiff übernahmen, um es nach Frankreich zu überführen. Zuvor hatten die Freibeuter die „Abraham"gründlich durchsucht und alle Schiffspapiere sowie Ladung im Wert von mehreren tausend Gulden übernommen.

So konnte der Hofnotar Hess seinem Landesherrn nun bedauerlicherweise nur noch von einer eher minderwertigen Ladung des gestrandeten Schiffes berichten:

„12 Schock[3] Klapholtz, Einige Hundert Dihlen, einige Latten, etwas an der Zahl 200, undt einigs Brantholtz, ein Faß Lein Ölje, so aber nicht gantz Voll, Bey nahe Ein Oxhaupt[4] groß…" Weiterhin fanden sie einige Segel und Kästen sowie *„fümff Compassen mit einer Sehe-Charten"* und *„Drey große, Undt Ein klein Ancker."*

Die Beamten beriefen sich bei dieser Aufstellung auf Angaben des neuen Norderneyer Vogtes Simon Jacob Rass, dem aber möglicherweise nicht ganz zu trauen war, denn nur zwei Jahre später wurde er wegen *„treulosen Verhaltens"* seines Amtes enthoben.

Die vier gefangenen Freibeuter wurden nun eingehend zur Sache vernommen.

Jean Bromont gab an, 29 Jahre alt und katholisch zu sein, aus der Picardie zu stammen und seit acht Wochen schon mit der „Santa Maria" auf Kaperfahrt gewesen zu sein. In dieser Zeit habe man auch noch drei andere Schiffe gekapert. Dies sei mit Erlaubnis und unter dem Schutz des französischen Königs geschehen, der dafür die Hälfte der Beute beanspruche, während die andere Hälfte dem Schiffseigner zustehe. Die Besatzung der „Santa Maria" bekomme keine feste Heuer, sondern werde am Gewinn beteiligt. Deshalb habe er auch kein Geld, um sich aus der Gefangenschaft freizukaufen.

Der aus Ypern in Flandern stammende und im Range eines Quartiermeisters stehende 33jährige Pieter Vandamme bestätigte die Angaben seines Kameraden Bromont und bedauerte, dass die bis zu ihrer nächtlichen Strandung völlig intakte „Abraham" nun wohl nicht mehr zu retten sei.

Vorausschauend bat Vandamme sodann um eine amtliche Bescheinigung über die Strandung der „Abraham" auf Norderney, weil man ihm sonst bei seiner Rückkehr nach Frankreich verdächtigen könne, das Schiff verkauft und den Erlös in die eigene Tasche gesteckt zu haben.

Das Verhör der anderen beiden Freibeuter erbrachte keine weiteren Erkenntnisse.

Früh übt sich, was ein Admiral werden will

Der von den Freibeutern zu ihrer Legitimation vorgelegte Kaperbrief war am 16. Oktober 1690 vom Oberbefehlshaber der französischen Marine, Admiral Louis Alexandre de Bourbon, ausgestellt worden. Zu diesem Zeitpunkt war der Admiral allerdings erst zwölf Jahre alt. Diese Kuriosität erklärt sich dadurch, dass Louis Alexandre ein illegitimer Sohn des französischen „Sonnenkönigs" Ludwig XIV. war, der sein Söhnchen bereits im zarten Alter von fünf Jahren zum Admiral ernannte und ihm so eine sprudelnde Einnahmequelle verschaffte.

Wie der französische König die Freibeuter für die Erreichung seiner politischen und wirtschaftlichen Ziele einsetzte, zeigt die folgende auszugsweise Übersetzung des Kaperbriefs:

LOUIS ALEXANDRE VON BOURBON[5],
GRAF VON TOULOUSE,
ADMIRAL VON FRANKREICH

Gruß all denen, die dieses Papier lesen.

Nachdem der König[6] dem Katholischen König[7], den Kriegshetzern des Thronräubers von England und Schottland[8] sowie den Staaten der Vereinigten Provinzen der Niederlande den Krieg erklärt hat[9], (…) haben wir in Ausführung der Befehle seiner Majestät dem in Dünkirchen wohnenden Herrn André Bart

die Freiheit, Berechtigung und Erlaubnis gegeben, eine Fregatte mit dem Namen Sancta Maria Stella Maris (…) für den Krieg zu bewaffnen und auszurüsten mit einer angemessenen Zahl von Männern, Kanonen, Kugeln, Pulver, Gewehrkugeln und anderer Kriegsausrüstung sowie Lebensmitteln, die notwendig sind, um das Schiff auf See in die Lage zu versetzen, zu segeln und Piraten, Korsaren und gewissenlose Leute anzugreifen sowie auch die Untertanen des Katholischen Königs, der Staaten der Vereinigten Provinzen, die Kriegshetzer des Thronräubers von England und Schottland und andere Feinde des Staates, wo auch immer er sie antreffen wird, sei es an den Küsten ihrer Länder, in ihren Häfen und auf ihren Flüssen selbst (…) an Land zu gehen, um den genannten Feinden Schaden zuzufügen (…) sie zu überfallen und mit ihren Schiffen, Waffen und anderen Sachen (…) gefangen zu nehmen (…)

Wir bitten und erwarten von allen Königen, Fürsten, Machthabern, Herrschaften, Staaten, Republiken, Freunden und Alliierten (…) dem Herrn André Bart jede Begünstigung, jede Hilfe und Assistenz und den Schutz seines Schiffes in ihren Häfen zu gewähren, zusammen mit seiner Besatzung und allem, was er während der Fahrt hat erobern können, ohne ihm ein Leid zuzufügen und ohne ihn in irgendeiner Weise zu stören oder zu behindern.

Wir beauftragen und befehlen allen Marineoffizieren und allen anderen, über die sich unsere Befehlsgewalt erstreckt, das genannte Schiff samt Waffen, Besatzung und Prisen, die es gemacht hat, sicher und frei passieren zu lassen…

Der in dem Kaperbrief genannte Kapitän André Bart gehörte zu einer äußerst erfolgreichen Dünkirchener Freibeuterfamilie, die Jahrzehnte lang die Nordsee unsicher machte. Er war der jüngere Vetter des berüchtigten Jan Bart (1650 – 1702), dessen Ruhm heute noch in Frankreich so stark ist, dass die französische Marine einen ihrer Flugzeugträger nach diesem „König der Korsaren" benannt hat.

Mit der „Santa Maria" ging André Bart bis 1692 auf Kaperfahrt, anschließend mit einer Reihe von anderen Schiffen. Seine Freibeuterkarriere endete erst 1727, als er an den Folgen eines Sturzes starb.

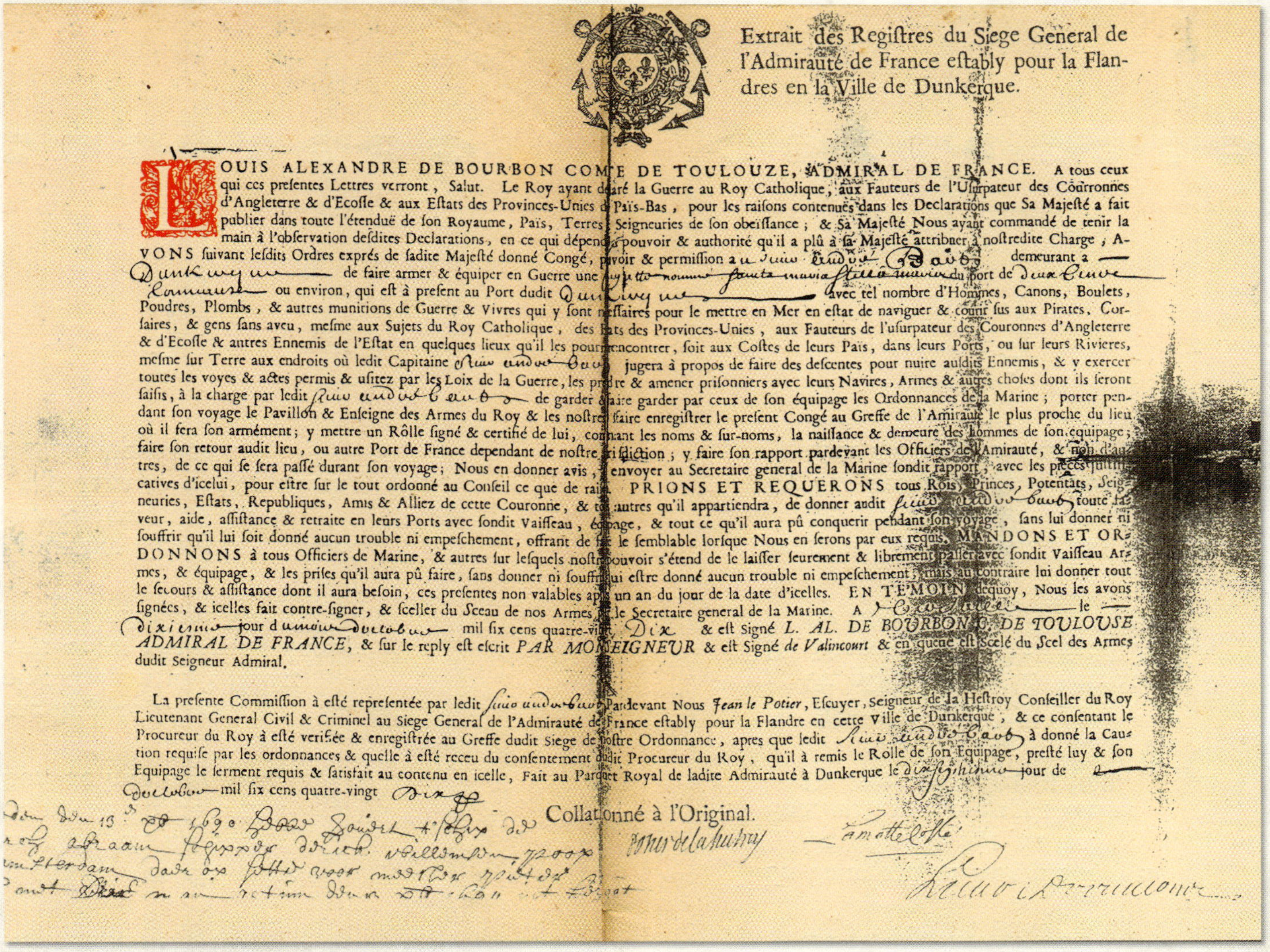

Extrait des Regiſtres du Siege General de l'Admirauté de France eſtably pour la Flandres en la Ville de Dunkerque.

LOUIS ALEXANDRE DE BOURBON COMTE DE TOULOUZE, ADMIRAL DE FRANCE. A tous ceux qui ces preſentes Lettres verront, Salut. Le Roy ayant declaré la Guerre au Roy Catholique, aux Fauteurs de l'Uſurpateur des Courronnes d'Angleterre & d'Ecoſſe & aux Eſtats des Provinces-Unies des Païs-Bas, pour les raiſons contenuës dans les Declarations que Sa Majeſté a fait publier dans toute l'étenduë de ſon Royaume, Païs, Terres & Seigneuries de ſon obeïſſance; & Sa Majeſté Nous ayant commandé de tenir la main à l'obſervation deſdites Declarations, en ce qui dépend du pouvoir & authorité qu'il a plû à ſa Majeſté attribuer à noſtredite Charge; AVONS ſuivant leſdits Ordres exprés de ſadite Majeſté donné Congé, pouvoir & permiſſion au Sieur André Bart demeurant a Dunkerque de faire armer & équiper en Guerre une fregatte nommée Santa Maria Stella Maris du port de deux cent [illegible] ou environ, qui eſt à preſent au Port dudit Dunkerque avec tel nombre d'Hommes, Canons, Boulets, Poudres, Plombs, & autres munitions de Guerre & Vivres qui y ſont neceſſaires pour le mettre en Mer en eſtat de naviguer & courir ſus aux Pirates, Corſaires, & gens ſans aveu, meſme aux Sujets du Roy Catholique, des Eſtats des Provinces-Unies, aux Fauteurs de l'uſurpateur des Couronnes d'Angleterre & d'Ecoſſe & autres Ennemis de l'Eſtat en quelques lieux qu'il les pourra rencontrer, ſoit aux Coſtes de leurs Païs, dans leurs Ports, ou ſur leurs Rivieres, meſme ſur Terre aux endroits où ledit Capitaine Sieur André Bart jugera à propos de faire des deſcentes pour nuire auſdits Ennemis, & y exercer toutes les voyes & actes permis & uſitez par les Loix de la Guerre, les prendre & amener priſonniers avec leurs Navires, Armes & autres choſes dont ils ſeront ſaiſis, à la charge par ledit Sieur André Bart de garder & faire garder par ceux de ſon équipage les Ordonnances de la Marine; porter pendant ſon voyage le Pavillon & Enſeigne des Armes du Roy & les noſtres, faire enregiſtrer le preſent Congé au Greffe de l'Amirauté le plus proche du lieu où il fera ſon armément; y mettre un Rôlle ſigné & certifié de lui, contenant les noms & ſur-noms, la naiſſance & demeure des hommes de ſon équipage; faire ſon retour audit lieu, ou autre Port de France dependant de noſtre Juriſdiction; y faire ſon rapport pardevant les Officiers de l'Amirauté, & non d'autres, de ce qui ſe ſera paſſé durant ſon voyage; Nous en donner avis, & envoyer au Secretaire general de la Marine ſondit rapport, avec les pieces juſtificatives d'icelui, pour eſtre ſur le tout ordonné au Conſeil ce que de raiſon. PRIONS ET REQUERONS tous Rois, Princes, Potentats, Seigneuries, Eſtats, Republiques, Amis & Alliez de cette Couronne, & tous autres qu'il appartiendra, de donner audit Sieur André Bart toute faveur, aide, aſſiſtance & retraite en leurs Ports avec ſondit Vaiſſeau, équipage, & tout ce qu'il aura pû conquerir pendant ſon voyage, ſans lui donner ni ſouffrir qu'il lui ſoit donné aucun trouble ni empeſchement, offrant de faire le ſemblable lorſque Nous en ſerons par eux requis. MANDONS ET ORDONNONS à tous Officiers de Marine, & autres ſur leſquels noſtre pouvoir s'étend de le laiſſer ſeurement & librement paſſer avec ſondit Vaiſſeau Armes, & équipage, & les priſes qu'il aura pû faire, ſans donner ni ſouffrir lui eſtre donné aucun trouble ni empeſchement, mais au contraire lui donner tout le ſecours & aſſiſtance dont il aura beſoin, ces preſentes non valables après un an du jour de la date d'icelles. EN TEMOIN dequoy, Nous les avons ſignées, & icelles fait contre-ſigner, & ſceller du Sceau de nos Armes par le Secretaire general de la Marine. A Versailles le dixiesme jour du mois d'octobre mil ſix cens quatre-vingt Dix & eſt Signé *L. AL. DE BOURBON C. DE TOULOUSE ADMIRAL DE FRANCE*, & ſur le reply eſt eſcrit *PAR MONSEIGNEUR* & eſt Signé *de Valincourt* & en queüe eſt Scelé du Scel des Armes dudit Seigneur Admiral.

La preſente Commiſſion à eſté repreſentée par ledit Sieur André Bart Pardevant Nous *Jean le Potier*, Eſcuyer, Seigneur de la Heſtroy Conſeiller du Roy Lieutenant General Civil & Criminel au Siege General de l'Admirauté de France eſtably pour la Flandre en cette Ville de Dunkerque, & ce conſentant le Procureur du Roy à eſté verifiée & enregiſtrée au Greffe dudit Siege de noſtre Ordonnance, apres que ledit Sieur André Bart à donné la Caution requiſe par les ordonnances & quelle à eſté receu du conſentement dudit Procureur du Roy, qu'il à remis le Rolle de ſon Equipage, preſté luy & ſon Equipage le ſerment requis & ſatisfait au contenu en icelle, Fait au Parquet Royal de ladite Admirauté à Dunkerque le dix[illegible] jour de octobre mil ſix cens quatre-vingt Dix

Collationné à l'Original.

[illegible]

Kaperbrief für die „Santa Maria Stella Maris" unter Kapitän André Bart.

Es ist Hir so voll Fransche Kaper...

Unter den gegebenen Umständen waren die Norderneyer natürlich nicht die einzigen, die Bekanntschaft mit den Freibeutern machten. So war bereits im Januar des Jahres die holländische „De Gekronde Lyvde" in der Accumer Ee[10] in Seenot geraten. Das Schiff war zwei Wochen zuvor bei Texel von der französischen Fregatte „Le Capricieux" aufgebracht worden und sollte von einem Prisenkommando nach Dünkirchen überführt werden, doch brachten Stürme und Unwetter das Schiff so weit vom Kurs ab, dass es schließlich vor Westeraccumersiel mit Feuersignalen Hilfe anfordern musste.

In den folgenden Jahren wurden die französischen Freibeuter vor der ostfriesischen Küste immer zahlreicher und immer frecher. Sie brachten nicht nur die Handelsschifffahrt fast zum Erliegen, sondern überfielen auch die militärisch nicht gesicherten Inseln, raubten Vieh und entführten Insulaner, für deren Freilassung sie beträchtliches Lösegeld forderten. So beklagte sich der Juister Pastor Altmann im Mai 1712 bei seinem Fürsten Georg Albrecht in Aurich:

„Es ist Hir so voll Fransche Kaper, daß man nicht Sicher auff dem Eylande Leben, vielweniger irgend Wohin ans feste Land kann, wie Sie dan die Fischer offt auß der See jagen, auch die Insulaner Vor Sie von ihrer Schillarbeit[11] offt flüchten müssen: So gar, dass Sie auch einen Hiesigen wolbenahmten Mann, Arend Janssen, so Von Hamburg gekommen, zwischen Hir und Baltring[12] Von dem Watt Hinweg – und seinen Sohn zur Geisel mit nach Dünkercken – genommen /: also ihn und die Seinen wegen abgezwungener schweren rantzion[13], so Er geben sol, zu armen Leuten gemacht :/ weil kein Retter da gewesen."

Die Freibeuter waren einfach überall. Ihre Überfälle endeten erst 1714 mit dem Frieden von Rastatt.

Quellen und weiterführende Literatur:
StA AURICH, Rep. 4 B II h 121 und 581
K.-H. WIECHERS: "Französische Seeräuber in Westeraccumersiel" in „Ostfriesland", Jubiläumsheft, Leer 1981
H. MALO: Les corsaires dunkerquois et Jean Bart, Paris 1913
Illustration: Kaperbrief/OMA 12/2007, S. 112

 Louis Alexandre de Bourbon (1678 - 1737), illegitimer Sohn Ludwig XIV. und der Marquise de Montespan, wurde mit fünf Jahren bereits zum Admiral ernannt..

Emder Diplomatie in Zeiten der Seeräuber

Mit Pistolen gegen Kanonen

Am 13. März 1696 trafen zwei Emder Schiffe in der Nähe von Delfzijl auf eine Schaluppe mit einer größeren Zahl von Männern an Bord, die sich im flachen Wasser der Außenems festgefahren hatten. Es zeigte sich schnell, dass die Emder auf ein Kommando französischer Seeräuber gestoßen waren, die während des Pfälzischen Erbfolgekriegs in großer Zahl die ostfriesische Küste heimsuchten. Die Franzosen befanden sich nun allerdings in einer misslichen Situation, denn die beiden Emder Schiffe waren schwer bewaffnete Konvoyer, die mit jeweils zehn Kanonen und etlichen Soldaten an Bord eigens für die Bekämpfung von Seeräubern ausgerüstet waren.

Trotz der eindeutigen Emder Übermacht waren die Seeräuber jedoch nicht bereit sich zu ergeben. Konvoyerkapitän Cornelis Verbeek eröffnete daraufhin mit seinen Sechspfündern das Feuer auf die festsitzende Schaluppe. Die Seeräuber leisteten erbitterten Widerstand und erwiderten das Feuer mit ihren Musketen, Arkebusen und Pistolen. Das ungleiche Gefecht dauerte einen Tag und eine Nacht. Dann war die Schaluppe nur noch ein zerschossenes Wrack, in dem hüfthoch Wasser stand und kein trockenes Pulver mehr zu finden war. Als dann noch eine Emder Kugel dem Anführer der Seeräuber den Hut vom Kopf riss, stellten diese den aussichtslosen Kampf ein, und Konvoyerkapitän Verbeek konnte mehr als 30 völlig durchnässte, frierende und übermüdete Männer nach Emden ins Gefängnis bringen.

Ein erstes Verhör zeigte schnell, dass die Männer keine gewöhnlichen Seeräuber waren, sondern Freibeuter, die im Auftrag und unter dem Schutz des französischen Königs auf Kaperfahrt waren und einen amtlichen Kaperbrief vorlegen konnten. Damit waren sie völkerrechtlich keine Verbrecher, sondern galten als Kriegsgefangene, die auf eine baldige Entlassung hoffen durften.

Ihr Anführer war der ebenso berüchtigte wie erfolgreiche Dünkirchener Kaperkapitän Louis Le Mel, der erst wenige Monate zuvor in einer tollkühnen Aktion mit einem kleinen Schiff mit nur vier Kanonen und 30 Mann Besatzung an 30 vor Anker liegenden englischen Kriegsschiffen vorbei in die Themse eingedrungen war, dort fünf Handelsschiffe und ein Kriegsschiff gekapert und mit ihnen das Weite gesucht hatte, bevor die Engländer auch nur einen einzigen Kanonenschuss abgeben konnten.

Emden, wie es die französischen Freibeuter es 1696 erlebten.

Wie aus den Akten des Stadtarchivs Emden hervorgeht, zeigte sich Le Mel dementsprechend auch in seiner Emder Gefangenschaft äußerst selbstbewusst. Er prahlte mit seinem Reichtum und erklärte dem Emder Schultheiß Frerick Willems Buss herablassend,

„... dass er zu Altona[14] wohl 5000 tausent marck stehend hätte, (...) und dass sein monathliches tractament wohl tausent marck war, dahero es ihm ebenso wenich zälte, wänn er tausent gulden verzehrete als wänn er, schuldheiß, tausent stüber verzehrete."

Das war allerdings ein deutlicher Statusunterschied, denn 20 Stüber waren erst so viel wert wie ein einziger Gulden.

Zu seiner Person gibt Le Mel an, dass er in den Niederlanden aufgewachsen, auf einem niederländischen Schiff von türkischen Piraten gefangen und von einem französischen Schiff wieder befreit worden sei. Seitdem fahre er auf französischen Kaperschiffen. Verheiratet sei er mit einer Schwägerin des berühmten Dünkirchener Kaperkapitäns Jan Bart, der aufgrund seiner zahlreichen Erfolge gerade vom französischen König Ludwig XIV. in den Adelsstand erhoben worden war und noch heute in jedem französischen Geschichtsbuch als Nationalheld und „König der Korsaren" gefeiert wird.

Le Mel gibt zu Protokoll, dass sich unter den Gefangenen weitere Personen von hohem Rang befinden, und zwar die Edelleute Monsieur de St. Hilaire, *„von den voornemsten Pagen des Königs"*, Monsieur Delagarde, Armeehauptmann und Bruder des Gouverneurs von Le Havre, sowie Monsieur Deschamps, Leutnant der Armee.

Die Emder wissen nun, dass ihnen ein paar ganz dicke Fische ins Netz gegangen sind, deren sachgemäße Behandlung diplomatisches Geschick erfordert ... und üppigen Gewinn verspricht. Sie verlangen dementsprechend ein beträchtliches Lösegeld in Höhe von 3000 Gulden für die Freilassung der Gefangenen.

Von Erfolg zu Erfolg bis zum Misserfolg

Doch wie war es dazu gekommen, dass ein derart hochkarätig besetztes Kaperunternehmen so kläglich in Emder Verliesen endete?

Le Mel war am 20. Februar 1696 mit seiner Fregatte „Bonne Espérance" aus Dünkirchen ausgelaufen und hatte Kurs auf die Deutsche Bucht genommen. Er verfügte auf dem 350 t großen Schiff über 29 Kanonen und hatte etwa 300 Männer an Bord. Derart umfangreiche Besatzungen waren auf den größeren Kaperschiffen nicht ungewöhnlich, denn man benötigte einerseits Ersatz für im Kampf getötete oder verwundete Freibeuter und andererseits genügend Männer, die als Prisenkommando gekaperte Schiffe nach Dünkirchen einbringen konnten.

Am 22. Februar taucht Le Mel vor Helgoland auf, wo er zwei Schmackschiffe[15] kapert. In den folgenden Tagen entführt er zwei Hamburger Lotsen und kapert mehrere Handelsschiffe, für deren Freilassung er mit den Schiffsführern Lösegeld in Höhe von 7600 Gulden vereinbart.

Als er erfährt, dass in der Außenems zahlreiche Schiffe vor Anker liegen, nimmt er Kurs auf die Emsmündung. Am 13. März verfolgt er dort drei Schmackschiffe, die jedoch versuchen, sich in das flache Wasser der Außenems zu retten, wohin ihnen die Fregatte der Seeräuber mit ihrem größeren Tiefgang nicht folgen kann. Daraufhin bemannt Le Mel eine flach gehende Schaluppe mit rund 35 Männern und setzt mit ihnen die Verfolgung fort. Das Kommando auf seiner Fregatte übernimmt derweil sein Leutnant Pieter de Roucq, der auf die offene See hinaussegeln soll, um dort die Rückkehr der Schaluppe abzuwarten.

Es gelingt Le Mel, mit seiner Schaluppe eins der verfolgten Schmackschiffe zu kapern und mit sieben Männern das Kommando an Bord zu übernehmen. Doch nun wendet sich das Glück. Das Wetter verschlechtert sich schnell, der Wind frischt auf, die Schaluppe driftet ab und fährt sich

Gemälde von Ludolf Backhuysen in der Johannes-a-Lasco-Bibliothek, im Eigentum der Gerhard-ten-Doornkaat-Koolman-Stiftung

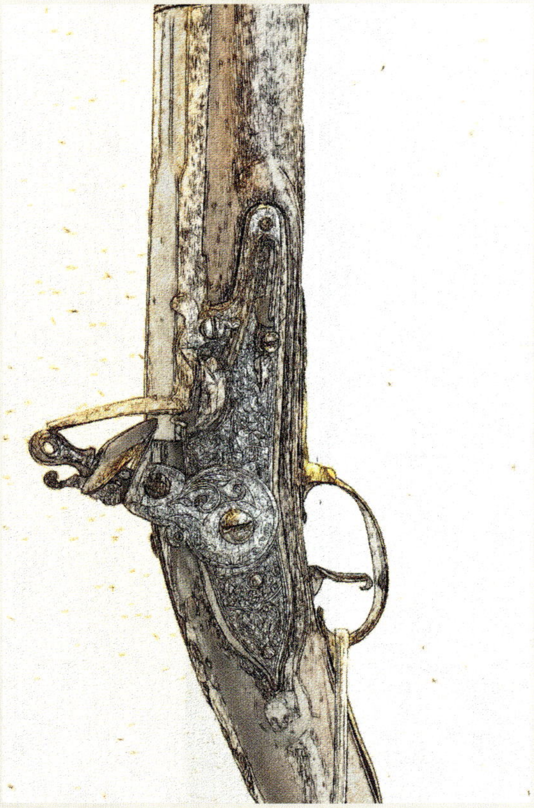

in dem unbekannten, flachen Fahrwasser fest. Zu allem Überfluss läuft auch noch die gekaperte Schmack auf Grund und kommt nicht wieder frei. Als Le Mel bemerkt, dass sich zwei holländische Kriegsschiffe nähern, springt er mit einem seiner Männer von Bord der Schmack in das kalte Wasser. Beiden gelingt es, die festsitzende Schaluppe zu erreichen. Die auf der Schmack verbliebenen sechs Freibeuter werden dagegen von den Holländern überwältigt, nach Delfzijl gebracht und kurzerhand erschossen. Ihre Leichen werden in die Ems geworfen.

Als bald darauf die Emder Konvoyer das Feuer auf die festgefahrene Schaluppe eröffnen, leistet Le Mel noch 36 Stunden Widerstand und kapituliert erst, als er verwundet und die Lage völlig aussichtslos ist.

Der Emder Magistrat berichtet bald darauf nach Hamburg, dass unter den Gefangenen auch *„vier Hamburger, welche zum Dienste gezwungen, darunter auch ein junger von etwa 18 bis 20 Jahren (...) gewesen, so haben Wir dieselben(...) sofort, nach dem Wir zuvor die selben mit einem Zehrpfennig, den letzten auch mit Schuhen und Strümpfen, daran Er mangel gehabt, versehen lassen, wiederumb dimittiert[16].“*

Schlecht behandelt?

Böses berichten französische Historiker über die Gefangenschaft der französischen Freibeuter in Emden. Ihren Berichten zufolge wurden die Gefangenen unter den Schlägen und Steinwürfen der Emder Bevölkerung in Ketten durch die Stadt geführt, einige wurden als Soldaten in den Dienst des Bischofs von Münster gepresst, andere als Zugtiere vor Pflüge gespannt. Man habe den Kapitän aufgefordert, wahrheitswidrig von einer guten Behandlung der Gefangenen zu berichten, was Le Mel aber ganz entschieden abgelehnt habe.

Diese Darstellungen stehen in erheblichem Widerspruch zu den Dokumenten im Emder Stadtarchiv. So berichtet Le Mel am 26. März in einem Brief an seine Auftraggeber, dass der Stadtrat die Freibeuter vor den Übergriffen aufgebrachter Emder Bürger schütze und sich geweigert habe, die Gefangenen an die Holländer auszuliefern, die mit ihnen kurzen Prozess machen wollten. Der Stadtrat sei sehr um die Sicherheit seiner Gefangenen bemüht, doch das koste natürlich Geld ...

„Geld“ ist ein Thema, das fast alle Dokumente durchzieht. Schon bei einem auf den 5. März 1696 datierten Vernehmungsprotokoll (Emden war damals mit dem Julianischen Kalender noch zehn Tage hinter der modernen Zeitrechnung zurück) heißt es über Le Mel:

„Vertrauete, daß er wohl geld genug in Embden bekommen könne, wolle aber nicht ein stüber zu seinem rançon employieren.“ Er ist also nicht bereit, auch nur einen einzigen Stüber Lösegeld zu zahlen,

macht den Emdern jedoch ein ungewöhnliches Angebot für seine Freilassung: „*Wollte aber wohl einen der edelleute hier zu pfande lassen, dass er so lange er im dienst bliebe, keine Embder jehmals nehmen werde*“, er also in Zukunft keine Emder Schiffe mehr kapern wolle. Darauf lässt sich der Magistrat jedoch nicht ein.

Bei seiner Gefangennahme hatte Le Mel gehofft, schnell wieder freigelassen zu werden, ist nun aber entsetzt über seine Haftbedingungen. So schreibt er bereits am 14. März:

„Die Emder sprechen überhaupt nicht von meiner Freilassung und erlauben mir auch keinen Ausgang in die Stadt, so wie wir es ihren Kapitänen gestatten. Sie bewachen mich ganz streng, was mich sehr überrascht; denn das ist doch gegen das Kriegsrecht, und man darf doch Gefangene nicht zurückhalten. Falls ich nicht bald zurück in Dünkirchen bin, bitte ich, den König darüber zu informieren, wie unsere Feinde verfahren, wenn ihnen Franzosen in die Hände gefallen sind.“

Die Benachrichtigung des französischen Königs wäre sinnvoll gewesen, denn Ludwig XIV. hatte sich stets energisch für seine Freibeuter eingesetzt. So hat er, als er von der Erschießung der sechs Freibeuter in Delfzijl erfuhr, umgehend sechs Holländer in Dünkirchen verhaften lassen und in Ketten nach Marseille geschickt, wo sie als Sträflinge auf französischen Galeeren für die Tat ihrer Landsleute büßen mussten.

Geld regiert die Welt in Emden

Nach gut zwei Wochen haben die Emder ihren illustren Gefangenen endlich so weit, dass er bereit ist, für seine Freilassung zu zahlen. In einem Brief an einen seiner Offiziere auf der in der Nordsee wartenden „Bonne Espérance“ fragt er an, ob die geforderte Summe auf seinem Schiff aufgebracht werden kann. Den Brief soll sein mitgefangener Quartiermeister Jan Croon überbringen. Doch das Vorhaben scheitert. Möglicherweise hat Jan Croon die Gelegenheit zur Flucht genutzt, denn er ist in späteren Emder Gefangenenlisten nicht mehr verzeichnet.

Sehr wohl und genau ist dagegen in den Listen verzeichnet, wie hoch die Kosten für die Verpflegung der Gefangenen sind, wobei den Offizieren standesgemäß doppelt so hohe Verpflegungssätze wie den Mannschaften berechnet werden.

Am 24. März versucht auch der gefangene Leutnant Deschamps Geld für seine Freilassung zu besorgen. Er wendet sich brieflich an einen wohlhabenden Apotheker und Freund seines Vaters in Rotterdam. Doch auch diese Bitte scheint wohl keinen Erfolg gehabt zu haben.

Am 26. März schreibt Le Mel seinen Auftraggebern in Dünkirchen, dass er dringend Geld für seine Freilassung benötige. Doch noch bevor eine Antwort eintrifft, willigt er in die Emder Bedingungen für seine Freilassung ein.

In einer von den Emdern in holländischer Sprache aufgesetzten und am 19. März des Julianischen Kalenders von Le Mel unterschriebenen Erklärung heißt es:

„Nachdem die Herren Bürgermeister und Rat der Stadt Emden mich, den unterzeichnenden Kapitän Louis Le Mel nebst 27 untergebenen Personen durch ihre beiden Konvoyer in der Ems bei Delfzijl gefangen und nach Emden gebracht haben, bin ich bereit, für unsere Freilassung die Summe von 3000 Gulden aufzubringen und als Entschädigung dafür zu zahlen, dass die Emder sich gezwungen gesehen haben, mehrmals Konvoyer gegen Seeräuber auszurüsten, und dadurch große Unkosten gehabt haben.

Ich habe mich freiwillig dazu verpflichtet (…) und da ich das Geld zur Zeit nicht aufbringen kann, werde ich als Ehrenmann die genannte Summe von 3000 Emder Gulden gleich nach meiner Rückkehr nach Dünkirchen sorgfältig und ohne Einwände und Abzüge nach Emden übersenden. Ich schwöre dies, so wahr mir Gott Allmächtig helfe. Ehrlich und ohne Hinterlist. Zur Beurkundung unterzeichne ich dies mit meiner eigenen Hand.

So geschehen zu Emden am 19. März 1696
gez. Louis Le Mel“

Zufriedenheit, Dankbarkeit, Anständigkeit, Güte und Einvernehmen

Mit dem Hinweis auf die Kosten für ihre Konvoyer haben die Emder eine elegante Begründung für ihre Lösegeldforderung gefunden. Am selben Tag legen sie ihren Gefangenen eine weitere Urkunde zur Unterschrift vor:

„Ich, Kapitän Louis Le Mel, beurkunde und bezeuge hiermit das Folgende.
Nachdem ich unlängst mit 27 Mann durch die beiden Konvoyer der Stadt Emden bei Delfzijl gefangen und nach Emden gebracht worden bin, gegenwärtig aber auf meine untertänigen Bitten hin mit meinen Leuten aus dem Gefängnis befreit worden und nun wieder auf freiem Fuß bin, dass wir während der Zeit unserer Gefangenschaft von den Herren Bürgermeister und Rat der Stadt und ihren Bediensteten gerecht und zu unserer vollen Zufriedenheit behandelt worden sind, so dass wir ihnen nicht nur sehr dankbar sind, sondern um unsere Dankbarkeit zu bekräftigen, uns aus freiem Willen verpflichtet haben, in Zukunft alle Emder Schiffe, denen wir begegnen, verschonen werden (...) Wir versprechen weiter, dass wir weder in die Ems noch an die Küsten Ostfrieslands zurückkommen werden (...) und schließlich versprechen wir, dass wir uns mit aller Kraft für diejenigen Bürger der Stadt Emden einsetzen werden, die als Gefangene nach Dünkirchen verschleppt werden, damit sie gerecht behandelt und so bald wie möglich wieder freigelassen werden. Dies schwören wir, so wahr uns Gott helfe. Dass wir als Ehrenmänner diesen Verpflichtungen nachkommen werden, bekräftigen wir mit eigenhändiger Unterschrift. Ehrlich und ohne Hinterlist. So geschehen in Emden am 19. März 1696“

Le Mel sowie die Offiiziere Deschamps, de St. Hilaire und Delagarde unterschreiben auch diese Erklärung, doch die Emder entlassen nun nicht alle Gefangenen, sondern nur den Kapitän, damit er in Dünkirchen das Lösegeld beschaffen kann. Alle anderen sollen in Emden bleiben, bis das Geld da ist. Am 12. April ist Le Mel wieder in Dünkirchen. Inwieweit er sich dort für seine Leute eingesetzt hat, ist den Emder Akten nicht zu entnehmen, doch scheinen Hauptmann Delagarde und Leutnant Deschamps ihre Zweifel gehabt zu haben, denn sie schreiben bald darauf ebenso formvollendet wie flehentlich an ihren Kapitän in Dünkirchen:

„Monsieur, die Anständigkeit der Herren in Emden verpflichtet uns, diesen Brief zu schreiben und Sie zu bitten, den Emdern allen erdenklichen Dank abzustatten. Wir brauchen Sie sicher nicht an die Versprechungen zu erinnern, die Sie den Emdern gemacht haben, denn wir sind überzeugt, dass Sie sie einhalten werden, denn Sie wären der undankbarste Mensch der Welt, wenn Sie Ihr Wort nicht halten würden. Ihre Ehre steht auf dem Spiel. Jeden Tag geben die Emder Geld für uns aus, wozu sie keineswegs verpflichtet wären. (...) Wir verdanken ihnen unser Leben, denn sie haben alles gemacht, um uns in Sicherheit zu bringen, und geben nun Geld aus, um die Männer in ihre Heimat zurückzubringen, denn morgen früh werden sie mit einem Schmackschiff zurückgeschickt. Wir aber müssen hier bleiben, bis das Geld da ist. Wir flehen Sie an: Beeilen Sie sich bitte, die Wohltätigkeit der Emder anzuerkennen und die Bedingungen zu erfüllen, zu denen Sie sich ehrenwörtlich verpflichtet haben.“

Wahrscheinlich ist das Lösegeld bald darauf eingetroffen, denn am 21. April schreiben die beiden Offiziere aus Amsterdam:

„Dem Himmel sei Dank, und Dank auch der Güte der Herren im Emden, die es erlaubt haben, dass wir nun schon in Amsterdam angekommen sind.“

Doch dann wird die Heimreise der beiden Offiziere jäh unterbrochen. Wegen unzureichender Reisepapiere werden sie in Oostende verhaftet. Am 26. April schreiben sie an einen Gewährsmann in Emden:

„Monsieur, ... bitten Sie die Ratsherren, uns Reisepässe zu senden, damit wir beweisen können, dass wir keine entsprungenen Häftlinge sind (...) Seien Sie so freundlich, den Ratsherren zu sagen, dass sie die Reisepässe an das Gefängnis in Oostende schicken sollen.“

Anschließend verlieren sich die Spuren der Freibeuter. Ihr Kapitän Le Mel hat wohl zunächst auf weitere Kaperfahrten verzichtet, doch dann, Anfang 1702, taucht er mit einem Kaperschiff wieder in der Außenems auf und am 4. Juli überfällt er die Insel Spiekeroog. Er kapert in den folgenden Jahren zahlreiche Schiffe, gerät viermal in Gefangenschaft, wird viermal ausgetauscht, erhält für seine Erfolge einen Ehrendegen des französischen Königs, lebt weit über seine Verhältnisse, verschuldet sich, verlässt Frau und Kinder, nimmt heimlich Kontakte zum Feind auf, wird deshalb 1714 verhaftet, entkommt 1715 aus dem Gefängnis und ist seitdem verschollen.

Nach der Rückkehr Le Mels haben sich die Beziehungen zwischen Emden und den nordfranzösischen Seeräuberstädten Dünkirchen und St. Malo durchaus positiv entwickelt. Gefangene wurden ohne Verzögerung ausgetauscht. In einem überaus freundlichen Brief des französischen Marine-Inspektors von St. Malo an den *„Heer Bourgemester off te Magistraat der Stadt Embden“* heißt es:

Monsieur,

ich weiß sehr wohl, dass Sie die Franzosen großzügig behandeln. Wenn es demnach hier einige Kriegsgefangene geben sollte, werde ich nicht zögern, dieselben sofort freizulassen, ihnen gute Reisepässe zu geben sowie genügend Mittel, um ihre Heimreise zu finanzieren. Ich habe vor kurzem in Dinant eine große Zahl von Kriegsgefangenen aus allen möglichen Ländern besucht und darunter niemanden aus Emden gefunden. Wäre ein Emder dabei gewesen, hätte ich ihn sofort freigelassen.

Um jedoch nichts zu versäumen, was Ihrer Zufriedenheit dienen könnte, werde ich sofort einen Boten nach Dinant schicken, um prüfen zu lassen, ob sich unter den Gefangenen wirklich niemand aus Emden befindet (…)

Ich fühle mich getragen von dem Wunsch, all denen eine Freude zu bereiten, die von sich sagen können, dass sie aus Emden sind (…)

Meine Herren, ich fühle mich aus ganzem Herzen als Ihr bescheidener und gehorsamer Diener.

gez. Degastines, für den König in St. Malo“

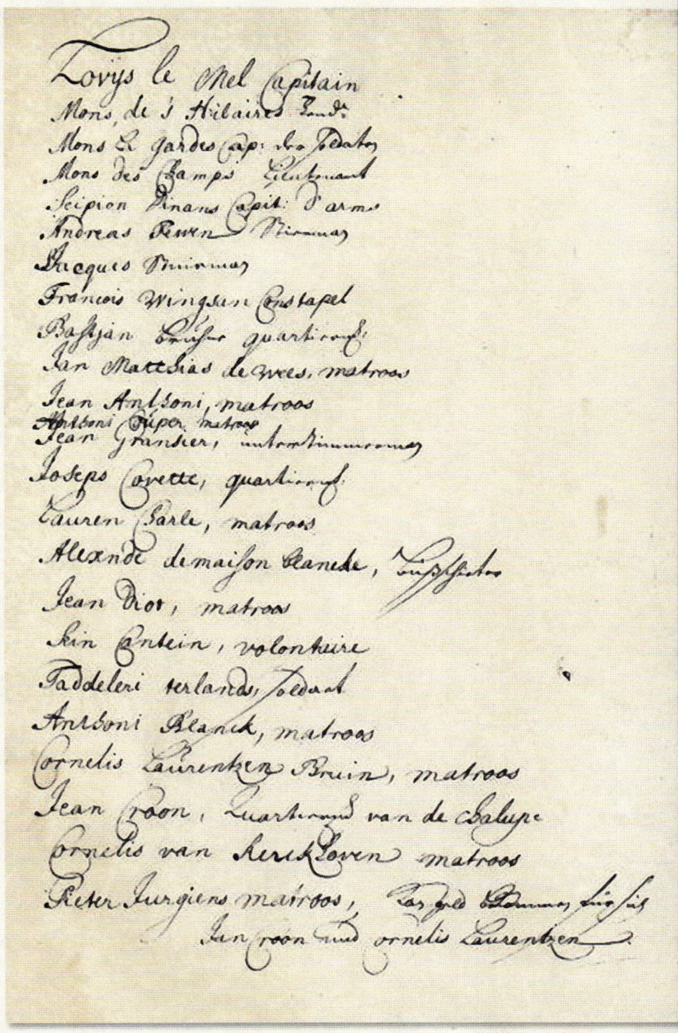
Louys le Mel Capitain
Mons. de S. Hilaire
Mons des Champs Lieutenant
Scipion Dinans capit. d'armes
Jacques
François Wingsen Constapel
Bastjan Schiper quartiermr
Jan Matthias de wees, matroos
Jean Anthoni, matroos
Jean Granier
Joseph Corette, quartiermr
Lauren Sarle, matroos
Alexandre demaison blanche
Jean Diot, matroos
Antein, volontaire
Anthoni Blanck, matroos
Cornelis Laurentsen Bruin, matroos
Jean Croon, Quartiermr van de chaloupe
Cornelis van Kerckhoven matroos
Pieter Jurgiens matroos
Jan Croon und Cornelis Laurentsen

Es ist bemerkenswert, in welch gutem, fast herzlichen Einvernehmen die Stadt Emden mitten im Krieg mit dem Gegner stand, doch war der Schutz ihres Seehandels für sie stets vorrangig und so hat *„sie bis dahin überhaupt keinen* Überfluss an Patriotismus gezeigt“, wie der ostfriesische Historiker Herquet 1881 bissig vermerkte.

Anmerkung:
Holländische und französische Texte wurden in modernes Deutsch übertragen.

Quellen und weiterführende Literatur:

1. *Stadtarchiv EMDEN, Reg I, Nr. 360*
2. *StA AURICH, Rep. 4 B II g 188*
3. *H. MALO: La Grande Guerre des Corsaires, Paris, 1925, S. 178 ff*
4. *J. MERRIEN: Histoire des Corsaires, Louviers, 2005, S. 139 ff*
5. *P. VILLIERS: Les Corsaires du Littoral, Presses Universitaires du Septentrion, 200, S. 268 ff*
6. *K. HERQUET/H. v. EICKEN: „Geschichte der Insel Norderney in den Jahren 1398 – 1711“ im Jahrbuch der Gesellschaft für bildende Kunst und vaterländische Altertümer, Band 9, Emden 1890, S. 14*

Illustration: Emder Reede/ Ostfreeslandkalender 2012/S.139

Liste der gefangenen Freibeuter unter Führung von Louis Le Mel.

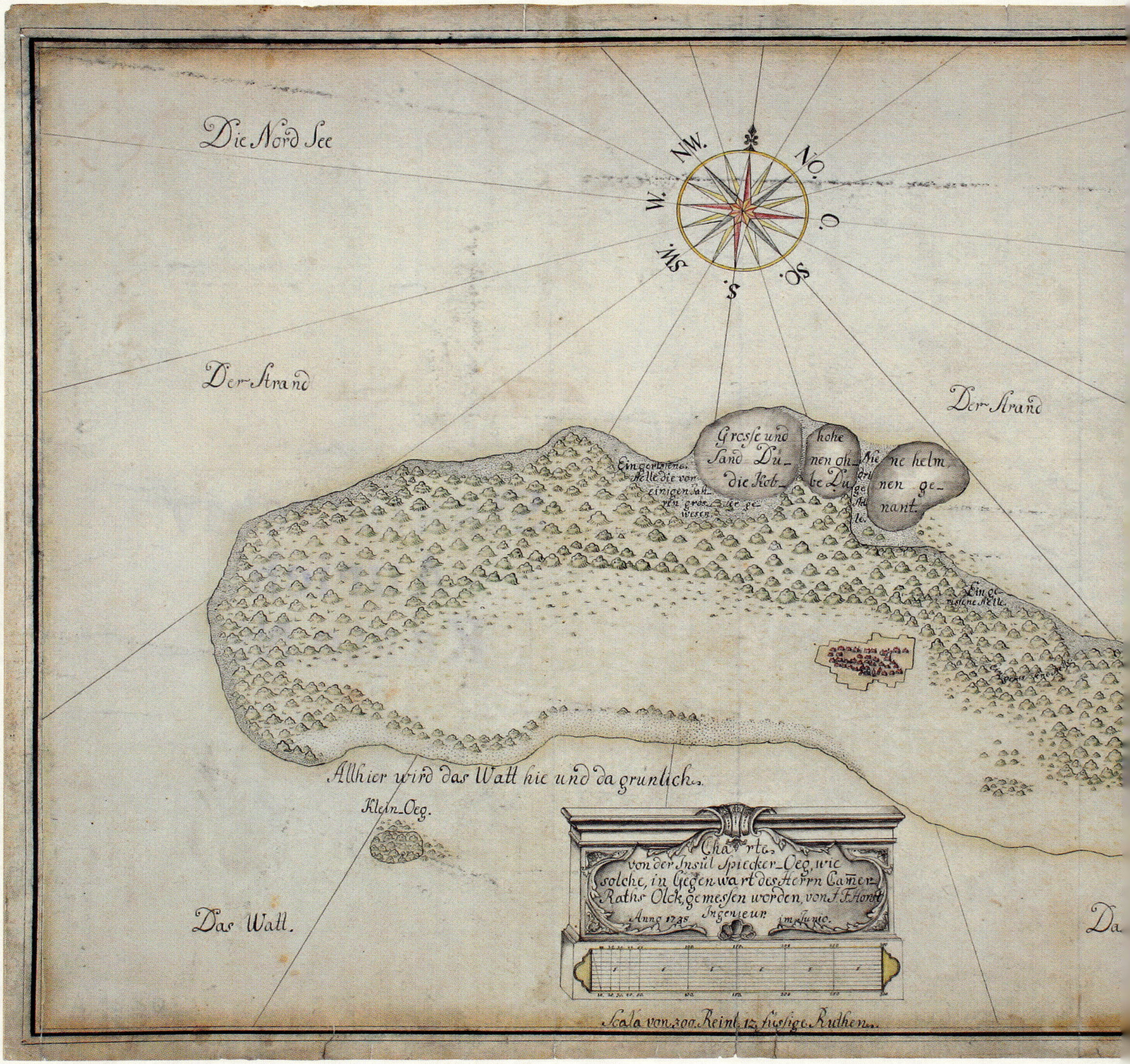

Spiekeroog im Jahr 1738: Eine kleine Handvoll Häuser im Schutze der Dünen.

Überfall auf Spiekeroog

Eine böse Überraschung...

... erlebten die Spiekerooger am 4. Juli 1702. An jenem Dienstag erschien vor der Insel plötzlich ein französisches Piratenschiff, und gleich darauf nahm eine Gruppe bewaffneter Seeräuber in einem Beiboot Kurs auf das Watt, wo die Schnicken[17] der Spiekerooger Fischer vor Anker lagen. Die Seeräuber plünderten die Fischerboote, landeten sodann auf der Insel selbst, entführten und schlachteten das Vieh dort vor den Augen der entsetzten Insulaner. Bevor sie den Rückzug antraten, überwältigten die Räuber noch den Spiekerooger Fischer Oncke Janssen und verkündeten, dass sie diesen nur gegen eine Zahlung von immerhin 400 holländischen Gulden wieder freilassen würden. Sollte das Lösegeld nicht umgehend aufgebracht werden, würden sie ihren Gefangenen mit nach Frankreich entführen.

Sodann verschwanden die Seeräuber aus der Sichtweite der Insulaner, die sich Hilfe suchend sofort an den für sie zuständigen Amtmann in Esens wandten. Dieser wiederum berichtete bereits einen Tag nach dem Überfall seinem Landesherren Christian Eberhard in Aurich:

„Durchlauchtigster Fürst, gnädigster Fürst und Herr, Eurer Hochfürstlichen Durchlaucht Unterthanen dero Insul Spikeroge haben soeben angezeiget, dass gestern etliche Mannschaft eines franschen Capers in einer Chalupe[18] auff dem Watte ihres Orthes und zu ihnen sich gefunden, aus ihren Schnicken, was dabey ihnen anstendlich gewesen und von ihrem Lande Vieh erschossen und Stücken Viehes, nebst einem Eingesessenen selbst, weggenommen, diesem aber sein Ranson[19] auf 400 Gulden Holländisch gestellt. Sie, die Unterthanen verlangen, dass ihnen etliche bewehrte Soldaten, welchen sie indessen Hausfestung[20] und Kost geben wollen, mögen zugeordnet und eine Collecte zur Anschaffung des vorbedeuteten Lösegeldes veranstaltet werde."

An diesem 5. Juli war der Entführte jedoch schon weit weg. Die Seeräuber lagen mit ihrem Schiff vor Helgoland, und Oncke Janssen versuchte nun, mit einem Brief über einen Hamburger Kontaktmann seine Frau auf Spiekeroog zu erreichen:

„Heilige Lant[21], den 5. Julius 1702
Ersammer[22] friend Klauss Albers,
Es geliebet zu wissen, als dass ich den 4. dito bin genommen[23] von Kapitain Lofies de Mel und habe geransiert[24] vor 400 und 50 G hollans, also bitte, er wolde so gut sein und senden diesen Brieff an meine Frauw..."

In dem Brief bittet Oncke Janssen seine Frau, dass sie sich wegen der auf nunmehr 450 Gulden gestiegenen Lösegeldforderung an den Pastor von

Esens und Thunum wenden möge und man um Gottes Willen alles tun solle, um das Geld zu beschaffen, das dann an einen Kontaktmann der Seeräuber in Amsterdam zu übergeben sei. Auf dem Briefumschlag notiert er noch:

„… sie wolde sich doch nicht to fel[25] *bekümmern, Gott will es am besten vorsehen, und gehet nach Drosten*[26] *und Amtman und bittet, dass er mach uns behülflich sein …“*

Oncke Janssens Brief wird heute im Staatsarchiv Aurich aufbewahrt. Er war nun in die Hände eines französischen Kaperkapitäns gefallen, den er, so wie er es gehört hat, „Lofies de Mel“ schreibt, bei dem es sich aber mit einiger Sicherheit um den berüchtigten Freibeuter Louis le Mel handeln dürfte. Le Mel konnte zwar angeblich weder lesen noch schreiben, war aber bei seinen Beutezügen höchst effektiv. Ein paar Jahre zuvor, 1696, war Le Mel in Emder Gefangenschaft geraten, hatte sich aber wieder freikaufen können, überstand drei weitere Gefangenschaften und eine schwere Verwundung bei einem Scharmützel auf der Themse und erhielt wegen seiner Verdienste einen Ehrendegen des französischen Königs.

Dass für den armen Spiekerooger Fischer Oncke Janssen nicht viel Lösegeld zu bekommen war, das wurde an Bord des Kaperschiffes schnell erkannt. Die Kaper versprachen deshalb, ihn freizulassen, wenn er ihnen verriete, wo reiche Bauern wohnten, durch deren Entführung man größere Summen erpressen könnte. Doch auch aus diesem Geschäft wurde nichts. Weiter erfuhr Oncke Janssen, dass die Kaper eigentlich vorhatten, die Dörfer auf Spiekeroog und Langeoog zu überfallen, zu plündern und anzuzünden. Bald darauf änderten die Kaper jedoch ihre Pläne, traten den Rückzug an und nahmen mit ihrem Gefangenen Kurs auf ihren Heimathafen Dünkirchen, der damaligen Metropole der französischen Kaperschifffahrt.

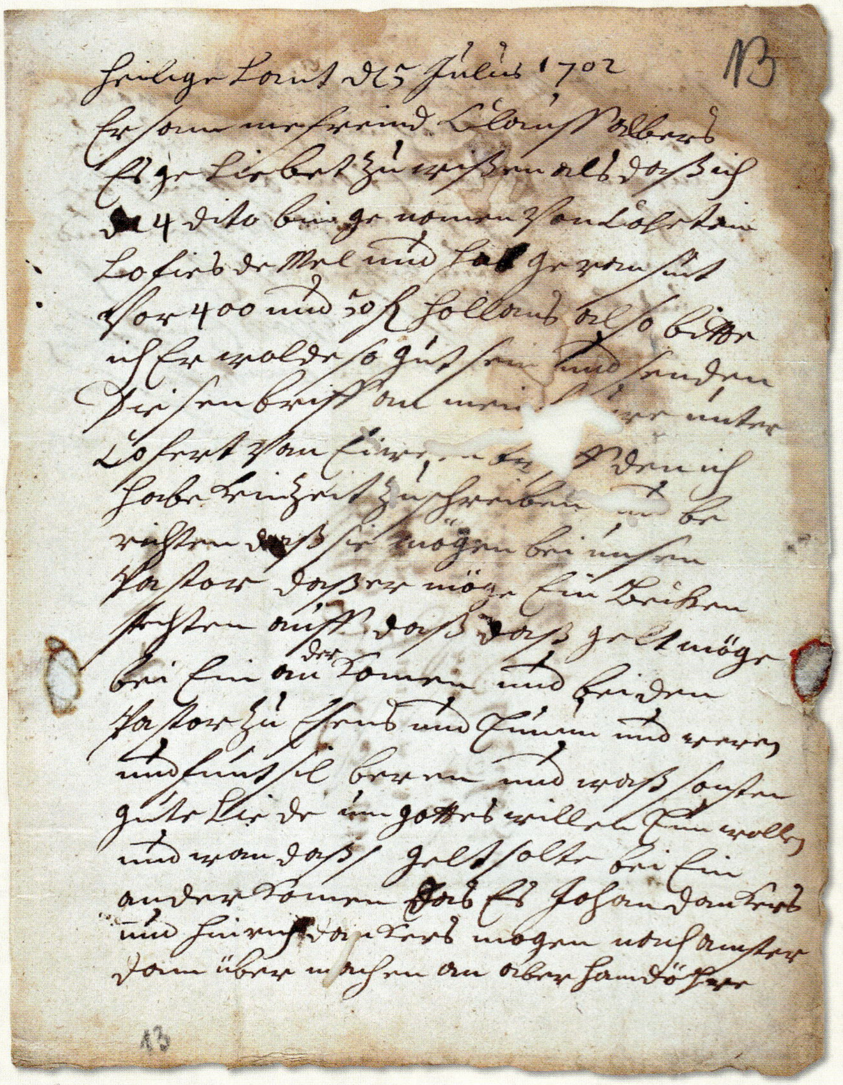

Äußerste Noth

Am 8. Juli traf in Aurich ein Brief ein, in dem die Spiekerooger sich bitterlich beklagten und vom Fürsten Hilfe einforderten:

„Die äußerste Noth, Durchlauchtigster Fürst, Gnädigster Fürst und Herr, dringet uns, Ihre getreuen Unterthanen der Insell Spiekerooge, in tieffster Demuth zu hinterbringen, wie dass wir nicht allein von den franschen Seeräubern so verfolget werden, dass sie uns auff dero Insell habendes Vieh, Schaaps[27], Gänse etc. theils todt gestoßen, und hier weg geschleppet, die Schiffe (wie sie auch denen Langeoogers gethan) geplündert sondern leider! vor wenigen Tagen einen unserer armen Miteinwohners nahmens Oncke Janssen auß seiner Schnicke, womit er (...) ins Langeooger Watt gelegen, mit sich hinweg genommen, und vor dessen Rantzionierung[28] 400 Gulden prätendieren[29], die wir ihnen, ehe er erlassen werden kann, in See bringen sollen oder sie ihn mit nach Dünkirchen nehmen wollen.

Wan wir nun nicht sehen, auff welche Arth wir leben und auf dem Eyland zu rechte kommen sollen, so haben wir zu Ihnen, Hochfürstliche Durchlaucht, unsere Zuflucht nehmen müssen, den fürstväterlichen Rath und möglichsten Schutz zu suchen (...) ob es nicht dienlich, dass zu unserer Häuser und der unsrigen Sicherheit einige von dero Militz möchten dahin beordert werden, welche wir gern nach Vermögen (...) mit Hausfestung versorgen wollen.

In Sonderheit flehen des gefangenen besagten Oncke Janssens Frau und Kinder Ihre Hochfürstliche Durchlaucht auffs Demütigste an, nach dero bekandter hochfürstlicher Clements[30] sie in Gnaden anzusehen, wenn es möglich wäre, dass wir insgesambte Eyländer auff unsere Schiffe und Güter etwas an Geld zu des Gefangenen Erlösung auffnehmen könten...“

Die Insulaner standen also in vorbildlicher Weise gemeinsam für Oncke Janssen ein und waren bereit, ihr Hab und Gut gegen die Gestellung des geforderten Lösegelds zu verpfänden. Doch auch eine kleine Warnung an den Fürsten nahmen sie noch in ihren Brief auf. Falls der Fürst ihnen nicht helfen würde, dann würden sie ihrerseits möglicherweise nicht mehr in der Lage sein, die vereinbarten Schill-Lieferungen[31] an den Fürsten fortzusetzen.

Erfolglose Diplomatie

Noch am selben Tag reagierte Landesvater Christian Eberhard, indem er seine Beamten in Esens anwies, dem Kapitän des Kaperschiffes einen geharnischten Protestbrief zu schreiben.

Dieser von der fürstlichen Kanzlei im feinsten Französisch verfasste Brief lautet übertragen ins Hochdeutsche:

„Monsieur,
Seine Hoheit, der Fürst von Ostfriesland, ist darüber informiert worden, dass Ihre Männer feindselige Aktionen auf mehreren ihrer Inseln, so auf Langeoog und Spiekeroog verübt haben, dass sie sogar am letzten Dienstag einen ihrer Einwohner, den Fischer Oncke Janssen, entführt haben und dass sie für dessen Freilassung 400 Francs fordern.
Seine Hoheit hat uns ihr Missfallen ausgedrückt und befohlen, diesen Brief durch den Sohn des Entführten zu übersenden, der zu diesem Zweck einen Pass von der Hand seiner Hoheit erhalten hat.
Seine Hoheit hat mir befohlen, Ihnen zu schreiben, dass sich bisher weder das Reich noch seine Hoheit im Kriegszustand mit dem König von Frankreich und Spanien befinden und dass darüber hinaus die oben erwähnten Inseln ein Lehen des spanischen Herzogtums Geldern sind und somit Sicherheit und Frieden genießen sollten, genau so wie die Menschen anderer gleichartiger Lehen.
Wir wollen nicht versäumen, Monsieur, Sie hiermit wissen zu lassen, dass wir überzeugt sind, dass Sie die unverzügliche und bedingungslose Freilassung des oben erwähnten Mannes befehlen werden und damit unserer Forderung nachkommen.
Wir sind weiterhin überzeugt, dass die Insulaner und die treuen Untertanen seiner Hoheit, unseres Herren, in Zukunft vor allen Übergriffen und Feindseligkeiten Ihrer Männer bewahrt werden.

Seine Hoheit, die sich verpflichtet sieht, ihre Untertanen zu schützen, würde nicht gezögert haben, ihre berechtigten Klagen seiner Allerchristlichsten Majestät, dem König von Frankreich, vorzutragen und Wiedergutmachung für die Schäden zu verlangen, die unseren Untertanen durch die Abschlachtung und Entführung ihres Viehs entstanden sind, wenn man es nicht für richtiger gehalten hätte, Sie zunächst zu informieren, bevor man diese und andere Maßnahmen ergreift, die für die Sicherheit und den Schutz unserer treuen Untertanen als erforderlich angesehen werden.
Wir warten zunächst Ihre Reaktion auf diesen Brief ab, bevor wir weitere Maßnahmen ergreifen, und zeichnen als Ihre ergebenen Diener, Drost und Amtmann
der Herrlichkeiten Esens, Stedesdorf und Wittmund"

Trotz des sehr bestimmten Tones konnte ein derartiger Text bei den Adressaten nur Hohngelächter auslösen, denn es war bekannt, dass der Fürst über keinerlei militärische Mittel verfügte, um die Kaper wirksam zu bekämpfen. Auch die Drohung mit einer Beschwerde bei Ludwig XIV., dem Auftraggeber der Kaper, war völlig sinnlos. Dies dürfte auch den Briefautoren bewusst gewesen sein, so dass sie ihre Zuflucht in juristischen Spitzfindigkeiten suchten.

So befand sich das Reich im Sommer 1702 völkerrechtlich tatsächlich noch nicht im Kriegszustand mit Frankreich; denn der deutsche Kaiser Leopold hatte zwar in seiner Eigenschaft als Oberhaupt der Habsburger Lande die Kriegshandlungen 1701 in Italien begonnen, den Krieg des Deutschen Reichs gegen Frankreich erklärte er jedoch erst im September 1702.

Auch der Hinweis auf die seit 1531 bestehende Lehensabhängigkeit des Harlingerlandes vom niederrheinischen Herzogtum Geldern, welches wiederum als Teil der Spanischen Niederlande mit Frankreich verbündet war, dürfte wenig Eindruck gemacht haben; denn diese Lehensabhängigkeit hatte praktisch keine Bedeutung mehr und erlosch wenige Jahre später.

Zudem war es äußerst unwahrscheinlich, dass dieser Brief jemals den Kaperkapitän erreichen würde, denn wie sollte der zum Briefboten ernannte Sohn des Oncke Janssen das Schiff mit seinem Vater in der weiten Nordsee finden?

… so würden wir veranlasset, davon zu gehen…

Einige Tage später traf der Helgoländer Brief des Entführten mit der Forderung nach einem Lösegeld von 450 Gulden tatsächlich auf Spiekeroog bei seiner Frau Elsche Janssen ein, die natürlich nicht wusste, woher sie so viel Geld nehmen sollte. Ihr Sohn Oncke Oncken wandte sich in seiner Not an den Fürsten in Aurich, dem er zugleich den ihm ausgestellten Pass sowie den Brief des Vaters übersandte:

„Die immer hochzurühmende Gnade, Durchlauchtigster Fürst, Gnädigster Fürst und Herr, die Sie vor wenigen Tagen dem getreuen Knecht und itzo von den Seeräubern gefangenen Unterthan, Oncke Janssen aus Spiekeroog erwiesen, indem Sie selbst mit beygehendem[32] verhoffentlich gültigen Pass und dero Hochfürstl. Beambte Anschrift begnadigt, erkennen dessen zurückgebliebenes armes Weib und Kinder unter schuldigster Dankbarkeit.

Wenn aber besagter Seeräuber seine Reise nach Dünkirchen fortgesetzet und beygehender Brieff uns ist aus Hamburg zugesandt, dass wir vor dessen Lösung 450 holländische Gulden in Amsterdam an einen nahmens Abraham de Pre übermachen[33] sollen, so sehen wir nicht, auff welche Arth die Lösung soll von uns Armen hergenommen werden…“

Zusammen mit zwei weiteren Spiekeroogern, Frerich Eymes und Ubbo Peters, richtete der junge Oncke Oncken noch ein zweites Schreiben an seinen Fürsten, in dem die drei Männer die bedrohliche Situation der Insel schilderten und erneut um militärischen Schutz baten:

„Durchlauchtigster Fürst, gnädigster Fürst und Herr, Eurer Hochfürstliche Durchlaucht haben wir unterthänigste, getreue Unterthanen und Einwohner auff der

Inselkirche Spiekeroog, erbaut 1696.

Insul Spiekeroge anzudienen nicht umbhin gekönnt, wie dass wir Leider! täglich vor Augen sehen müssen, dass die auf der See und Watten grassierende Kaper und Seeräuber ihre Bosheit mit Beraubung der Schiffen und eingeladenen Gütern hefftig ausüben (…) dahero wir stets in Furcht und Ängsten stehen, weil die Kaperer so nahe kommen, allermaßen dieselbe bereits 2 mahl an besagter Insul gelandet, wir aber selbe mit aller Macht noch wieder abgewehret, jedennoch sind wir in Sorge, dass sie stärker kommen, von ihnen angefallen, außgeraubet und mit Weiber und Kinder ins Elend getrieben werden, den mit unserer Macht ist nichts gethan, weil wir alda schwach von Persohnen und fast kein Gewehr alß etwa ein klein Gestück[34] haben, womit gar wenig Abwehrung geschehen kann, haben unsere geringen Schiffe und wenige Güter nach Harlingersiehl bringen müssen, und dahero schlechter Verdienst folget, und wan wir keine Hülffe und Beschützung bekommen, so würden wir veranlasset, davon zu gehen und uns gleichsam aus solcher Angst und Noth zu retten, welches man doch ungerne gesinnet zu thun, wen es könnte verhütet werden.
Derowegen nehmen wir zu Eurer Hochfürstlichen Durchlaucht, unserem lieben Landes Vatter unsere unterthänigste Zuflucht, dieselbe hertzlich bittende in Gnaden wollen zu geruhen, die gnädigste ordre[35] zu machen, dass etwa einige Mannschafft mit gutem Gewehr nebst Kraut[36] und Loht[37], nach gnädigstem Belieben unß zu secundieren[38] und beschützen, möge zugelagert werden, biß die feindsehligste Hitze mit den Kapern vorüber ist. Wir verpflichten unß, die Mannschafft solcher Zeit behörlichen Servis als Hausfestung, Licht und Feuer, Saltz und Sauer zu geben…“

Die Angst der Insulaner kann man leicht verstehen, wenn man berücksichtigt, dass es damals auf Spiekeroog nur rund zwei Dutzend Familien gab, während die Besatzung der größeren Kaperschiffe häufig aus mehr als hundert Mann bestand, so dass jeglicher Widerstand nur von kurzer Dauer sein konnte.

…ohne Entgeld frey gelassen

Inzwischen hatte das Schicksal des entführten Oncke Janssen jedoch eine weitere dramatische Wendung genommen. Das Kaperschiff wurde auf seinem Rückweg nach Frankreich von einem holländischen Kriegsschiff gestellt und überwältigt und alle Männer vom Kaperschiff gefangen genommen. So saß Oncke Janssen am 18. Juli in einem Gefängnis in Middelburg in Seeland und schrieb an seinen Bruder, dass es ihm ganz gut gehe und dass das Lösegeld nun wohl an die Holländer zu zahlen sei. Er möge Onckes Frau informieren, sie solle für seine Rückkehr beten.

Bald darauf kam auch dieser Brief in Spiekeroog an, und Onckes Sohn leitete ihn mit der Bitte um Hilfe sogleich weiter an seinen Landesvater:

… Indem ich aber so Beygehendes von meinem Vater erhalten und daraus ersehe, dass er von einem Holländer wieder genommen (…) vermuthe, daß besagte Seeländer das Rantzion Geld prätendieren[39] werden. Derowegen nochmals mit dieses umb Gottes Willen Ihro Durchlaucht ersuche, ob Sie, wo es möglich, auff die Erledigung denken.

Es ist nicht klar, inwieweit sich der Fürst noch weiter für seinen Untertanen eingesetzt hat, doch traf Oncke Janssen am 29. Juli als freier Mann wieder bei seiner Familie auf Spiekeroog ein. Damit war für ihn eine 25-tägige Odyssee glücklich zu Ende gegangen, und die fürstliche Kanzlei in Aurich konnte die Akte schließen mit dem Vermerk:

Der von dem Caper weggenommene Onke Janssen ist, nachdehm gemelter[40] Caper in Seeland auffgebracht ist, von den Reedern des Seeländischen Schiffes ohne Entgeld frey gelassen.

Nach seiner abenteuerlichen und unfreiwilligen Seereise lebte Oncke Janssen noch 18 Jahre und starb 1720 „vor Genießung des Abendmahls“, wie der Spiekerooger Pastor bedauernd im Kirchenbuch hinzufügte.

Quellen und weiterführende Literatur::
1. *StA AURICH, Rep. 4 B II g 188 und Rep. 244A 1850*
2. *J. MERRIEN: Histoire des corsaires, L'Ancre de Marine, Louviers, 2005, S. 139 ff*

Illustration: Landkarte Spiekeroog/OMA10/2008, S. 116

Norderney - Roverland - Räuberland?

Tapfere Norderneyer - Ausrufungszeichen!

Böses ahnten die Norderneyer, als sich im Mai 1707 ein großes Piratenschiff ihrer Insel näherte, sodann beidrehte und im Norderneyer Seegatt vor Anker ging. Und tatsächlich nahm wenig später ein Beiboot mit sechs bewaffneten Piraten Kurs auf die Insel. Die Norderneyer konnten allerdings bald erkennen, dass es die Seeräuber nicht auf ihre Insel abgesehen hatten, sondern auf ein Harlinger Schmackschiff[41], das vor der Insel auf Reede lag. Die Insulaner wollten dem Überfall jedoch nicht tatenlos zusehen, griffen zu ihren Waffen, eilten zum Strand und eröffneten das Feuer auf die Schaluppe der Seeräuber.

So jedenfalls berichtet der Norderneyer Prediger Johann Husius in seinem Kirchenbuch. Ganz neu war den Norderneyern diese Bedrohung von See her nicht; denn in der Nordsee wimmelte es damals von französischen Freibeutern, die für ihren König bereits hunderte von Schiffen aufgebracht und nach Frankreich entführt hatten. Wenn ihre Mission gelegentlich einmal fehlschlug, erklärten sie sich zu Kriegsgefangenen und wurden zumeist - gegen das Versprechen, nicht rückfällig zu werden - ausgetauscht oder nach Frankreich abgeschoben.

Besonders die Inseln litten schwer unter der Seeräuberplage. Langeoog und Spiekeroog wurden von den Seeräubern überfallen und geplündert, und die Juister trauten sich, einem Bericht ihres Pastors Altmann zufolge, kaum noch ins Watt, geschweige denn zum Festland.

Die Norderneyer hatten ebenfalls schon Bekanntschaft mit den Seeräubern gemacht, als 1690 die von französischen Freibeutern gekaperte holländische „Abraham“ nach einem heftigen Sturm auf ihrer Insel strandete. Das aus vier Piraten bestehende französische Prisenkommando war damals von den Norderneyern gefangen und an den Fürsten in Aurich ausgeliefert worden.

Auch das vom Prediger Husius im Kirchenbuch erwähnte Seegefecht im Jahr 1707 endete mit einem vollständigen Sieg der Norderneyer; denn die Seeräuber gaben ihren Versuch, das Harlinger Schiff zu kapern, bald auf, weil, wie der Prediger schreibt, *„die Eyländer Leute dem Harlinger Schiffer zu Hülfe kamen und weil die Caper der Eyländer Schießen hörten, wieder umbkehreten, aber von Strohm und Wind verhindert, sich gefangen ergeben mußten.“*

Tapfere Norderneyer - Fragezeichen?

So hatten die Norderneyer also mutig, tapfer und uneigennützig den Angriff abgeschlagen, sogar Gefangene gemacht und die Schaluppe der Seeräuber erobert oder aber war es vielleicht doch nicht ganz so, sondern vielleicht sogar ganz anders, wie kürzlich im Stadtarchiv Emden entdeckte Akten vermuten lassen?

Es handelt sich dabei um den detaillierten Bericht eines Emder Konvoyerkapitäns, der Anfang Juni 1707 im ostfriesischen Watt auf Patrouillenfahrt war. Am 2. Juni war er in Emden ausgelaufen und lag dann über Nacht in der Bantsbalje[42] vor Greetsiel. Am 3. Juni traf er im Norderneyer Watt auf Juister und Amelander Schiffer, die von französische Piratenschiffen berichteten, die vor der Insel lägen, und dass auch im Watt bereits eine Schaluppe mit Seeräubern gesehen worden sei. Der Kapitän bildete daraufhin ein Kommando von 15 bewaffneten Männern, die in einer Schaluppe auf Aufklärungsfahrt gingen und tatsächlich zwei Piratenschiffe vor dem Norderneyer Seegatt entdeckten sowie eine Schaluppe mit Seeräubern am Norderneyer Strand. Am nächsten Morgen landete der Konvoyerkapitän auf Norderney und eilte zum Haus des Inselvogtes Simon Jacobs Rass. Zu seiner Überraschung traf er dort nicht nur den Vogt, sondern auch zwei der Seeräuber, die dort *„lieber en vrij gaan en staan, waar het haar gelieft“*, sich also völlig frei bewegen konnten. Auf seine Frage, warum der Vogt die Seeräuber nicht gefangen genommen habe, sie seien doch Feinde, erhielt der Kapitän keine Antwort. Daraufhin kehrte er zu seinem Schiff zurück und nahm Kurs auf die am Strand liegende Schaluppe, um die Seeräuber dort abzufangen. Als die Norderneyer das sahen,“ *zijn zij styf en sterck naar Strand geloopen“*, sind also schnell zum Strand gerannt, haben die Seeräuber vor dem Konvoyer gewarnt und ihnen geraten, sich in die Hände der Insulaner zu begeben; denn als Gefangene der Emder würde es ihnen sehr schlecht ergehen, während sie bei den Norderneyern *„daar geen Not van hadden“*, also keine Not hätten. Als sich dann die Schaluppe des Emder Konvoyers mit

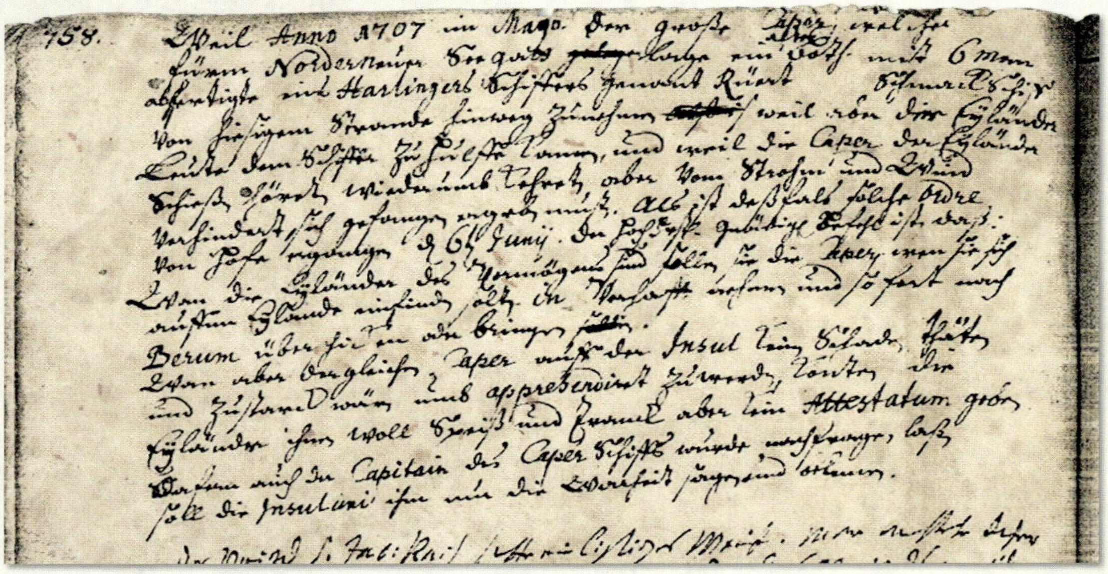

Das Norderneyer Kirchenbuch berichtet über den „großen Caper“ Anno 1707.

15 bewaffneten Männern näherte, versuchten die Norderneyer sogar, die Schaluppe der Seeräuber in Sicherheit zu bringen, indem sie sie so hoch wie möglich auf den Strand zogen, und verschwanden dann mit den Seeräubern in den Dünen. Die Emder verfolgten die Fliehenden, konnten aber nur einen der Seeräuber einfangen.

Auf ihrer Suche nach den anderen Seeräubern befragten die Emder den Vogt, der jedoch zu ihrer Überraschung erklärte, dass die Seeräuber sich schon den Norderneyern ergeben hätten und somit für eine Gefangennahme durch die Emder nicht mehr in Betracht kämen. Die Emder mussten also ohne weitere Gefangene umkehren und berichteten ihrem Kapitän. Der hatte allerdings überhaupt kein Verständnis für die Haltung der Norderneyer und eilte sofort mit allen seinen Männern zum Haus des Vogtes und stellte diesen vor versammelter Mannschaft zur Rede:

Was er sich dabei gedacht habe, die Seeräuber *„in bescherminge te neemen,"* in Schutz zu nehmen? Dass er, der Kapitän, annehmen müsse, dass Norderneyer und Seeräuber gemeinsame Sache machten. Dass die Seeräuber noch großen Schaden anrichten könnten. Dass er die Angelegenheit der Obrigkeit melden würde. Und wenn die Seeräuber nach dem Abzug des Konvoyers weitere Raubzüge unternähmen, dann würde das für den Vogt böse Folgen haben, denn schließlich unterständen die Emder und die Norderneyer derselben Gerichtsbarkeit.

Der Vogt hat dann schließlich dem Druck der Argumente nachgeben müssen und die Seeräuber mit ihrer Schaluppe *„soo willig als schuldig oovergeeven"* oder aber genauer gesagt, wie der Kapitän in seinem Bericht hinzufügt, dass der Vogt schließlich erklärte, *„daar niet teegen te hebben, dat ick se in arrest mochte neemen,"* nichts dagegen zu haben, dass ich sie in Arrest nähme.

Mit sechs gefangenen Seeräubern und der erbeuteten Schaluppe setzte der Emder Konvoyer sodann seine *„Reijse in Gods Nahme"* fort.

Der von sieben Zeugen unterschriebene Bericht des Kapitäns unterscheidet sich zwar durch seine Datierung - 2. bis 4. Juni 1707 - von dem im Kirchenbuch angegebenen Zeitraum *„Anno 1707 in Mayo“*, doch darf vermutet werden, dass beide Quellen von ein und demselben Ereignis berichten, wofür vor allem die identische Zahl der Gefangenen und die erbeutete Schaluppe sprechen sowie die zeitliche Nähe. Da feststeht, dass der Pastor seine Eintragung erst einige Zeit nach dem Ereignis gemacht und dabei auf eine genaue Zeitangabe verzichtet hat, darf man annehmen, dass ihm das genaue Datum nicht mehr bewusst war oder zumindest unwichtig erschien.[43]

Dunkle Geschäfte?

Der Norderneyer Vogt Simon Jacobs Rass, der nach Ansicht des Konvoyerkapitäns wohl mit den Seeräubern gemeinsame Sache machte, war tatsächlich eine höchst zwielichtige Gestalt und 1692 bereits einmal wegen Unterschlagung vorübergehend entlassen worden. Neben seinem Amt betrieb er die einzige Schankwirtschaft im Ort und sorgte nach Angaben des Chronisten B. E. Siebs dafür, *„dass die Insulaner ihren Anteil am Strandgut bei ihm in Bier umsetzten, und hielt überhaupt die Insel ständig unter Alkohol. Dem Pastor nahm er es übel, wenn er sich von den allgemeinen Zechereien ausschloß. Fast noch schlimmer trieb es seine Frau, die als vergnügungssüchtige, ränkespinnende Frau geschildert wird.“*

Seit Alters her reimen die Kinder auf den Ostfriesischen Inseln:

Wangeroog de Schone,
Spiekeroog de Krone,
Langeoog is'n Botterfatt[44],
Baltrum is'n Sandfatt,
Nördernee dat Roverland,
Juist is'n Töwerland[45] …

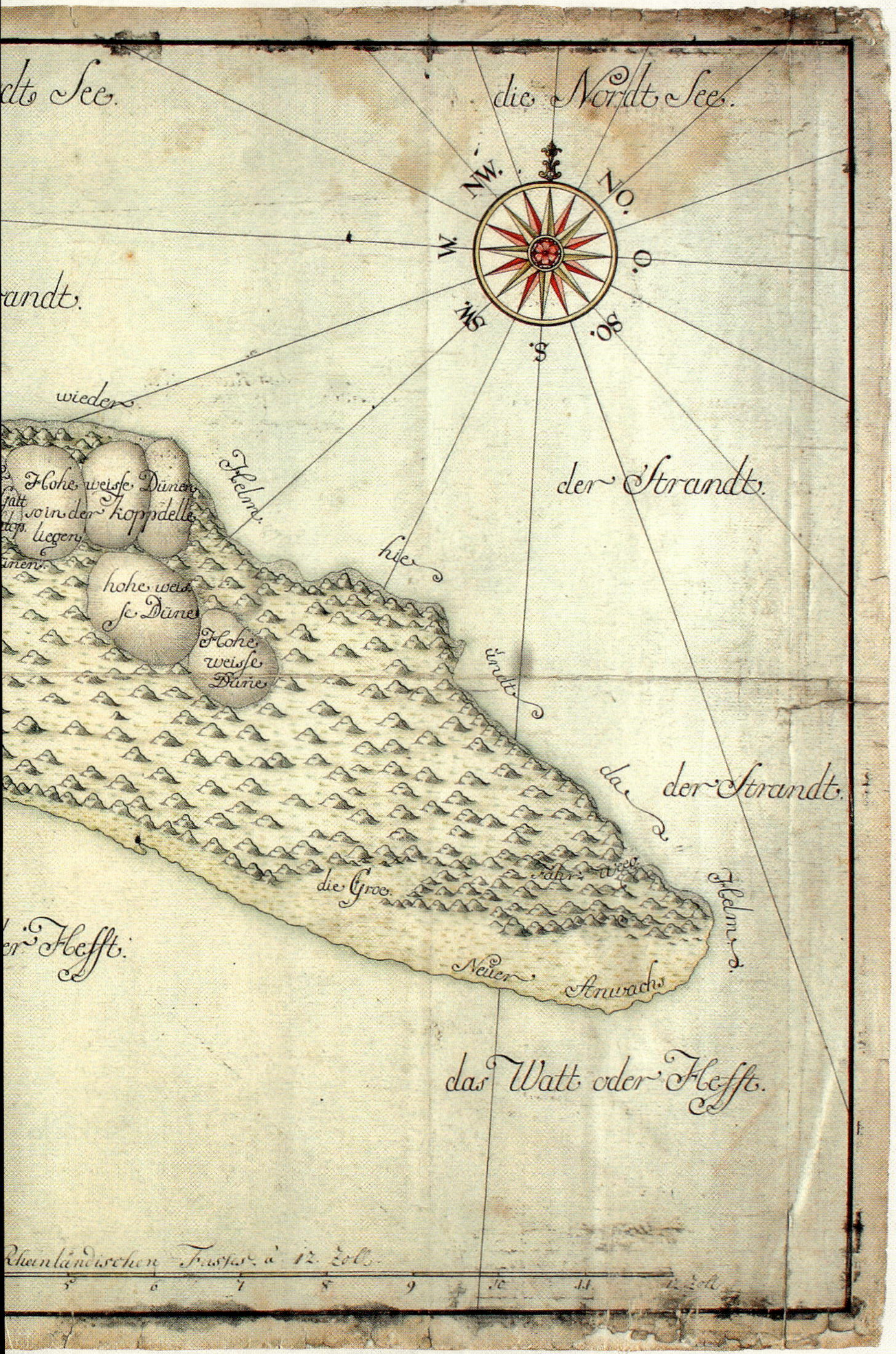

Norderney – dat Roverland – das Räuberland ?

Vielleicht hatte der Volksmund also doch nicht so ganz Unrecht. Aber raue Sitten und Begegnungen mit Seeräubern gab es durchaus auch auf den anderen Inseln. So strandete 1708 ein Bremer Schiff, das von französischen Seeräubern gekapert war, auf Borkum, worauf die Borkumer das Schiff, die Seeräuber und auch die deutschen Passagiere ausplünderten. Und 1695 beschwerte sich der Emder Magistrat über die Wangerooger, weil diese die französischen Seeräuber mit Proviant und Trinkwasser versorgten. Die Spiekerooger dagegen hatten die Überfälle der Seeräuber so leid, dass sie 1702 damit drohten, ihre Insel ganz zu verlassen, wenn der Fürst in Aurich ihnen nicht endlich militärischen Schutz gewähren würde.

Fürst Christian Eberhard dagegen sah das Verhältnis zu den Seeräubern eher pragmatisch und befahl seinen Norderneyer Untertanen am 6. Juni 1707, *„dass, wen die Eyländer des Vermögens sind, sollen sie die Kaper, wan sie sich auf dem Eylande einfinden, solche in Verhaft nehmen und sofort nach Berum[46] überschicken oder bringen(…) Wan aber dergleichen Kaper auf der Insul keinen Schaden thäten, und zu starck wären, um apprehendieret[47] zu werden, könten die Eyländer ihnen wohl Speiß und Trank (…) geben.*

Die Bedrohung durch die Seeräuber endete sieben Jahre später mit dem Frieden von Rastatt, die Bezeichnung Norderneys als „Räuberland" dagegen hat bis in die Gegenwart überdauert.

Quellen und weiterführende Literatur:
1. StA AURICH, Rep. 4 B II h 121 und 4 B II g 188
2. Stadtarchiv EMDEN, Reg. I 360
3. Kirchenbuch der ev.-luth. Gemeinde NORDERNEY
4. B. E. SIEBS: Die Norderneyer, Norden, 1930, S. 35
Illustration: Landkarte Norderney/ Ostfreeslandkalender 2010/S. 126

Norderney im Jahr 1739: Kaum zu erkennen die winzige Siedlung am Westende.

Vom alten Leuchtturm aus überwachten die Borkumer den Schiffsverkehr.

Kanonendonner bei Borkum

Schnelle Entscheidung

Kanonendonner hallte weit über das Watt an jenem 24. Juni des Jahres 1708. Es war ein Sonntag. In aller Frühe war ein schwer bewaffnetes Emder Segelschiff vor Borkum erschienen und hatte sogleich mit seinen Sechspfündern das Feuer auf ein Piratenschiff eröffnet, das in der Westerems vor Anker lag. Das Seegefecht dauerte nicht lange. Die Piraten hatten kaum ihren Anker gehoben, da zerbrach ein Volltreffer ihren Großmast. Manövrierunfähig und ohne jede Chance zu entkommen, ergaben sie sich in ihr Schicksal und wurden vom Emder Kapitän Roelf Frerichs Kivyt als Gefangene nach Emden gebracht.

Kapitän Kivyt war zuständig für die Abwehr von Seeräubern. Dafür hatten ihm die Emder einen „Konvoyer" zur Verfügung gestellt, ein Schiff also mit Kanonen und einer beträchtlichen Zahl von Soldaten an Bord. Mit diesem Konvoyer kontrollierte er die Nordseeküste von der Ems bis zur Elbe. Für die westfriesische Küste war dagegen Kapitän Peter Hermans van Bingum mit einem zweiten Konvoyer zuständig. Dieser hatte die Seeräuber zuerst gesichtet.

Wie der Borkumer Vogt Willm Hinrichs Harckens später in Emden aussagte, waren die Seeräuber mehrere Tage zuvor mit zwei Schiffen in der Außenems erschienen und hatten bereits drei Schiffe gekapert. Die Emder Kaufleute waren nun den beiden Konvoyerkapitänen für die Überwältigung der Seeräuber und die Befreiung der drei gekaperten Schiffe so dankbar, dass sie ihnen zwei silberne Branntweinschalen mit einer Darstellung des Seegefechts verehrten. Eine dieser Schalen existiert heute noch und ist in der Silberkammer des Friesischen Schifffahrtsmuseums in Sneek ausgestellt.

Wie die Archive in Emden und Aurich belegen, stellte die Eroberung des Piratenschiffes aber nur der Beginn einer Folge von dramatischen Ereignissen zwischen Borkum und Emden dar.

Das aufgebrachte Piratenschiff war eine kleinere französische Fregatte mit dem hübschen Namen „La Gracieuse", „Die Anmutige" also, - ein Name, der nicht so recht im Einklang mit den Aktivitäten der Besatzung stand. Die Seeräuber wiesen bald nach ihrer Gefangennahme einen Kaperbrief der französischen Admiralität vor und erklärten sich damit zu Kriegsgefangenen, die unter dem Schutz internationaler Verträge standen.

Von Erfolg zu Erfolg zum Misserfolg

Mit ihren beiden Schiffen hatten die Freibeuter bei Borkum schnell Beute gemacht. Wenige Tage zuvor war ein Bremer Schmackschiff[48] mit einer Ladung Holz und Leinen aus Vegesack ausgelaufen und hatte an der Küste entlang Kurs auf Amsterdam genommen. Es war damals üblich, dass die Schiffe das Wattenmeer zwischen den Inseln und dem Festland befuhren, weil diese Route vermeintlich einen besseren Schutz gegen die Überfälle der Freibeuter bot. Trotzdem wurde die Schmack am 22. Juni von den Franzosen gekapert.

Dazu gab der Bremer Schifferknecht Cassens am 27. Juni 1706 zu Protokoll:

„Wie Sie am verwichenen Freytag über die hiesigen Watten in die Embs gekommen, wären Sie von dem kleinen Caper des Abends etwa um 5 Uhr genommen. Er hätte 3 Kerl mit einem Jungen auff Ihr Schiff gesetzet, dieselben hätten ihr Schiff in die Gegend nach Borkumb gebracht, da der große Kaper gelegen."

Was der Schifferknecht als „kleinen Caper" bezeichnete, war sehr wahrscheinlich eine flach gehende Schaluppe, wie sie die französischen Fregatten für Überfälle in den Küstengewässern häufig mit sich führten.

An diesem Freitag ging den Freibeutern noch ein weiterer, ganz dicker Fisch ins Netz. Ein größeres Hamburger Schiff, das gleichfalls auf dem Weg nach Amsterdam war, geriet südlich von Borkum, auf dem Randzel[49], auf Grund und wurde prompt von dem „kleinen Caper" genommen. An Bord des erbeuteten Schiffes fanden die Freibeuter neben reichlich Fracht mehr als 30, zum Teil recht wohlhabende Passagiere, darunter mehrere jüdische Kaufleute und einen schwedischen Major namens Carl Stolting. Vier der überfallenen Passagiere sollten später dem Fürsten Christian Eberhard in Aurich berichten:

„...haben zwölff frantzösische Persohnen von einem Caper Schiff, uns nebst andere Passagiere in einem Hamburger Schiff, so nach Ambsterdam gehen wollen, auf die Watt bey Borckum attaquiert, zwey Persohnen von Uns zu Tode geschossen, übrige ausgezogen, nachdem sie vorher geplündert und gefangen genommen worden, den reichen Raub unter benannte zwölff Persohnen getheilt..."

Die Tatsache, dass die Gefangenen buchstäblich bis aufs Hemd ausgezogen wurden, zeigt, dass damals Kleidungsstücke, besonders die von wohlhabenden Leuten, einen beträchtlichen Wert besaßen.

Am Samstagvormittag kam es zu einer Umgruppierung der Freibeuter. Sieben von den Männern, die das Hamburger Schiff gekapert hatten, gingen an Bord des gekaperten Bremer Schiffes und nahmen dabei ihre Beuteanteile vom Hamburger Schiff mit. Das kleinere Kaperschiff ging dann mit neuer Besatzung auf Jagd ins Norder Watt. Das sollte sich jedoch bald als schwerer Fehler herausstellen, denn – wie der Schifferknecht Cassens später zu Protokoll gab – dort traf es auf einen holländischen Konvoyer, der die Freibeuter überwältigte und sie als Gefangene nach Delfzijl brachte.

Silberne Branntweinschale mit Darstellung des Seegefechts des Seegefechts mit dem Kaperschiff „La Gracieuse".

... theils gegangen, theils geschwommen

Bei der Ankunft des Emder Konvoyers vor Borkum lagen die drei erbeuteten Schiffe noch neben dem Kaperschiff vor Anker. Als die Emder dann das Feuer auf „La Gracieuse“ eröffneten, versuchten die Freibeuter auf dem gekaperten Bremer Schiff zu entkommen, liefen aber prompt in dem flachen Wasser vor Borkum auf Grund. Die Borkumer, die die Vorgänge von ihrem Turm aus beobachtet hatten, läuteten die Alarmglocke, griffen zu den Waffen und eilten zu dem gestrandeten Schiff. Der Borkumer Vogt Harckens berichtete später, er *„wäre auf solches Schiff theils gegangen, theils geschwommen; es wären aber 5 Eyländer noch ehender auf das Schiff gekommen als er, weil sie besser schwimmen können; und wie er, Vogt auf dem Schiff gewesen, wären noch mehr Eyländer gekommen, diese zusammen hätten alsbald angefangen zu plündern, ungeachtet er, Vogt, ihnen solches verboten hätte.“* Er *„wüsste nicht, was es eigentlich für Sachen gewesen, jedoch hätte er Kleider gesehen, auch sollten andere köstliche Sachen darin gewesen seyen.“* Sodann nannte der Vogt die Namen der Plünderer: *„Die ersten 5 Eyländer, so auf dem Schiff gewesen, hießen Hidde Luitjens, Ulfert Frerichs, Focke Gerdes, Oltmann Jürgens und Ernst Schleevogt.“*

Die fünf Missetäter wurden daraufhin zur Hofkanzlei nach Aurich bestellt, wo sie am 9. Juli allerdings eine etwas andere Darstellung der Ereignisse gaben. So berichtete Ulfert Frerichs, dass die Borkumer *„mit Gewehr nach dem Schiff gegangen, worauff, als einer von ihnen sein Gewehr gelöset*[50]*, die Caper sie gewinket, umb an Bohrt zu kommen, welches sie auch gethan, und hatten die Caper darauff gesaget, dass sie lieber von den Fürstlichen als Emdern genommen werden wollen. Sie weren nun in ihrer Macht.“* Die Freibeuter waren demnach durchaus informiert über die damalige Machtverteilung in Ostfriesland und hofften, vom Fürsten in Aurich milder behandelt zu werden als vom Stadtrat in Emden.

Frerichs berichtete weiter: *„Darauff hatte einer von den Capern gesaget, ob er nicht etwas Plünderatio haben wollte.“* Einer der Freibeuter habe ihm dann ein Leinentuch, Schuhe und Zeug angeboten, *„welches ihm wohl passen könnte.“*

Der Bremer Schifferknecht Cassens bestätigte am 28. Juni die Plünderung: *„Die Eyländer hätten, des Vogtes Verbot ungehindert, die Caper ausgeplündert, Kleider und andere Passagiers- und des Schiffers Sachen weggenommen.“*

Die Tatsache, dass der Vogt fünf Borkumern Plünderung vorgeworfen hatte, fand bei den Beschuldigten natürlich kein Verständnis. So verwundert es nicht, dass zwei von ihnen, Hidde Luitjens und Ulfert Frerichs, nun bald darauf ihrerseits dem Vogt anklagten, indem sie ihm Zusammenarbeit mit den Freibeutern vorwarfen. So hätten die *„Caper sich durch hülffe eines bremischen Schiffes nach Borkum in der Vogts Haus verfüget, von demselben wohl tractieret*[51] *und ohngeachtet Sie gedrohet Borkum in Brand zu setzen, dimittieret*[52] *worden.“* In einem weiteren Fall hätte der Vogt unter vier Augen mit dem Steuermann eines anderen Kaperschiffes Kooperationsmöglichkeiten erörtert. Weil die Borkumer also ihrem Vogt nicht trauen könnten, hätten sie sich dann mit *„Geschütz, Kraut und Loth*[53] *versehen.“* Diese Differenzen zwischen dem Vogt und seinen Insulanern hatten allerdings bereits eine gewisse Tradition. So hatte es drei Jahre zuvor eine förmliche Rebellion der Borkumer gegen ihren Vogt gegeben, der dann schließlich 1713 wegen diverser Unregelmäßigkeiten von seinem Amt entbunden wurde.

Rabiate Emder

Vogt Harckens jedoch waltete an jenem Sonntag seines Amtes, konfiszierte das gestrandete Schiff im Namen seines Landesherren Christian Eberhard, nahm acht Freibeuter gefangen und brachte sie in sein Haus. Doch dabei hatte er wohl nicht mit den Emdern gerechnet, denn kurz darauf erschien Kapitän Kivyt bei dem Bremer Schiff. Wie der Vogt später berichtete, hätte der Kapitän

„zu Ihm und den eiländern, so auf dem Schiff gewesen, gesagt, dass sie sich von dem Schiff wegmachen und ihm überlassen sollten. Wie aber er, Vogt, gesagt, dass er solches Schiff in Nahmen seiner Hochfürstlichen Durchlaucht besäße, und sich solches ohne Sr. Durchlaucht ordre[54] *nicht könnte nehmen lassen. (...) Darauf hätten sie ihn mit Gewalt angetastet, ihn aus dem Schiff ins Wasser gesetzet und ihn endlich durch ein Soldaten an Land bringen lassen. Und wie der Soldat wieder nachs Schiff zurück gegangen, wäre der Emder Convoyer mit dem Brehmer Schiff weggefahren und nach Emden gebracht."* Und weiter klagte er: *„... dass wie sie ihn, Vogt, aus dem Schiff gesetzet, sie ihm die Kleider aufs Leib gerissen hätten."* Bevor Kivyt zurück nach Emden segelte, *„hätte der Capitain einige Soldaten aufs Eiland geschicket und die acht Caper mit Gewalt aus des Vogtes Haus hohlen lassen, nebst einigem Gewehr."*

Die Angaben des Vogtes wurden von dem Bremer Schifferknecht Cassens bestätigt: *„... wäre der Emder Convoyer gekommen, hätten den Vogt mit Gewalt vom Schiffe herunter gesetzet und da der Vogt sich da wider gesetzet, ihn ins Wasser gesetzet."*

Auch Ulfert Frerichs klagte über das aggressive Verhalten der Emder. Er berichtete, dass den Borkumern das Bremer Schiff *„von Capitain Kivit mit zwei gewaffneten Chaloupen*[55] *(...) gewalthätig und mit bedrohung: er wollte sie schießen, dass ihnen der Dampf aus dem Halse kommen sollte, wieder abgenommen, auch die Capers gleicher Gestalt nach Emden weggeholet worden..."*

Das rabiate Vorgehen der Emder war kein Einzelfall. Bereits ein Jahr zuvor, im Juni 1707, war Kivyt mit mehreren Männern im Haus des Norderneyer Vogtes erschienen und hatte auch dort die Auslieferung von mehreren gefangenen Freibeutern erzwungen. Weiterhin liegt im Stadtarchiv Emden eine Beschwerde aus Jever vom 13. Oktober 1696 vor, *„...welchermaßen sich der Embder Convoyer unternommen habe, einige frembde Persohnen unter dem vorwandt, als wann sie französische Kaper wären, zu Heppens*[56] *(...) eigenthätig anzupacken, zu plündern und jämmerlich abzuschlagen."*

Arme Leute

Die von Kapitän Kivyt befreiten Passagiere des Hamburger Schiffes hatten zusehen müssen, wie ihr Hab und Gut, das ihnen zunächst von den Freibeutern abgenommen und auf das Bremer Schiff gebracht worden war, nunmehr in den Borkumer Häusern verschwand. Vier der befreiten Kaufleute beschwerten sich daraufhin bei Landesvater Christian Eberhard in Aurich, dass die Borkumer das geplünderte Gut *„mit großen Sacken aus dem Schiff nach Hause getragen, so Wir nebst anderen so bey uns gewesen, mit Augen gesehen. Wann wir armen Leuthe unser Courante Geldt*[57]*, Wahren, so gar Unserer Kleider vom Leibe beraubet worden, dass Wir solange alte andere Kleidung von guten Leuthen umbgehangen bekommen. Also ist an Eure Hochfürstliche Durchlaucht Unsere gantz fußfällige, wahre und demütigste unterthänigste Bitte, aus dero Weltberühmbten Gnade und Barmherzigkeit, Uns armen Leuthen, so weit zum Unsrigen wieder zu verhelfen zu lassen..."* Die Eingabe unterschrieben *„Unterthänigste, Dehmütigste Knechte Heim Lublimer, Isaac Philip, Nathan Salomon und Michel Nodel."* Der Fürst beauftragte daraufhin das zuständige Amt Greetsiel, sich nach den Gütern zu erkundigen und sie gegen angemessene Belohnung zurückgeben zu lassen, und befahl seinem Kanzler Brenneysen, *„dass Ihr bey einer bevorstehenden ersten Reise nach Embden mit Bürgermeister und Raht daselbst wegen des einen von dem Embdischen Convoyer genommenen Capers reden, und nicht allein wegen dessen, dass sie wegen Verfolgung und Einziehung des einen Capers ohne Zuziehung unseres Drosten*[58] *wider den klahren Einhalt der Landes-Verträge Verfügung gemacht, am feyerlichsten protestieren, (...) sondern auch begehren sollet, dass (...) die gefangenen Caper sambt ihrem Caper-Schiff in unseren Verwahrsam gelieffert werden."* Ob diese Demarche Erfolg gehabt hat, ist zu bezweifeln, denn die Stadt Emden gehörte damals zwar rein rechtlich zum Fürstentum Ostfriesland, hatte sich aber der Regierungsgewalt der Fürsten in Aurich weitgehend entzogen.

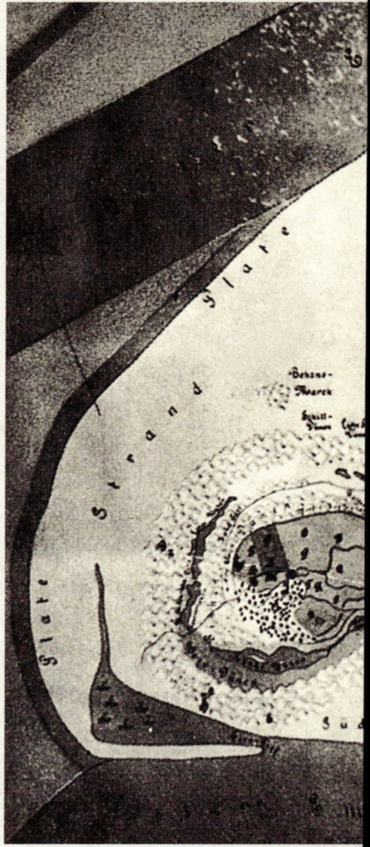

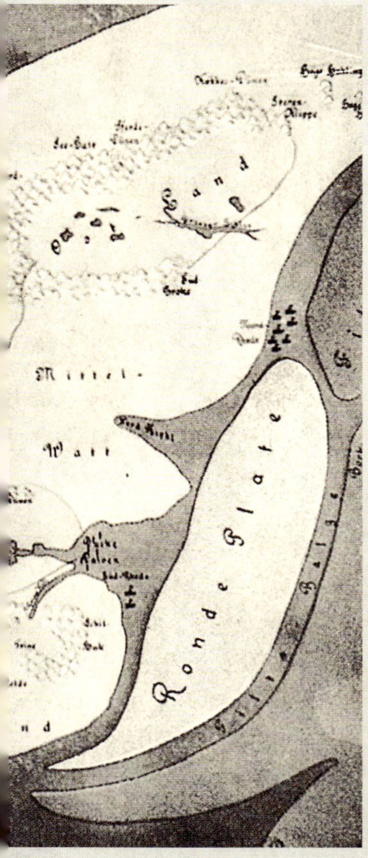

Am 28. Juni, vier Tage nach ihrer Gefangennahme, wurden die Freibeuter im Emder Rathaus verhört und beteuerten, dass die Borkumer ihnen alles, *„wat zy van de Passagiers opt Hamburger Schip ten buit bekoomen hadden, wederom affgenommen hedden."* Der Stadtschreiber notierte dann genau, welche Kleidungsstücke und Gegenstände die Borkumer den einzelnen Freibeutern abgenommen hatten.

Golddukaten und Seidenstrümpfe in Borkumer Fischerhäusern

Inzwischen war der durch Kapitän Kivyt befreite Königlich Schwedische Major Stolting mit zwei Reisegefährten am fürstlichen Hof in Aurich eingetroffen, wo die drei am 29. Juni detaillierte Listen der ihnen geraubten Sachen vorlegten. So fehlten dem Major unter anderem 70 Golddukaten, eine Goldwaage, ein Degen, zwei Paar Pistolen, ein Gewehr, sechs Hemden, acht Paar Manschetten, ein Mantel, ein mit Taft gefütterter Schlafrock aus indischem Damast, Seidenstrümpfe und ein Biberfellhut. Seinem Reisegefährten Caspar Hanel fehlten gar 16 Hemden, mehrere Goldringe, besetzt mit Saphiren und Diamanten, ein vergoldeter schwedischer Offiziersdegen und etliche Paar Schuhe und Stiefel sowie diverse andere Kleidungsstücke und Gegenstände. Fürst Christian Eberhard befahl daraufhin, den Schweden ihr gesamtes Eigentum zurückzugeben, und übersandte die Verlustlisten an seine Beamten in Greetsiel, die sie am 30. Juni nach Borkum weiterleiteten: *„So wird hierauff dem Vogden zu Borkum W. Hinrichs Harckens ernstlich und bei Straff (…) befohlen, gleich nach Empfang dieses die Anordnung zu machen, dass die auf gedachter Specification*[59] *vorhandenen Güter dem Supplicanten*[60] *Major Stolting et consorten sofort gegen billige Belohnung wieder restituiert*[61] *und zugestellt werden."* Und weiter, wenn *„die Güter sich nicht alle wieder finden sollten, wird dem Vogden ernstlich befohlen, alle Häuser auf Borkum genau zu visitieren."* Dieser Befehl sei nötigenfalls auch mit Gewalt durchzuführen. Dieses war wohl eine der letzten Maßnahmen, die Fürst Christian Eberhard angeordnet hat. Er starb am 30. Juni 1708.

Inzwischen war die Kunde vom Erfolg Kapitän Kivyts auch in Bremen eingetroffen, so dass der *„Burgermeister und Rath des Heyl. Reichs Stadt Bremen"* bereits am 30. Juni *„Denen Wohl Edlen, Ehrenwerten Hoch und Wohlgelahrten Hoch undt Wohlweisen Herren Bürgermeister und Rath der Statt Embden, unsere sonders vielgeehrten Herren und Freünden"* einen Brief schrieben, mit dem sie ebenso höflich wie bestimmt die umgehende Herausgabe des befreiten Bremer Schiffes verlangten.

Der Borkumer Vogt stand derweil vor der schwierigen Aufgabe, das von seinen Insulanern geplünderte Gut wieder einzusammeln und zu registrieren. Wie nicht anders zu erwarten war, wurde längst nicht alles gefunden, was dem Major und den Kaufleuten fehlte. Die größten Schwierigkeiten bei der Sammelaktion machte ausgerechnet ein Borkumer Amtsträger, denn am 2. Juli notierte der Vogt: *„Habe dem Gerichtsdiener Jann Eyben dass Mandatum Insinuiert*[62]*, dass er all beybringen, waß er aus dem Schiff bekommen, aber hat es nicht thun wollen, sondern habe es mit gewalt auß seinem Hause holet."* Sodann packte der Vogt die eingesammelten Kleidungsstücke und Gegenstände in Gegenwart zweier Zeugen ein und schickte sie nach Greetsiel, von wo aus sie ihren Eigentümern zurückgegeben wurden. Er vergaß jedoch nicht, die ihm durch die Rücksendeaktion entstandenen Kosten aufzulisten und in Aurich vorzulegen. Der neue Landesvater, Fürst Georg Albrecht, wies daraufhin am 10. Juli seine Beamten in Greetsiel an, *„die Bezahlung auß denen vorhandenen Gütern"* zu verfügen. Einen Tag zuvor hatte er den Borkumern schon eine strenge Mahnung zukommen lassen: *„… dass hinkünftig bey fürfallenden Strandungen einige Schiffgüter oder wahren, auff unserem Eylande Borkum, sich niemand der dortigen Eingesessenen unterstehen solle, an Bord eines gestrandeten Schiffes begeben, oder*

Borkum um 1700 (Modelldarstellung).

einige gestrandete Wahren anzugreifen oder zu bergen, bevor der Voigt zu gegen seyn wird und also Weißungen davon habe, also worauff dann der Voigt die also geborgene gühter also fort in gegenwart des Predigers und 2er dortigen Eingesessenen inventarisieren und darauff dieselben in sein Hauß bringen und biß anderweitiger Ordre verwahrlich beybehalten solle…"

Wie wird man Gefangene wieder los?

Die Verursacher dieser Kette von Verwicklungen, die 38 gefangenen französischen Freibeuter, waren zu diesem Zeitpunkt schon längst nicht mehr in Emden. Dort waren sie bis zum 28. Juni verhört und von den Emdern dann kurzerhand nach Holland abgeschoben worden. 18 von ihnen wurden in Delfzijl an Land gesetzt, die anderen ein paar Kilometer weiter nördlich, und zwar ohne die Holländer vorher zu informieren. Daraufhin schrieben die Ratsvertreter der Stadt Groningen und des umliegenden Ommelandes am 30. Juni einen bitterbösen Brief, mit dem sie die Emder darauf hinwiesen, dass es völlig falsch gewesen sei, die Freibeuter freizulassen, weil diese unmenschliche Freveltaten begangen hätten, und dass ihnen mit ihrer Abschiebung die Möglichkeit gegeben worden sei, nun auch in Holland zu spionieren und Untaten zu begehen.

Die Groninger Beschwerde scheint die Emder in einige Verlegenheit gebracht zu haben, denn sie benötigten fast drei Wochen, um mit einem elfseitigen Antwortschreiben ihr Verhalten zu rechtfertigen. Sie räumten zwar ein, dass die Abschiebung ohne Absprache mit den Holländern ein Fehler gewesen sei, wiesen aber alle anderen Vorwürfe von sich und meinten, eigentlich verdienstvoll gehandelt zu haben, weil sie den Freibeutern verdeutlicht hätten, dass die Kaperei letztlich nichts einbrächte. Auch seien die Papiere der Freibeuter in Ordnung gewesen. Und schließlich hätten die Freibeuter von den Emdern genug Reisegeld erhalten, um ohne Raub und Diebstahl durch Holland reisen zu können.

Über die Identität der Freibeuter und deren weiteres Schicksal ist nichts Genaues überliefert. Französischen Quellen zufolge fuhr „La Gracieuse" 1705 unter dem Kommando eines aus England stammenden Kapitäns namens Louis Gardiner.

Derweil sollte in Ostfriesland die Verwaltung und Rückgabe der geplünderten Sachen noch Jahre dauern. So berichtete ein Emder Beamter fünf Jahre später, am 22. Juni 1713:

„Im Jahr 1708 hat der gewesene Vogt Willm Hindrich Harkens drey versiegelte Sacke mit alte mans und frauen Kleider (…) an dem H. Drosten[63] von Polman gesandt, welcher beordert, Solche auff hiesige Hochfürstl. Burg zu bringen. Und Sind Sothane[64] Sacke in gegenwart des H. Droste eröffnet, welche Kleider theils armer Juden und Juden Weiber." Die meisten dieser Kleidungsstücke seien nun aber an eine Hamburger Schiffersfrau, einen alten Mann aus Stade und zwei Handwerksburschen ausgegeben worden. Nur eine alte Matrosenhose „… *ist nicht abgefordert und also alhiro noch vorhanden."*

Über das weitere Schicksal der Hose ist nichts bekannt.

*Anmerkung:
Einige Zitate wurden zum besseren Verständnis leicht an die heutige Sprache angeglichen.*

Quellen und weiterführende Literatur

1. *StA AURICH, Rep. 4 B IV e 202, Rep. 4 B II h 535, Rep. 4 B II 36a, Rep 4 B II g 65 et al.*
2. *Stadtarchiv EMDEN, Reg. I 360*
3. *FRIES SCHEEPVAART MUSEUM, Sneek, Niederlande*
4. *H. STETTNER: „1708 - Spanischer Erbfolgkrieg in der Emsmündung" in „Deutsches Schiffahrtsarchiv," Nr. 27, Bremerhaven, 2004*
5. *H. MALO: „La Grande Guerre des Corsaires", Paris, 1925*

Illustration : Branntweinschale/ OMA 1 /2011, S. 64 (Fries Scheepvartmuseum in Sneek/Holland)

Borkum um 1870. Der Leuchtturm war bereits 1576 von der Stadt Emden als Seezeichen errichtet worden.

Überfall am Deich

Gestörtes Idyll

Aufregende Zeiten waren es, als vor 300 Jahren französische Freibeuter vor der ostfriesischen Küste reihenweise deutsche und holländische Schiffe kaperten und ihre Raubzüge sogar bis ins Watt ausdehnten. Dadurch drohte Gefahr auch für Norden, denn die Stadt war damals noch von der See aus über das Norder Tief zu erreichen und damit Seehafen.

Die Hafenstädte wehrten sich, indem sie mit so genannten Konvoyern oder Wattliegern vor der Küste patrouillierten oder vor den Häfen Wache hielten. Das war auch im Sommer 1712 der Fall, als vor dem Deich der Westermarsch bei Utlandshörn ein Wattlieger die Einfahrt zum Norder Tief bewachte und von den vorbeifahrenden Schiffen die fälligen Schutzgebühren kassierte. Häufig lagen unter seinem Schutz weitere Schiffe vor Anker und warteten auf günstigen Wind. So auch am Sonnabend, dem 9. Juli 1712, als neben dem Wattlieger das Schiff des Norder Harmen Schmid lag. Dieser war mit einer Ladung Holz aus Bremen gekommen und wollte in Kürze weitersegeln. Während Schmid gerade Geschäften in Norden nachging, war sein Knecht mit Arbeiten an Bord beschäftigt.

Auf dem Wattlieger selbst befanden sich an jenem Mittag der Kapitän, ein Kommissar und die Mannschaft. Über einen zweiten Kommissar, der zur Besatzung gehörte, heißt es zu diesem Zeitpunkt in einer Akte des Staatsarchivs Aurich *„in der Stadt Norden gewesen und gezechet.“*

Zwischen 2 und 3 Uhr nachmittags bemerkte man von dem Wattlieger aus zwei Tjalken *„zwischen den Eiländen Herrsegelen kommen.“* Tjalken waren kleinere, flach gehende Frachtschiffe, die vor allem für die Fahrt im Wattenmeer geeignet waren. Sie näherten sich langsam dem Wattlieger. An dessen Bord meinte man, *„daß es ordinaire schiffe waren“*, die man *„visitieren und von denselben die Convoygelder heben müsste“*. Als die Männer auf dem Wattlieger endlich merkten, dass sie es mit einem Angriff französischer Freibeuter zu tun hatten, war es zur Verteidigung schon fast zu spät. Zwar gelang es ihnen noch, einige Schüsse abzufeuern, aber dann lagen die Freibeuter schon Bord an Bord und warfen eine Handgranate, die den Kapitän und den Kommissar schwer verwundete. Auf dem Wattlieger entstand ein riesiges Durcheinander, die Freibeuter sprangen an Bord, die Verteidigung brach zusammen und kurze Zeit darauf war die gesamte Besatzung in den Händen der Seeräuber.

Der Knecht auf dem Schmid'schen Schiff hatte indessen die Schüsse gehört, war in sein Beiboot gesprungen und hatte sich am Deich in Sicherheit gebracht. Die Freibeuter enterten nun auch Schmids Schiff und schafften sofort alles, was ihnen darin vom Wert erschien, an Bord des eroberten Wattliegers.

An Land hatte man gleichfalls die Schüsse gehört. Etliche Leute waren auf den Deich geeilt, um zu sehen, was sich dort im Watt abspielte. Mit Schrecken sahen sie, wie mehrere Freibeuter nun versuchten, mit einer Schaluppe am Deich zu landen, aber zu ihrer Erleichterung, weil das Wasser *„schon angefangen zu fallen, wieder zurück zu ihren schiffen kehren mussten.“*

Ausnahmezustand in Norden

Wie ein Lauffeuer verbreitete sich daraufhin in der Westermarsch die Nachricht von dem dreisten Überfall der Freibeuter. Von etwa 200 Angreifern war die Rede. Zwischen 4 und 5 Uhr erreichte die Nachricht die Stadt. Der Norder Amtmann Johan Diedrich Kettler sandte sofort seinen Vogt Ferdinand Pichler zu Pferd an den Deich, um Genaueres zu erfahren, und rief Bürgermeister und Stadtrat im Rathaus zusammen. Bald darauf kam Pichler zurück und bestätigte die eingegangenen Berichte. In der ganzen Stadt verbreiteten sich nun Angst und Schrecken, es entstand *„eine große consternation undt confusion“*, da die Norder bisher *„dergleichen niemahlen alhir erhöret.“* Wie Amtmann Kettler später berichtete, fürchteten die Bürger, die Freibeuter würden *„bey nächtlicher Zeitt eine große Parthey an den Deichen ansetzen, eine streiff ins Landt, und wohl gar bis in die Stadt thun, und entweder alsofort plündern und Brennen oder auch (...) etliche Begüterte Leute aus Ihren Häusern wegholen, die sich hernach wieder rantsionieren[65] müssten.“* Angesichts dieser bedrohlichen Lage alarmierte Kettler sofort die gesamte Bevölkerung der Stadt und der Westermarsch und ordnete an, dass ein jeder sich*“ mitt gewehr, Kraut unde Loott[66] versehen, und parat halten sollte, auf den ersten Trommelschlag an den gewöhnlichen Sammelplätzen zu erscheinen, von dannen nach dem Rahthause zu marchieren und alda fernere ordre zu erwarten.“*

Doch die Norder verlangten mehr. Empört über den Raub des Norder Schiffes verlangten sie von Amtmann Kettler, sofort mit einem Trupp von Freiwilligen zum Gegenangriff vorzugehen und das geraubte Schiff zurückzuerobern. Kettler gab zu bedenken, dass das ein höchst gefährliches Unternehmen wäre, zu dem sich wohl auch nicht genügend Freiwillige finden würden. Als eine Delegation der Bürgerschaft jedoch auf ihrem Vorhaben bestand und dem Amtmann androhte, dass man ihm alle Schuld geben würde, wenn das Schiff in Feindeshand bliebe, gab er nach und gestattete die Bildung einer Freiwilligentruppe.

Aufregung am Deich

Mit seinen Zweifeln am Kampfesmut der Norder Bürger lag Kettler allerdings völlig richtig. Auf dem Deich hatten sich zwar viele Menschen versammelt, die mit einer Mischung aus Angst, Empörung und Neugier zu den Schiffen hinübersahen, aber niemand fand sich bereit, freiwillig in den Kampf zu ziehen. Die Schiffe lagen direkt vor ihren Augen, keine hundert Meter entfernt, und so konnte man vom Deich aus alle Bewegungen an Bord beobachten und sogar die Stimmen der Freibeuter hören.

Um keine Zeit durch das Abfassen schriftlicher Berichte zu verlieren, schickte Kettler nun den Vogt Pichler zu Pferd nach Aurich, wo er den Fürsten Georg Albrecht mündlich informieren und um Abkommandierung von 50 Soldaten nach Norden bitten sollte.

Am Abend, bei Einbruch der Dunkelheit, spitzte sich die Situation am Deich zu. Vier holländische Segelschiffe tauchten auf und nahmen Kurs auf den Wattlieger, wahrscheinlich um in seinem Schutz die Nacht zu verbringen – und ohne jede Ahnung von der Gefahr, die ihnen dort drohte. Die Menschen auf dem Deich gaben Schüsse ab, um die Holländer zu warnen, zündeten auf dem Deich Feuer an, gestikulierten und schrien. Gerade noch rechtzeitig erkannten die Holländer die Gefahr, drehten ab und gingen am Norddeich vor Anker.

Kettler hatte inzwischen Gewehre, Pulver und Blei verteilt und die Bevölkerung aufgerufen, in der kommenden Nacht wachsam zu sein. Seinen Vogt Witkop wies er an, die ganze Nacht am Deich zu patrouillieren. Doch es blieb ruhig in dieser Nacht.

Am nächsten Morgen, bei Tagesanbruch, wurden die Freibeuter wieder aktiv. Sie bemannten eine Schaluppe und nahmen Kurs auf die vier holländischen Schiffe am Norddeich. Als sie jedoch bemerkten, dass sich dort inzwischen eine größere Zahl von bewaffneten Männern eingefunden hat-

Einst Wohnsitz des Norder Amtmanns Johan Diedrich Kettler an der Markt-Südseite, seit 1795 Mennonitenkirche.

te, zogen sie sich zurück. Sie begannen sodann, alle Sachen von Wert aus den beiden Tjalken, mit denen sie gekommen waren, herauszuholen und in den Wattlieger zu bringen.

Anschließend schlugen sie große Löcher in die Böden der Tjalken, stiegen um auf die beiden erbeuteten Schiffe, lichteten die Anker und nahmen Kurs auf die offene See. Da die Fahrt in dem unbekannten, flachen Wattfahrwasser nicht ungefährlich war, zwangen die Freibeuter einen Emder Bakenstecker[67], der mit seinem kleinen Schiff in der Nähe lag, vorauszusegeln und ihnen den Weg zu weisen. Nach Erreichen der offenen See durfte der Bakenstecker wieder zurücksegeln. Freigelassen wurde auch die gefangene Besatzung des Wattliegers – bis auf den Kapitän und den Kommissar, für deren Freilassung die Freibeuter wohl Lösegeld erwarteten.

Entwarnung?

Die freigelassenen Männer vom Wattlieger indes waren nur notdürftig mit Lumpen bekleidet, denn gleich nach ihrer Gefangennahme hatten sie sich komplett ausziehen und ihre Kleidung den Freibeutern überlassen müssen. Sie berichteten, dass die Freibeuter *„98 völlig erwachsene wehrbare männer, ohne denen vielen jungen, auff dem schiffe gewesen, und viel gewehr und Handgranaten bey sich gehabt, auch so sicher sich bezeiget, dass sie gesaget, Sich nicht zu fürchten, wann schon Tausend Leute von dem Lande sollten kommen wollen, ümb ihre schiffe anzugreifen.“* Und weiter: *„dass Sie mit den beyden schiffen, welche Sie gegen der Westermarsch sincken lassen, aus Nieupoort[68] ausgelauffen, und alsofort anhero gesegelet wären, umb den Convoyern oder Wattliegern wegzunehmen, wie Sie Ihnen schon etlichen monathen fürgenommen, ja selbst ausgestreuet gehabt, und dass Sie nunmehr nach das Heilige Landt[69] wollen. Ferner, dass der Capitain von dem Watlieger einen schuß in den Arm, und der eine Commissarius am Halße gekriegt.“* Die Freibeuter waren nun verschwunden, ihre Rückkehr aber nicht auszuschließen. Die Wacht am Deich wurde also fortgesetzt. In der ganzen folgenden Nacht saß der aus Aurich zurückgekehrte Vogt Pichler im Sattel und hielt Ausschau nach den Missetätern.

Den Menschen am Deich war inzwischen immer deutlicher bewusst geworden, wie wenig sie gegen Übergriffe von der See her geschützt waren und wie planlos und unorganisiert die von Amtmann Kettler angeordneten Verteidigungsmaßnahmen waren. Am 12. Juli schließlich war es so weit, dass die Männer sich weigerten, den Deich unter den gegebenen Umständen weiter zu bewachen. Sie wandten sich an Kettler und verlangten eine militärische Organisation der Verteidigung unter der Leitung eines Hauptmannes und zweier weiterer Offiziere. Kettler berichtete dies dem Fürsten in Aurich, doch ist über dessen Entscheidung nichts bekannt.

Noch am 12. Juli war Kettler zum Deich geritten und hatte den Schauplatz des Überfalls besichtigt. Eine der beiden versenkten Tjalken war inzwischen schon repariert und wieder flott gemacht worden. Kettler ordnete an, das Schiff zum Norder Siel zu bringen. Die andere Tjalk war so stark beschädigt, dass eine Reparatur nicht mehr in Frage kam. Sie wurde am Fuße des Deiches abgewrackt.

Ein Überfall wird zum Glücksfall

Natürlich stellte sich jetzt die Frage, was mit der reparierten Tjalk geschehen sollte. Die Männer, die die Tjalk repariert und aus dem Schlick gezogen hatten, reklamierten das Schiff für sich, aber die Norder Schiffer verlangten von Kettler, die Tjalk dem Harmen Schmid als Ersatz für dessen geraubtes Schiff zu geben. Zusammen mit den Predigern betonten sie, dass Schmid *„ohne Christliche Beyhilfe mit Seiner Frauen und Seinen Kindern würde noth leiden müssen, weilen Er nichts anderes, alß zu Schiffe fahren gelernt“* und verlangten, *„dass Er das Schiff möge bekommen ümb damit Sein brod vorerst zu verdienen.“*

Harmen Schmid wandte sich sodann mit einer schriftlichen Eingabe an den Fürsten, bat, ihm die reparierte Tjalk zu überlassen, und beklagte sich bitterlich über die Situation an der Küste:

„Es ist nunmehr mit den Schiffern und Seefahrenden so weit gekommen, daß wenn sie schon das wüthende meer passieret und dessen gar ofte tobende Wellen ausgestanden und demnagst einen sicheren Hafen erlanget zu haben vermeinen Sie annoch der gefahr umb von denen frantzösischen Kapern genommen und aufgebragt zu werden, vielfältig unterworffen bleiben…"

Der Fürst zeigte sich gnädig und schenkte Schmid die Tjalk.

Die französischen Freibeuter waren indessen mit Schmids Schiff gerade mal vier Wochen unterwegs, als sie vor Seeland auf holländische Freibeuter trafen und von diesen überwältigt wurden. Schmids Schiff wurde nach Vlissingen eingebracht und sollte dort am 15. August meistbietend verkauft werde. Schmid, der rechtzeitig von dieser Aktion erfuhr, eilte nach Holland, reklamierte sein Eigentum und erhielt das Schiff gegen die Zahlung eines Unkostenbeitrags zurück.

Die Lage komplizierte sich, als plötzlich der Schiffer Albert Pieters aus Groningen auftauchte und angab, dass die verschenkte Tjalk ihm gehöre. Die französischen Freibeuter hätten ihn im Groninger Watt überfallen und ihm die besagte Tjalk sowie 528 Gulden geraubt. Er könne sich seine Tjalk später im Norder Watt wieder abholen, sei ihm von den Freibeutern gesagt worden. Obwohl sich auch der Groninger Bürgermeister sowie der reiche Norder Kaufmann Adolph von Lengen für Pieters einsetzten, nahm der Fürst jedoch seine juristisch zweifelhafte Schenkung nicht zurück.

Und so wurde für Harmen Schmid aus einem Überfall schließlich noch ein Glücksfall. Am 15. Juli besaß er überhaupt kein Schiff mehr, vier Wochen später aber deren zwei.

Quelle: StA Aurich, Rep. 4 B II i 36 c

Das Zollhaus im Alten Hafen in Norden.

Grabkreuz des Hilrich Jacobs Rass auf dem Norderneyer Kirchhof.

Johann Rasske … und die Folgen

Einsilbig, aber fruchtbar

Graf Enno III. konnte nicht ahnen, welche weit reichenden Folgen er auslöste, als er vor 400 Jahren den Norder Schüttemeister Johann Rasske zum ersten Vogt auf Norderney bestellte. Als Schüttemeister hatte Rasske bis dahin in Norden Abgaben und Steuern eingezogen, Maße und Gewichte kontrolliert und als Gerichtsverwalter fungiert, als Vogt sollte er nun jedoch die weitaus wichtigere Rolle eines Statthalters des Grafen auf Norderney übernehmen. Rasske verkaufte am 10. Januar 1605 sein Haus in der Norder Klosterstraße und zog mit seiner Frau Anna auf die Insel.

Seinem Namen nach war Rasske sicher kein Ostfriese, doch er folgte bald dem ostfriesischen Trend zur Einsilbigkeit, indem er sich immer öfter nur noch Rass nannte. Seitdem führen auch seine Norderneyer Nachkommen die einsilbigen Nachnamen Rass oder Raß. Diese nahmen das biblische Gebot *„Seid fruchtbar und mehret Euch und macht Euch die Erde untertan“* sehr wörtlich und fielen bald durch einen außerordentlichen Kinderreichtum auf. Auch die Norderneyer Erde machten sie sich zunehmend untertan, denn im Jahr 1849 waren von den 132 Norderneyer Häusern bereits 14 im Besitz von Rass & Raß, und nur 15 Jahre später war die Zahl der Rass/Raß-Haushalte bereits auf 27 gestiegen. Neben „Rass“ schrieben sich die Nachkommen des Schüttemeisters häufig auch „Raß“, „Rahs“, „Rash“ oder einfach nur „Ras“.[70] Zu Beginn des 19. Jahrhunderts war „Rass“ bereits der häufigste Familienname auf Norderney, wurde dann jedoch langsam durch den an der Küste so beliebten Namen „Visser“ (in seinen verschiedenen Schreibweisen) von seiner Spitzenposition verdrängt. 1930 waren auf Norderney 75 Haushaltungen unter dem Namen „Visser“ registriert und 66 unter dem Namen „Rass“. Im November 2010 hießen von den rund 6100 auf Norderney gemeldeten Einwohnern 119 Visser und 93 Rass.

Den „Visser“-Familien zwar deutlich zahlenmäßig unterlegen, hatten die Nachkommen des Schüttemeisters jedoch den gesellschaftlich weitaus größeren Erfolg. Fünfmal ist ihr Name in der Liste der Norderneyer Vögte und Bürgermeister verzeichnet. – Einer der Norderneyer „Visser“ wurde dagegen 1967 immerhin Gemeindedirektor auf Juist.

Über mehrere Generationen hinweg gehörten Abkömmlinge der Familie Rass stets zur Bemannung des Norderneyer Rettungsbootes. 1926 waren es Wilhelm Rass (3. von links), Johann „Fidi" Rass (5. v. l.) und August Rass (ganz rechts)

Nicht verwandt – oder doch?

Gelegentlich ist die Verwandtschaft aller Norderneyer mit dem Namen Rass bezweifelt worden, doch lassen wichtige Gründe kaum Zweifel zu.

Während der Familienname Visser an vielen Orten unabhängig voneinander entstanden ist, so dass aus ihm selten verwandtschaftliche Zusammenhänge abgeleitet werden können, ist der Name Rass dagegen in Deutschland äußerst selten, so dass aus seiner Verbreitung durchaus familiäre Beziehungen erkannt werden können.

Als Indikator für die Verteilung von Familiennamen werden meist Telefonverzeichnisse benutzt. Aus diesen geht hervor, dass der Landkreis Aurich mit knapp 50 Telefonanschlüssen zum Namen Rass absoluter Spitzenreiter in Deutschland ist. Von diesen entfallen 45 auf Norderney. In den Telefonbüchern der anderen Ostfriesischen Inseln kommt der Name nicht vor. Allein diese Konzentration auf einen relativ isolierten Ort spricht für die Annahme, dass alle Namensträger auf Norderney denselben gemeinsamen Vorfahren haben.

Diese Annahme wird untermauert durch die Untersuchungen von Jörg A. Aggen, der in seinem Ortssippenbuch Norderney nachgewiesen hat, dass zumindest im Zeitraum von 1688 bis 1900 alle unter dem Namen Rass kirchlich registrierten Personen von einem gewissen Jacob Lubberts Raß abstammen, der wiederum ein Nachfahre des Schüttemeisters gewesen sein dürfte. Es ist kaum anzunehmen, dass nach 1900 noch „fremde“ Rass-Namensträger auf die Insel gezogen sind, und so kann man davon ausgehen, dass alle Norderneyer Namensträger miteinander verwandt sind – und damit ihre Abstammung zehn bis 15 Generationen zurück bis zum Schüttemeister Rasske verfolgen können. Ein im Norderneyer Fischerhaus-Museum ausgestellter Stammbaum des Schüttemeisters dokumentiert diese familiären Zusammenhänge. Doch nicht nur die aktuellen Namensträger sind miteinander verwandt. Es war bis in die Gegenwart üblich, dass nur die Jungen als „Stammhalter“ den Familiennamen weiter trugen, während die Mädchen in der Regel ihren Geburtsnamen bei ihrer Heirat aufgaben. Von Generation zu Generation halbierte sich somit die Zahl der Namensträger unter den Nachkommen eines Mannes. Auf Johann Rasske bezogen bedeutet dies, dass die Zahl seiner heute lebenden Nachkommen auf Norderney wohl hundertmal höher ist als die Zahl der Träger seines Namens – oder anders ausgedrückt: In nahezu jeder alteingesessenen Norderneyer Familie fließt das Blut des alten Schüttemeisters. Norderney ist demnach eine durch und durch **rass**ige Insel!

Seemannsblut

Das Norderneyer Ortssippenbuch erlaubt interessante Einblicke in das Leben der Rass-Generationen in der Zeit von 1688 bis 1900. Von 90 der registrierten 112 Rass-Männer sind die Berufe bekannt. Danach waren mehr als 80 von ihnen Fischer oder Schiffer. Vier waren Kaufleute oder Schankwirte und überhaupt nur ganz wenige übten ein Handwerk auf festem Boden aus. So gab es unter anderem zwei Maurer, einen Maler und einen Zimmermann.

Diese Berufsverteilung war sicher nicht spezifisch für die Rass-Männer, sondern typisch für alle Insulaner. Mit Ackerbau und Viehzucht konnten die Männer ihren Lebensunterhalt auf der Insel nicht verdienen, und für handwerkliche Leistungen gab es wenig Bedarf. Fischerei und Seefahrt stellten somit die weitaus wichtigsten Erwerbsquellen dar. Anfang des 19. Jahrhunderts kam die Beherbergung von Badegästen hinzu, doch dafür waren in erster Linie die Frauen zuständig.

Der Fischfang in jener Zeit wurde von kleinen Schaluppen aus betrieben, die eine Besatzung von zwei bis drei Mann hatten. Die größeren Frachtschiffe dagegen hatten mindestens fünf bis sechs Mann Besatzung. Bis Ende des 19. Jahrhunderts sind mehr als Norderneyer 20 Schiffe nachweisbar, deren Kapitäne oder Eigner den Namen Rass trugen. Besonders beliebt waren in der Familie Schiffsnamen wie „De drie Gebroeders“[71] oder „De vier Gesüsters“.[72]

Die Rass-Schiffe steuerten nicht nur nahe gelegene Häfen an. Weite Fahrten sind nachweisbar, so nach England, Frankreich, Norwegen und sogar über die Ostsee bis nach Sankt Petersburg. 1882 gab es eine Flotte von rund 50 Norderneyer Fischerei- und Frachtschiffen. Die Eigentümer oder Kapitäne von 11 dieser Schiffe hießen „Rass“.

Dem Berufsspektrum jener Zeit entsprachen die verzeichneten Todesursachen. Zwölf der 112 registrierten Rass-Männer und zwei ihrer Söhne blieben auf See oder kamen durch Schiffsunfälle ums Leben. Ein besonders schwarzer Tag in der Norderneyer Geschichte war der 29. März 1836, als nach einem plötzlich aufgekommenen Sturm fünf Schaluppen mit 16 Mann Besatzung nicht mehr heimkehrten, darunter die Fischer Ubbe Jacobs Rass und Haike Weyerts Rass mit seinen Söhnen Haike Harmens und Weert Heykes Rass. Zur Unterstützung der hinterbliebenen Witwen und Waisen schrieb daraufhin der Fischer Johann Hillrichs Rass ein Gedicht, das für zwei Stüber beim Bäcker Schmidt zu haben war. Das Klagelied beginnt mit den Zeilen

Ach Freunde! hört mit tiefen Schmerzen
Das traurige Ereignis an,
Das ich mit Gram erfülltem Herzen
Nur weinend euch erzählen kann…

Der vollständige Text kann im Norderneyer Fischerhaus-Museum nachgelesen werden.

Für die enge Verbindung der Rass-Männer zur See spricht auch die Tatsache, dass sie neben etlichen Rettungsmännern von 1880 bis 1997 drei Generationen von Vormännern für das Norderneyer Rettungsboot stellten: Johann „Fidi“ Rass I bis III. Das Beiboot der „Bernhard Gruben“ erinnert mit seinem Namen „Johann Fidi“ noch heute an diese drei Vormänner.

Johann, Jacob und die sittliche Reinheit

Bei der Auswahl der Namen für ihre zahlreichen Kinder waren die Nachkommen des Schüttemeisters nicht sehr wählerisch. Bei den Jungen dominierten eindeutig die Namen Johann und Jacob. Das führte dazu, dass häufig mehrere Rass-Männer mit dem gleichen Vornamen auf der Insel lebten. Das Norderneyer Adressbuch aus dem Jahr 1822 verzeichnet allein neunmal den Namen „Jacob Rass“. Um diese Männer unterscheiden zu können, gab man ihnen Spitznamen, wie zum Beispiel dem bereits genannten Johann „Fidi“ Rass, oder man ergänzte ihren Namen durch den Straßennamen. So gab es dann „Jacob Rass Osterstraße“ oder „Jacob Rass Marienstraße“. Dieser Brauch hat sich bis heute gehalten.

Dem Chronisten B. E. Siebs zufolge führten die Norderneyer in den vergangenen Jahrhunderten ein sehr tugendhaftes Leben: *„Die sittliche Reinheit war bei Frauen und Männern gleich groß.“* Es galt die Mahnung: *„Ein Mädchen muss sich vor einem Schaden hüten wie eine weiße Schürze vor einem Fleck.“* Diese Sittenreinheit traf aber für viele Rass-Männer nicht zu, denn in mindestens 35 von 112 Fällen hatten sie ihre Braut schon geschwängert, bevor sie mit ihr vor den Altar traten. Die Geburt des ersten Kindes folgte dann meist nur wenige Monate später. Vielleicht war es für die Norderneyer Mädchen besonders schwer, dem Charme der Rass-Männer zu widerstehen!

Doch auch die Rass-Mädchen haben sich nicht alle der damals geforderten Sittenstrenge unterworfen, denn von 1862 bis 1896 vermeldet das Ortssippenbuch immerhin fünf uneheliche Rass-Geburten.

Meist folgte der ersten Geburt schnell die zweite. Die Geburtenzahlen waren fünf- bis sechsmal so hoch wie heute und fünf bis sechs Kinder die Regel. Es gab aber durchaus auch Rass-Familien mit neun, zehn oder sogar elf Kindern.

Das Ortssippenbuch verzeichnet allein für das 19. Jahrhundert 414 Rass-Geburten, im Schnitt also alle drei Monate ein neues Norderneyer Rass-Kind. Viele junge Rass-Frauen kannten demnach wohl nur zwei Lebenslagen: entweder sie waren schwanger oder sie hatten einen Säugling an der Brust.

Schwere Zeiten für Norderneyer Kinder

Doch auch die Kindersterblichkeit war um ein Vielfaches höher als heute. Von den bis Ende des 18. Jahrhunderts auf Norderney geborenen 135 Rass-Kindern sind 60 früh gestorben, meist schon als Säuglinge. Fehlende ärztliche Versorgung und unzureichende Hygiene führten dazu, dass besonders Typhus, Masern, Pocken, Ruhr und Diphtherie unter den Norderneyer Kindern zahlreiche Opfer forderten.

Manche Familien wurden besonders hart von diesem Schicksal betroffen. So die des Arend Jacobs Rass, der seit 1744 mit Hiemcke Harmens verheiratet war. Nur drei Monate nach der Hochzeit kam das erste Kind zur Welt, eine Tochter, die mit 3 Monaten starb. Die nächsten beiden Töchter starben im Abstand von nur zehn Tagen mit zehn und 13 Jahren an der „Roten Ruhr“. Ein 1751 geborener Sohn wurde zwei Wochen alt. Die vierte Tochter wurde sieben Jahre alt. Die fünfte Tochter starb mit drei Jahren an Masern und auch die sechste und letzte Tochter wurde nur zwei Jahre alt. Ihren Kindern folgte die Mutter 1759 mit 38 Jahren ins Grab und bald darauf der Vater mit 42 Jahren.

Es war damals üblich, dass man den Namen eines verstorbenen Kindes einfach auf das nächstgeborene übertrug. Dadurch entstanden manchmal aus heutiger Sicht recht seltsame Konstellationen. So zum Beispiel bei Daniel Jacobs Rass und seiner Frau Meentje Ubben, die 1747 ihren ersten Sohn nach dem Großvater mütterlicher-

Ein Badekarren auf dem Norderneyer Kurplatz erinnert an die Anfangszeit des Badebetriebs.

„Oma Rass" als Badefrau auf Juist.

seits auf den Namen „Ubbe" tauften. Der kleine Ubbe starb mit zwei Monaten. Der nächste Sohn wurde wieder „Ubbe" getauft, starb aber auch als Säugling. Der nächste Sohn wurde nach dem Großvater väterlicherseits „Jacob" genannt - und wurde über 80 Jahre alt. Der vierte Sohn wurde wieder „Ubbe" genannt und starb mit neun Jahren. Es folgten ein Sohn Harm und eine Tochter None und 1763 ein letzter Versuch mit dem Namen „Ubbe", aber auch dieser Junge wurde nur zwei Monate alt.

Von Juist nach Bremerhaven und zurück

Ein ungewöhnliches Schicksal hatte die aus Juist stammende Wilhelmina Maria Visher, die auf Norderney „in Stellung" war und dort im November 1869 den Seefischer Ehme Jacobs Rass heiratete. Sechs Monate nach der Hochzeit kam die Tochter Hiemke zur Welt, starb aber im Alter von drei Monaten. Die zweite Tochter wurde wieder Hiemke genannt und immerhin acht Jahre alt. Es folgte eine Tochter Anna Elise Johanne, die mit vier Monaten starb. Die nächste Tochter wurde wiederum Anna Elise Johanne genannt – und blieb am Leben. Es folgten drei weitere Töchter und drei Söhne. Am 12. Dezember 1884 ertrank der Familienvater im Norderneyer Riff. Seine Leiche wurde einen Tag vor Heiligabend bei Nessmersiel angetrieben. Seine letzte Tochter, Emiene, kam acht Monate nach dem Tod des Vaters zur Welt. Die Witwe verließ dann bald die Insel und fand Arbeit im Rotlicht-Milieu von Bremerhaven. Dort traf sie der nächste Schicksalsschlag: Bei einem Straßenbahnunfall verlor ihre Tochter Emiene das linke Bein. 1890 kehrte die Witwe zurück nach Juist, zog in das „Lüttje Teehuus" eines Großonkels und arbeitete noch viele Jahre als „Badefrau", bevor sie hoch betagt mit 85 Jahren starb. Mit ihren Erzählungen aus der Juister Vergangenheit und der ihr zugeschriebenen Gabe des „zweiten Gesichts" ist sie als „Oma Rass" in die Geschichte der Insel eingegangen.

Die Juister haben ihrer Oma Rass 2003 ein beachtenswertes Denkmal in Form einer kleinen Bronzestatue gesetzt, die vor dem ehemaligen Warmbad zu bewundern ist. So hat sich die kuriose Situation ergeben, dass das einzige bekannte Denkmal für die Norderneyer Rass-Sippe ausgerechnet auf Juist zu finden ist!

Oma Rass' letztgeborene Tochter Emiene verbrachte ihr Leben im „Lüttje Teehuus" bei ihrer Mutter und wurde gleichfalls langsam zu einem Juister Original. Sie rauchte Zigarren, trank gern einen Doornkaat[73], begrüßte alle Leute mit den rät-

selhaften Worten „Himmel an!“ und korrespondierte mit zahlreichen Badegästen, bis sie1950 unverheiratet und kinderlos starb. Vielen älteren Juistern blieb sie lange noch als „Miele“ in Erinnerung.

Kurz vor dem Tod von Oma Rass hat „Miele“ die Erzählungen und Erinnerungen ihrer Mutter aufschreiben lassen. Die geschilderten Lebensverhältnisse lassen erahnen, weshalb die Kindersterblichkeit auf den Ostfriesischen Inseln Anfang des 19. Jahrhunderts so hoch war:

„Der Säugling selbst lag in einer Wiege und wurde mit einer ‚Pipkanne' getränkt, die einer Ölkanne ähnelte. Die ‚Tüht' wurde mit einem Leinenlappen umwickelt und dem Kind in den Mund gesteckt. Durch den Leinenlappen trank das Kind die warme Kuhmilch. Milchflaschen kannte man vor 80 Jahren noch nicht auf Juist. (…) Die kleinen Kinder wurden auch mit Brot gefüttert, das die Eltern oder die älteren Geschwister klein kauten und ihnen dann in den Mund steckten. (…) Ängstlich war man darauf bedacht, dass der Kopf des Säuglings nicht gewaschen wurde. Er wurde so von Tag zu Tag immer schmutziger und schließlich ganz schwarz. (…) Erst wenn ein halbes Jahr vergangen, wurde gründliche Reinigung abgehalten. Solange aber glaubte man den Schädel nicht berühren zu dürfen, weil der Kopf[74] noch nicht geschlossen war.“

Es spricht für die robuste Konstitution der Norderneyer Nachkommen des Schüttemeisters, dass die meisten von ihnen diese rustikale Säuglingspflege überlebten.

Fürstliche Paten

Die meisten Rass-Kinder in jener Zeit entstammten der Ehe des Seefischers Bent Ehmen Rass mit der ebenfalls aus Juist stammenden Jacomina Johanna Fisher. Sechs Monate nach ihrer Hochzeit schon kam 1877 eine erste Tochter zur Welt, 1879 eine zweite und anschließend neun Söhne in Folge! Die Patenschaft für den siebten Sohn übernahm Kaiser Wilhelm II. und die für den neunten der Badekommissar Graf Hilmar von Oeynhausen. Einen anderen fürstlichen Paten konnte der Schiffer und Kirchenvorsteher Hilrich Jacobs Rass

„Oma Rass“ lädt auf Juist zum Bade.

bereits für seinen dritten Sohn gewinnen, und zwar den Hannoverschen König Georg V., der in einem Telegramm vom 30. September 1859 festlegte: *„Der Junge soll Georg heißen."* Ursache für diese besondere Gunst war die Tatsache, dass der blinde König viele Sommer auf Norderney verbrachte und dann häufig Ausfahrten mit seiner Jacht „Königin Marie" unternahm. Als Kapitän für diese Jacht hatte er Hilrich Jacobs Rass gewinnen können und zu diesem ein fast freundschaftliches Vertrauen entwickelt. Der kleine Rass wurde später Kapitän auf der Schaluppe „Trina" und blieb den älteren Norderneyern lange noch als „Georg Rex" in Erinnerung.

Streitbar und geschäftstüchtig

Ein besonders sperriger Nachkomme des Schüttemeisters war sein Urenkel Simon Jacobs Rass, der seit 1683 mit Afke Hayen verheiratet war, der Witwe eines vormaligen Inselvogts. Als der amtierende Vogt Jakob Bilcker wegen etlicher Ungehörigkeiten seines Amtes enthoben wurde, kam Simon Jacobs zum Zuge und wurde 1689 zum Vogt auf Norderney ernannt. Eine seiner ersten Handlungen war es, seinen Vorgänger öffentlich der *„Majestätsbeleidigung"* und des *„unbefugten Wirtschaftsbetriebes"* zu bezichtigen. Da der neue Vogt mit der halben Insel versippt und verschwägert war, verfolgte er zumeist eher die Interessen seiner Freunde und Verwandten als die seines Dienstherren. So machte er wohl oft ein Auge zu, wenn die Insulaner Strandgut oder von gestrandeten Schiffen geborgene Güter nicht pflichtgemäß ablieferten, sondern heimlich beiseite schafften.

Mit dem Amt eines Vogtes verbunden war die Lizenz zum Ausschank von Alkohol. Vogt Simon Jacobs Rass sorgte dafür, dass die Norderneyer ihren Anteil am Strandgut bei ihm in Bier umsetzten und hielt nach Ansicht des Chronisten Siebs die Insel überhaupt ständig unter Alkohol. Seine Fau Afke sei eine *„vergnügungssüchtige, ränkespinnende Person"* gewesen.

Als es im Dezember 1692 schließlich bei Bergungsarbeiten an einem mit Gerste beladenen Schiff zu erheblichen Unregelmäßigkeiten kam, wurde Simon Jacobs kurzerhand seines Amtes enthoben. Doch damit war seine Karriere durchaus nicht zu Ende, wie sich bald zeigen sollte.

Der neue Vogt Jürgen Schleevoigt war kein Norderneyer, sondern stammte aus einer Borkumer Familie und hatte es dementsprechend schwer, sich gegen die Norderneyer durchzusetzen, die noch unter dem Einfluss ihres alten Vogts Simon Jacobs Rass standen. Dessen Stiefsöhne gingen so weit, dass sie den neuen Vogt verprügelten, als der sie pflichtgemäß an der Unterschlagung von Strandgut hindern wollte. Als Schleevoigt 1703 starb, war die Position des Simon Jacobs Rass auf der Insel wieder so stark, dass Fürst Christian Eberhard ihm das Amt des Vogtes zum zweiten Mal übertrug.

Die zweite Ära Simon Jacobs Rass vom 1703 bis 1712 stand unter dem Zeichen eines Dauerkonfliktes mit dem neuen, sehr frommen Norderneyer Pastor Johannes Husius, der 1697 auf die Insel gekommen war. Die Frau des Vogtes machte den Pastor bei den Norderneyern schlecht und der Pastor machte den Vogt bei der Regierung schlecht.

1708 berichtete der Pastor der Regierung, dass der Vogt Rass bei den Bergungsarbeiten seinen Pflichten nicht nachkomme, sondern jedermann *„schalten und walten, bergen und teilen, schleppen und tragen lässt"*, und die *„Vogtsche"* die Insulaner *„mit Hass und Verdacht erfüllt"* habe. Vogt Rass wurde daraufhin am 9. Mai 1708 mit seiner Frau zum Rapport nach Aurich bestellt, wies dort jedoch alle Vorwürfe ganz entschieden zurück und durfte Vogt bleiben.

Ein Jahr zuvor war Simon Jacobs Rass auch in einer anderen Angelegenheit auffällig geworden. Bei der Verfolgung von französischen Freibeutern war am 4. Juni 1707 ein Emder Marinekommando auf der Insel gelandet und hatte sich zum Hause des Vogts begeben. Wie aus den Unterlagen des Stadtarchivs Emden hervorgeht, entdeckten die Soldaten dort zu ihrer Überraschung mehrere Freibeuter, die *„lieber en vrij gaan en staan, waar het haar gelieft“*, sich also völlig frei bewegen konnten. Erst nach massiven Drohungen der Emder war Vogt Rass bereit, die Franzosen auszuliefern.

Der Konflikt zwischen Vogt Rass und Pastor Husius ging noch etliche Jahre weiter und gipfelte darin, dass der Pastor 1709 von der Regierung die Ablösung des Vogtes forderte. Doch seine Eingabe blieb ohne Erfolg.

Gegen Ende seines Lebens notierte Husius voller Bitterkeit und Resignation:

„Ist dann der Voigt ein gebohrener Insulaner, so ist er von selbst und von Natur dem Prediger ungeneigt und woll ein offentlicher Verfolger desselben und alsdan fället es gahr schwer, ein Eyländer Menschen zu bekehren, es wäre den, dass Gott der Herr ein Wunderwerk thäte.“

Vier Wochen nach Pfingsten 1712 starb der Prediger und nur wenige Tage später folgte ihm der Vogt. Das Kirchenbuch bemerkt dazu:

„Und haben sich also diese beyde, da sie sich im Leben nicht vertragen können, im Tode vereinigt.“

Erst die Liebe, dann der Altar

Der Sohn des Vogtes Simon Jacobs Rass dagegen machte auf ganz andere Weise von sich reden. Er schwängerte die Tochter des Kirchverwalters Bentet Remmers und heiratete sie gegen alle guten Sitten erst nach ihrer Niederkunft im August 1715. Auf Anordnung der Regierung in Aurich musste deshalb die Hochzeit Ende August in aller Stille im Hause des Kirchverwalters stattfinden. Ein Jahr zuvor war die Braut schon einmal auffällig geworden. Sie hatte sich an einem Diebstahl aus dem Hause des neuen Vogtes beteiligt, wurde zum Verhör an die fürstliche Residenz nach Aurich zitiert und kam dort für mehrere Tage in Untersuchungshaft.

Der kleine Sohn erhielt nun nach alter ostfriesischer Sitte den Namen seines Großvaters väterlicherseits: Simon Jacobs Rass. Empört über das sündige Verhalten der Eltern drehte der neue Pastor Stromann das Kirchenbuch um, bevor er das Kind eintrug: der Taufvermerk steht auf dem Kopf.

Der zweite Sohn erhielt nach ostfriesischer Sitte den Namen seines Großvaters mütterlicherseits und wurde, wie dieser, Kirchverwalter. Im Gegensatz zu seinem Vater heiratete er 1743 seine Braut allerdings schon kurz vor ihrer Niederkunft.

Auch vier Jahrhunderte nach Ankunft des Schüttemeisters Rasske spielen Träger des Namens Rass auf Norderney noch eine beachtliche Rolle in Wirtschaft, Verwaltung und Lokalpolitk. Es ist sehr ungewiss, ob dies auch in Zukunft so bleiben wird, denn so zahlreich die Rass-Geburten früher waren, so selten sind sie heute.Über hundert Jahre trugen die Vormänner des Norderneyer Rettungsbootes den Namen Rass, doch nun sind auf dem Boot andere Namen anzutreffen. Nach einer langen Blütezeit von mehr als 400 Jahren dürfte somit die lange, ereignisreiche Ära Rass auf Norderney nun wohl langsam zu Ende gehen.

Quellen und weiterführende Literatur:

1. *Jörg Alfred AGGEN: „Die Familien der evangelisch-lutherischen Kirchengemeinde Norderney (1688 – 1900)“, Aurich, 2003*
2. *Staatsarchiv AURICH, Rep. 4 B II h 503*
3. *Medardus BREMENECK: „Juist, das Töwerland – Erinnerungen der ältesten Juisterin“, Osterode, 1928*
4. *Stadtarchiv EMDEN, Reg. I 360*
5. *Onno F. FISSER: Schriftliche Mitteilungen, Juist, 2010*
6. *Karl HERQUET/H. von EICKEN: „Geschichte der Insel Norderney in den Jahren 1398 – 1711“, im Jahrbuch der Gesellschaft für bildende Kunst und vaterländische Altertümer 9, Emden, 1890*
7. *Ev.-luth. Gemeinde NORDERNEY: Kirchenbuch 1688 - 1751*
8. *St. A. RYKENA: „Beiträge zur Geschichte Norderneys“, Norden 1911*
9. *B. E. SIEBS: „Die Norderneyer“, Norden, 1930*
10. *K. H. WIECHERS: „… und fuhren weit übers Meer“, Bd. I, Norden, 1984*

Illustration: Grabkreuz/Kurier vom 11.12.2010, S. 18
Oder: Denkmal/Kurier 4.12.2010, S. 18

Totenhemd des Okke Geerts Klein.

Wie die Kluins auf die Insel kamen

Ein Kluin am Galgen

Am 12. April 1838 mittags um 11 Uhr wurde Okke Geerts Kluin aufgehängt – allerdings nicht in Ostfriesland, sondern auf dem Marktplatz von Groningen, denn damals gab es nicht nur auf Norderney etliche Kluin-Familien, sondern auch im Groninger Land. Okke Kluin war ein Mörder. Er hatte in einem kleinen Dorf mit dem bezeichnenden Namen *„Doodstil"* eine Witwe erschlagen, um an ihr Geld zu kommen. Nach holländischen Quellen geschah der Mord im Anschluss an *„... een avondje drinken ... warbij Okke zijn geld verspeelde bij het kaarten."*

Durch sein gewaltsames Ende ist Okke Kluin damit die zweifelhafte Ehre zuteil geworden, bei der historisch letzten Hinrichtung im Groninger Land mitgewirkt zu haben. Die Erinnerung an sein Schicksal lebt in seiner Heimat weiterhin fort, denn wenn sich dort jemand glücklich aus einer misslichen Situation befreit hat, heißt es: *„Hest meer geluk had as Okke Kluin, want dij mos hangen tot hai doodstil hing."*

Das blutbefleckte Totenhemd, das Okke Kluin auf dem Weg zum Galgen trug, wird heute im Groninger Museum aufbewahrt und ruft sicher bei manchem Betrachter gemischte Gefühle hervor.

Eine starke Frau ...

Der Norderneyer Familienname „Kluin" ist sehr wahrscheinlich holländischen Ursprungs und steht im Groninger Land auch für eine Biersorte. Auf Norderney ist der Name seit 1681 nachweisbar, als ein gewisser Arend Kluin zum Vogt auf der Insel bestellt war. Mit seiner Frau Afke Hayen hatte Arend Kluin mindestens drei Kinder. Er dürfte jedoch bald gestorben sein, denn schon 1683 heiratete Afke den späteren Vogt Simon Jacobs Rass, mit dem sie gleichfalls drei Kinder in die Welt setzte. Sie starb 1740 hoch betagt im Alter von 90 Jahren und hatte bis dahin die Geburt von mindestens sechs Kindern, 48 Enkeln und 50 Urenkeln erleben dürfen. Die vielen Norderneyer Kluin- und zahlreiche Rass-Familien dürfen sie somit als ihre gemeinsame Stammmutter ansehen.

Afke Hayen scheint eine starke Frau gewesen zu sein, denn der Norderneyer Pastor Husius bezeichnete sie 1705 als *„ein listiges Weib"*, das weder auf ihren Mann noch auf den Pastor hörte, denn *„sie führte das Regiment..."* Aufgrund ihrer außerordentlich zahlreichen Nachkommenschaft fließt das Blut der Afke Hayen heute in den Adern fast aller alteingesessenen Norderneyer Familien, was sich – wie böse Zungen behaupten - hin und wieder wohl auch bemerkbar macht.

Auch Afkes 1685 geborene Tochter Tetje scheint eine einflussreiche Frau gewesen zu sein, denn sie wandte sich im Mai 1728 selbstbewusst, im Namen der Gemeinde und am Norderneyer Vogt vorbei, an den Fürsten in Aurich und bat um Überlassung von geborgenem Strandgut. Die Eingabe hat sie wohl nicht selbst schreiben können, aber immerhin hat sie unter den Text die Buchstaben „T S R" gemalt – Tetje Siemens Rass.

Afkes zweitem Ehemann Simon Jacobs Rass wurde 1689 das Amt des Vogtes auf Norderney übertragen. Da er jedoch mit der halben Insel versippt und verschwägert war, dürfte es ihm schwer gefallen sein, die Treue zu seinem Landesherrn höher zu halten als die Interessen der Insulaner. So kam es, dass er bereits drei Jahre später wegen gewisser Unregelmäßigkeiten, die wohl den Insulanern zugute gekommen waren, von seinen Pflichten wieder entbunden wurde. Fürst Christian Eberhard übertrug das Amt nun dem aus Borkum stammenden Jürgen Schleevogt.

… mit starken Söhnen

Der neue Vogt bekam sofort mächtig Gegenwind von den Anhängern des alten Vogts und dessen Familie. So klagt Schleevogt am 22.1.1694 seinem Fürsten „… *habe ich unterthänigst klagend an und vorzubringen, gestald Jan und Hinrich Cluin, des vorgewesenen Voigdes Stiefsöhne, sich auffem Eilande Nordernei unternommen, etliche plancken, ohne mir davon part*[75] *zu geben, vom Strand wegzuhohlen,… wie ich dieselbe darüber angetroffen und ihnen solches meinem Aid und pflicht gemäß verhindern wollen, dieselbe mich angetastet, zur Erden nieder geworffen und geschlagen, auch noch 3 andere Knechte mich verfolget, also ich fast nicht sicher wohnen kann* …“ Schleevogt bat um eine angemessene Bestrafung und umgehende Verhaftung der beiden Brüder, die mit ihrem Schiff gerade im Norder Siel lagen.

Fürst Christian Eberhard reagierte sofort und befahl , „… *beide frevelmüthige gebrüder Jan und Hinrich Cluin, sobald sie anzutreffen sein werden, wegen beraubung des Strandes und gewaltsahmer opposition…*“ einzusperren. In Norden wurde daraufhin Hinrich Kluin verhaftet, während es seinem Bruder Johann gelang, nach Norderney zu entkommen, wo er wegen des stürmischen Wetters zunächst in Sicherheit war. Dem für Norderney zuständigen Amtmann Kettler waren jedoch inzwischen einige Bedenken gekommen, die er seinem Fürsten schriftlich unterbreitete. Die Brüder besäßen ein schönes neues Schiff, das wohl einige Tausend Gulden wert sei, so dass wohl keine Fluchtgefahr bestände. Mit diesem Schiff verkehrten sie regelmäßig zwischen Norden und Holland. Sie seien gerade dabei, von einem Norder Kaufmann eine Ladung Gerste zum Transport nach Amsterdam zu übernehmen. Da die ganze Angelegenheit nicht so eilig sei, könne man damit warten, bis die Brüder aus Amsterdam zurück seien. Der Norder Kaufmann würde sich sicher für die Rückkehr der Brüder verbürgen. Und überhaupt „… *wie das gerücht dieses orthes ist, soll es bey weithem so … nicht seyn, wie der Voigt berichtet hat.*“ Der Fürst stimmte zu, die Brüder fuhren nach Amsterdam und wieder zurück, doch gibt es in der betreffenden Akte des Staatsarchivs keinen Hinweis mehr auf eine Fortsetzung des Verfahrens. Die ganze Sache scheint eingeschlafen zu sein.

Die Gründung der ersten Seebadeanstalt an der Nordsee 1797 führte in den Folgejahren zu grundlegenden Änderungen besonders im Leben der Norderneyer Frauen, die nun mit Vermietung und Badebetrieb beschäftigt waren. Aus manchen Fischersfrauen wurden nun Badedienerinnen: Gesche Dorenbusch, Armine Knigge, Henriette Kluin (von links).

Wie die Alten sungen, so zwitscherten die Jungen.

Als der Vogt Simon Jacobs Rass 1712 starb, folgte ihm ausgerechnet ein Sohn des unbeliebten Pastors Husius im Amt, so dass nun die Familienfehde Kluin gegen Husius von der nächsten Generation fortgeführt werden konnte, wobei die Norderneyer einhellig hinter den Kluin-Brüdern standen. Bereits wenige Monate nach dem Amtsantritt des neuen Vogtes heißt es in einem amtlichen Bericht, dass sich ihm auf der Insel *„alles widersetzte, und keiner parieren wolle … Ja, die Leute wären dem Vogt so feind, dass sie denselben wohl umbbringen sollten, wenn sie ihn allein in ihrer macht hätten.“*

Bei Bergungsarbeiten an einem großen, mit Getreide beladenen Rahsegler im März 1713 kam es zum ersten größeren Konflikt. Jan und Hinrich verlangten von Vogt Husius die Herausgabe des wertvollen geborgenen Tauwerks. Als der Vogt sich weigerte, schlugen sie zu. In einer Eingabe an die Hofkanzlei klagt der Vogt: *„rissen mich … vor meiner Thür im Hause weg… griffen mich an und stießen mich unter dem Volcke, sagend man solle mich angreifen.“* Das war offene Meuterei! Den Behörden scheint es jedoch anschließend nicht gelungen zu sein, die Kluin-Brüder zu gebührendem Respekt vor Recht und Obrigkeit zu bewegen, denn bald darauf wurden sie wieder auf- und straffällig.

Am 9. Dezember 1716 war der englische Dreimaster „De dry goode Friende“ mit einer Ladung von 7000 Eisenstangen gestrandet. Bei den Bergungsarbeiten gelang es Jan und Hinrich Kluin, zusammen mit zwei anderen Fischern, an die tausend Eisenstangen verschwinden zu lassen. Erst zweieinhalb Jahre später flog die Sache auf, als die Fischersfrau Triene Jacobs dem Vogt einen entsprechenden Hinweis gab. Hinrich Kluin wies jedoch alle Schuld von sich und verlangte zu wissen, wer ihn verraten habe…

Sie waren fruchtbar und mehrten sich

Wir wissen nicht, ob Triene Jacobs' Name bekannt wurde und ob für sie ein Zeugenschutzprogramm eingeleitet werden musste. Was aber die streitbaren Kluin-Brüder angeht, so scheint es, dass sie unbehelligt ihren Lebensabend auf Norderney beschließen konnten, nicht jedoch ohne zuvor für eine zahlreiche Nachkommenschaft gesorgt zu haben: Jan hatte zehn und Hinrich neun eheliche Kinder in die Norderneyer Inselwelt gesetzt. Auch ihre Nachkommen nahmen das biblische Gebot, fruchtbar zu sein und sich zu mehren, sehr wörtlich und produzierten zahlreichen Nachwuchs. Dennoch wäre der Name Kluin auf Norderney beinahe ausgestorben, wenn es nicht einigen verheirateten Kluin-Töchtern gelungen wäre, ihren Mädchennamen Kluin auf ihre Söhne zu übertragen.

In den folgenden Jahren stieg zunächst die Zahl der Kluin-Familien auf Norderney kontinuierlich an. In den Norderneyer Adressbüchern kommt ihr Name 1822 erst fünfmal vor, 1854 jedoch schon 19-mal und 1882 sogar 26-mal. Besonders fruchtbar waren die Brüder Carl und Ludwig Kluin. So gebar Carls Ehefrau Hilta Redell ihrem Mann zehn Kinder in nur 15 Jahren (1873 – 1888), während sein Bruder Ludwig für seine 16 Kinder immerhin 30 Ehejahre und zwei Ehefrauen benötigte (1868 – 1898). Damit war ein Höhepunkt erreicht, denn anschließend haben Abwanderung und vor allem ein fulminanter Einbruch bei den Geburtenzahlen dazu geführt, dass heute nur noch knapp ein halbes Dutzend Kluin-Familien auf der Insel wohnen und die Zukunft dieses traditionsreichen Familiennamens auf Norderney somit durchaus ungewiss erscheint.

Kluins allerorten – auf See...

Wie der verdienstvollen Arbeit von Jörg Aggen „Die Familien der evangelisch-lutherischen Kirchengemeinde Norderney 1688 - 1900" zu entnehmen ist, waren von den 57 in dieser Zeit aufgeführten Kluin-Männern 43 Fischer oder Schiffer. Sechs von ihnen blieben auf See, und mit ihnen neun ihrer Söhne. Kluin'sche Kapitäne und Steuermänner führten ihre Schiffe bis weit in die Ostsee und die Biskaya und gerieten dabei in manchen Sturm.

„Im Herbst 85 ist der hiesige Schiffer Weert Ahrens Kluin mit allen seinem Volke weggeblieben..." vermeldet das Kirchenbuch im Jahr 1785. Zusammen mit seinem Vater ertrank auch der knapp 15jährige Sohn Arend des Kapitäns sowie der 19jährige Hinrich Kluin. *„Sie sind auf der Reise nach Norwegen, vermutlich wegen zu wenig Ballast umgeworfen"* vermutet das Kirchenbuch.

Im Juni 1820 fiel bei Bordeaux der Kapitän Ebe Janshen Kluin von Bord seines Schiffes und ertrank. Sein Sohn Bent ertrank nur ein Jahr später in der Ostsee.

Auf der Fahrt von Ahus nach St. Petersburg ging 1834 der Matrose Weyerdt Janssen Kluin mit der Tido unter. Ein Jahr später sank bei Texel die Schmack „Henrietta und Johanna" unter Kapitän Ede Janssen Kluin, doch konnte die Mannschaft nach sechs Stunden im Rettungsboot geborgen werden.

Bei einem anderen Unglück wurde eine ganze Familie ausgelöscht. Der Fischer Daniel Haykes Kluin *„schlug mit seiner Schaluppe in der Nähe der Insel auf dem Nordriff um und ertrank nebst seinem Bruder und seinem Sohn"* vermeldet das Kirchenbuch im Oktober 1855.

... und auf Land ...

Doch auch in weniger gefährlichen Berufen machten die Kluins Karriere. Ende des 18. Jahrhunderts war Arend Frerichs Kluin Bäckermeister auf Norderney und mindestens drei weitere Kluin-Generationen backten Brot für die Insel. Daneben gab es in der Familie auch Gastwirte, Fuhrleute, Torfhändler und Schafhirten.

Natürlich haben die Kluins auch schnell die lukrative Seite des Fremdenverkehrs entdeckt. Im Jahr 1822 bereits vermieteten alle fünf Kluin-Familien Zimmer an Badegäste. Jacob Janssen Kluin in der Lange Straße 16, der es merkwürdigerweise geschafft hatte, den Beruf eines Bäckers mit dem eines Schiffers zu verbinden, vermietete damals drei Zimmer – zwei mit Wandbetten und eins mit einem neumodernen beweglichen Bett. Für ein Zimmer mit Wandbett berechnete er zwei Reichsthaler und 12 Gute Groschen pro Woche, was ziemlich genau dem Wochenlohn eines Arbeiters entsprach. Verglichen mit modernen Verhältnissen dürften die Preise für Gästezimmer demnach heute eher niedriger sein.

Auch der Badebetrieb selbst bot Arbeit. So sind im Norderneyer Adressbuch von 1882 Friederike und Gerhardina Kluin als Badedienerinnen verzeichnet, und ein Foto von einer Jette Kluin in der gleichen Eigenschaft kann im Norderneyer Bademuseum bewundert werden. Der Norderneyer Fährschiffer Jacob J. Kluin hingegen warb im Ostfriesischen Courier 1872 für seine täglichen Fahrten zwischen Norddeich und Norderney.

Was die Namensgebung betrifft, so waren die Kluins nicht sehr erfindungsreich. „Jacob“ und „Johann“ dominierten ganz eindeutig, was dazu führte, dass es manchmal mehrere gleichnamige Kluins auf der Insel gab, so zum Beispiel Mitte des 19. Jahrhunderts, als drei Personen mit dem Namen Jacob Janssen Kluin auf der Insel lebten. Dies führte zwangsläufig dazu, den betreffenden Personen zur besseren Unterscheidung Spitznamen zu geben – ein Brauch, der auch heute noch auf Norderney weit verbreitet ist.

... und in der Literatur

1885 schließlich fand ein Norderneyer Kluin Eingang in die deutsche Literatur, allerdings nicht als Schriftsteller, sondern als Romanfigur in Sophie Wörishöffers Abenteuerroman „Onnen Visser - der Schmugglersohn von Norderney.“ Dort wird Onnen Vissers reicher Onkel Geerd Kluin zum Verräter im Dienst der französischen Besatzungsmacht und kommt dann jämmerlich um. Sein Neffe Onnen Visser, dem bei seiner abenteuerlichen Reise durch halb Europa überall Gewalt und Unrecht begegnet waren, sehnte sich schließlich nach seinem Norderney: *„Wie eine Oase in der Wüste erschien ihm das Andenken der stillen deutschen Heimatinsel ... Da wurde nichts gestohlen, da betrog kein Nachbar den anderen, zwischen den niederen Fischerhütten hatte das Verbrechen keine Stätte. Liebes altes Norderney!“*

Anscheinend wusste Sophie Wörishöffer nicht, dass die Norderneyer damals zumeist ein höchst eigennütziges Rechtsempfinden hatten, gestrandete Schiffe plünderten, Strandgut unterschlugen, Vögte verprügelten und dass 1731 gar der unbeliebte Inselpastor tot in seinem Bett gefunden wurde – mit einem Strick um den Hals.

Abschließend darf vielleicht noch die Frage gestattet sein, an wen Sophie Wörishöffer dachte, als sie den Namen „Geerd Kluin“ für einen Norderneyer Bösewicht auswählte. Dachte sie an den 1838 in Groningen hingerichteten Okke Geerds Kluin oder war sie von einem der drei damals auf Norderney lebenden Fischer namens Gerd Kluin inspiriert worden? Wir werden es wohl nie erfahren.

Quellen und weiterführende Literatur:

1. *J. A. AGGEN „Die Familien der evangelisch-lutherischen Kirchengemeinde Norderney 1688 bis 1900“, Aurich, 2003*
2. *Staatsarchiv AURICH, Rep. 4 B II g 135, 4 B IV c 10, 4 B II g 147, 4 B II g 156*
3. *C. GERDES „Adressbuch des Nordsee-Bades Norderney“, Norden, 1882*
4. *K. HERQUET/H. v. EICKEN „Geschichte der Insel Norderney 1398 – 1711“, Emden, 1890*
5. *C. G. REINS „Die Insel Nordernei“, Hannover, 1853*
6. *B. E. SIEBS „Die Norderneyer“, Norden, 1930*
7. *S. WÖRISHÖFFER „Onnen Visser – der Schmugglersohn von Norderney“, Leipzig, 1885*

Illustration: Totenhemd/Kurier 3.9.2011, S. 18 (Museum Groningen)
Oder. Jan Jacobs Kluin /Kurier 17.9.2011, S. 18

Norderneyer Kirche im späten 18. Jahrhundert. Zur Zeit des Pastors Husius bestand die Kirche nur aus dem Turm und kleineren Anbauten.

Pastor Husius

Neue Besen kehren gut – oder auch nicht...

Wie aus dem Nichts, so tauchte vor 300 Jahren auf Norderney plötzlich ein Fremder auf, dessen Anwesenheit auf der Insel bald für beträchtliche Unruhe, Zwist und Streit sorgte.

Es handelte sich um den Prediger Johannes Husius, der 1697 die Nachfolge des Friedrich Heyen antrat, eines gelernten Schneiders, der wohl ohne weitere theologische Ausbildung direkt vom Schneidertisch auf die Kanzel gestiegen und *„nicht einmal der hochdeutschen Sprache mächtig gewesen“* war, sein Amt aber wohl dennoch - oder vielleicht deshalb – fast 50 Jahre lang zur Zufriedenheit der Norderneyer ausgeführt hatte.

Der neue Prediger dagegen war von einem anderen Format. Er stammte aus einer Pastorenfamilie, verfügte über eine theologische Ausbildung sowie umfassende Berufserfahrungen – und war bekannt und beliebt am fürstlichen Hofe in Aurich. Obwohl er in Norderney eigentlich die „Frohe Botschaft“ verkünden sollte, schaffte er es in kürzester Zeit, sich mit den meisten Insulanern zu überwerfen, und stand schließlich in offener Gegnerschaft zum Norderneyer Vogt und auch zum Kirchenverwalter, die er beide wiederholt beim Fürsten in Aurich anschwärzte. Als Husius nach Norderney kam, war er kein junger Mann mehr, sondern wahrscheinlich schon über 50 Jahre alt. Als erfahrener pietistischer Prediger wusste er genau, was er wollte, nämlich die Norderneyer zu größerer Frömmigkeit bewegen.

Husius kam nicht allein, sondern mit Frau und Kindern. Seine Ehefrau Anna Catharina Brünings war mindestens 20 Jahre jünger als ihr Mann und schenkte ihm auf Norderney bis 1709 weitere sechs Kinder.

Der neue Prediger scheint auf Norderney zunächst gut aufgenommen worden zu sein. Dafür spricht, dass er für die Taufe seiner 1701 geborenen Zwillingstöchter Catharina und Helena die Frauen des Kirchenverwalters Bentet Remmers sowie des späteren Vogtes Simon Jacobs Rass als Patinnen gewinnen konnte. Für Husius' gute Beziehungen zum fürstlichen Hof spricht, dass auch die Frau des Regierungsrates und späteren Vizekanzlers Brenneysen eine Patenschaft übernahm.

Norderneyer Frömmigkeit

Mit seinen Vorstellungen von einer wahrhaft christlichen Lebensweise traf Husius auf der Insel jedoch zunehmend auf Unverständnis und Ablehnung. In bester lutherischer Manier waren die Insulaner der Meinung, *„Gottes Wort müsse man glauben, aber was der Prediger saget, dürffe man nicht glauben.“* Und weiter notierte Husius: *„Und wenn auch alle heiligen Apostel aufträten, sie würden mit ihrem Predigen bei den Norderneyern nichts ausrichten, denn sie sagen, man dürfe nur der Bibel selbst glauben.“*

Über das Verhalten der Norderneyer in der Kirche klagte er, sie sähen *„den Prediger an mit saurem, frechen, grimmigen gesichte, beißen die Zähne, sprüzen*[76] *mit dem munde, stoßen mit den füßen, stopfen die ohren zu, wenn sie im gewissen gerühret werden.“*

Auch mit den Bedingungen, unter denen Husius das Heilige Abendmahl austeilte, waren die Norderneyer durchaus nicht einverstanden. Das führte so weit, dass sich einige Insulaner 1703 in Aurich beschwerten, der Prediger verweigere ihnen das Abendmahl. Davon konnte natürlich so nicht die Rede sein und der empörte Prediger rächte sich mit einer bösen Klage im Kirchenprotokoll:

„Zu dieser Zeit war Vogt auf Norderney Simon Jacobs (Rass)*, ein gebohrener Eyländer, bey deßen Aufsicht es alles unordentlich zuging in der Gemeine, die ein recht wüstes, trunkenes Wesen führete, ohne Scheu und Reu, so gar, daß sie sich auch erkühneten, ihren eigenen Prediger Joh. Husium für den Fürsten selbst zu verklagen, haben aber sich selbst und ihre Ruchlosigkeit damit verrathen.“*

Als später der General-Superintendent anlässlich einer Kirchenvisitation im Juni 1712 die Norderneyer fragte, warum sie so selten zum Abendmahl gingen, erklärten sie, *„… daran sei nur der Pastor schuld. Derselbe befehle ihnen immer, sich vorher anzumelden, um mit ihnen Vermahnungen abzuhalten. Das wollten sie aber nicht.“* Anscheinend ist der Prediger mit seinen ständigen frommen Mahnungen und Warnungen seiner Gemeinde gründlich auf die Nerven gegangen. Andererseits war aber auch der Prediger bestürzt über die Verhältnisse in der Gemeinde. Er klagte, dass *„das Christentum dermaßen verwüstet, daß es fast jämmerlich , kläglich und zumal unverantwortlich allhie zustehet.“*

Kampf gegen den Verfall der guten Sitten …

Neben der mangelhaften Frömmigkeit der Norderneyer war es besonders der Verfall der guten Sitten, der den Prediger bekümmerte. So klagte er dem Amtmann in Berum:

„Das Christentum endlich angehend scheints leider! allhie als wäre Christus ganz ausgerottet, weil Keiner des gepredigten Worts mehr achtet … weshalben sich Keiner mehr in die Schranken des Christentums einbindet, sondern ein Jeder ungebunden, wie es seinem Herzen gelüstet, dahin lebt und wird alles mit Un- und Aberglaube, Frechheit und Sicherheit je länger, je mehr beflecket. Fast alle Laster, die vorhin durch Gottes Gnade in Abnehmen geraten, nehmen nicht nur die Oberhand, sondern sind auch leider! aufs höchste gestiegen.“ Die Sonn- und Feiertage würden entheiligt durch Kartenspiel, Völlerei und Schlägereien und sogar den Kindern gebe man jetzt schon Alkohol zu trinken. Und weiter, dass nach einem Trinkgelage der Gemeinde zwei junge Männer sogar *„auf offener Gasse das Weibesvolk“* unsittlich angefasst hätten.

Ein besonderer Dorn im Auge war dem Prediger die alljährlich im Sommer stattfindende Kirchenrechnung, zu der sich Jung und Alt einfand, besonders aber junge Männer und Mädchen, und zwar lediglich, um freien Branntwein zu trinken. Auf die Beschwerde des Predigers hin erfolgte prompt die Order aus Aurich, dass in Zukunft nur acht der ältesten und ehrbarsten Männer zur Kirchenrechnung zuzulassen wären und alle anderen aber, *„… so sich des Trunks halber öfters häufig einzufinden pflegen,“* wären ohne Weiteres abzuweisen. Auch diese Regelung dürfte sicher nicht zur Beliebtheit des Predigers beigetragen haben.

... und für Recht und Ordnung

Neben seinen seelsorgerischen Bemühungen fand Husius noch genügend Zeit, sich auch in weltliche Angelegenheiten einzumischen und dadurch in Konkurrenz und Gegnerschaft zu dem seit 1703 amtierenden Vogt Simon Jacobs Rass zu treten. Die damals sehr dichte Küstenschifffahrt führte dazu, dass immer wieder Segelschiffe strandeten und jeder Sturm eine Fülle von Schiffstrümmern und Schiffsfracht am Strand hinterließ. Das Verfahren bei der Bergung von Wracks und Strandgut sowie die Belohnung der daran beteiligten Männer waren vom Fürsten in Aurich genauestens geregelt. So hatte der Vogt die Aufgabe, alles geborgene Gut zu registrieren und bis zu einer weiteren Anordnung aus Aurich sicherzustellen. Es versteht sich von selbst, dass die Norderneyer jedoch versuchten, möglichst viel von dem geborgenen Gut heimlich beiseite zu schaffen, und häufig auch vom Vogt erwarteten, bei der Bergung ein Auge zuzudrücken. So war ein paar Jahre zuvor, 1698, der damalige Vogt Schleevogt sogar von zwei Norderneyern verprügelt worden, als er versuchte, sie vom „Strandjen" abzuhalten. Ein besonderes Problem bestand nun darin, dass der neue Vogt aus einer einflussreichen Norderneyer Familie stammte und mit der halben Insel versippt und verschwägert war. Dementsprechend kam es beim Bergen und Registrieren von Strandgut bald zu beträchtlichen Unregelmäßigkeiten.

Husius beklagte sich deshalb beim zuständigen Amt in Berum. Er konnte sich nicht damit abfinden, *„dass Eyländer-Leute vermeinen vom Strandraube zu leben und doch dabei gute Christen zu sein oder gar wol selig werden können."*

In einem Schreiben vom 21. Juli 1709 empfahl Husius dem Vizekanzler Brenneysen sogar die Entlassung des Vogtes, weil letzterer es zugelassen habe, dass die Norderneyer ein angespültes Fass mit bestem Wachs im beträchtlichen Wert von über tausend Gulden unterschlagen, verkauft und den Erlös untereinander aufgeteilt hätten. Obwohl der fromme Brenneysen fast immer den Wünschen seiner Prediger nachkam, blieb diese Eingabe ohne den erhofften Erfolg.

„Es ist keine Bosheit so schlimm wie Frauenbosheit"
(Jesus Sirach, 25:18)

Eine erbitterte Gegnerschaft zum Prediger hatten inzwischen zwei einflussreiche Insulanerinnen entwickelt, und zwar die Ehefrauen des Vogtes und des Kirchenvorstehers. Die Ehefrau des Vogtes, die noch 1701 die Patenschaft für die Husius-Tochter Helena übernommen hatte, wurde nicht müde, die Norderneyer gegen ihren Prediger aufzuhetzen und ihn zu diskreditieren. Husius berichtete dem Amt Berum, dass all sein Predigen vergeblich sei, *„... weil die Vogtsche meine Person bei Fremden alsobald hässlich genug anzugiessen weiss, die Einwohner aber längst mit Hass und Verdacht erfüllt hat."*

1705 schrieb Husius in sein Kirchenbuch: *„Der Vogt Simon Jacobs Rass hatte ein listiges Weib, achtete weder des Pastors noch des Vogts, des Vogts Weib führte das Regiment, namentlich in Strand- und der Gemeinde Sachen. Des Kirchenvorstehers Gerd Harms Weib führte das Kirchenregiment, daher gewirtschaftet in Unordnung und Laster, daher wurde die Obrigkeit angerufen."*

Aufgrund der wiederholten Beschwerden des Predigers wurde der Vogt mit seiner Frau am 9. Mai 1708 zum Rapport in die Hofkanzlei nach Aurich bestellt, wies dort jedoch alle Schuld von sich und durfte unbehelligt zurück nach Norderney fahren, wo der Konflikt zwischen Geistlichkeit und Weltlichkeit dann noch weitere vier Jahre andauern sollte.

Schwere Zeiten

Doch nicht nur die Norderneyer machten Husius das Leben schwer, auch unter den Auswirkungen von Krieg, Krankheit und Klima hatte er mit seiner Familie zu leiden.

Seit 1701 lag Frankreich im Krieg mit Deutschland. Dutzende von französischen Freibeutern lauerten vor der ostfriesischen Küste auf deutsche Fischkutter und Frachtsegler und drohten die Inseln zu überfallen. Fischfang und Versorgung der Inseln wurden schwer beeinträchtigt.

Daneben bedrohten Seuchen das Land. Die Pest näherte sich Ostfriesland und auf Norderney grassierte die Ruhr. 1708 überzog eine Pockenseuche die Insel und verschonte nur wenige Kinder. Auch Husius' 1699 geborene Tochter Christina Charlotte erkrankte. Zwar überlebte sie, verlor jedoch durch die Krankheit ihr Augenlicht.

Um die Jahrhundertwende erlebte Norderney besonders kalte und lange Winter. Die so genannte „Kleine Eiszeit" hatte 1650 bis 1715 einen Höhepunkt erreicht und Europa das kälteste Klima seit mehr als tausend Jahren beschert. Auf Norderney war Mitte März 1709 der Boden auf dem Kirchhof noch metertief gefroren, so dass es Husius kaum möglich war, die Verstorbenen zu bestatten.

Prediger als Lehrer

Seine Amtszeit auf Norderney bestand für Husius somit nicht nur aus einem ständigen Kampf um das Seelenheil der Insulaner, sondern auch aus einem fortwährenden Bemühen um die Verbesserung der eigenen Arbeits- und Lebensverhältnisse. Das Amt eines Predigers auf einer kleinen Insel war ganz miserabel dotiert und ermöglichte es kaum, die elementaren Bedürfnisse des Predigers und seiner Familie zu befriedigen. Husius bat deshalb 1704 den Fürsten in Aurich zu dekretieren, dass man den Prediger ausreichend mit Fisch versorge, dass man ihn bei Bedarf zum Festland übersetzen möge, dass man seine Briefe transportiere und dass die Norderneyer Kinder *„sowol des Sommers als des Winters zur Schule gehalten und den Eltern nicht gestattet werden möge, sich dem Schullehrer wegen wohlgemeinter und unvermeidlicher Schulzucht ihrer Kinder zu wiedersetzen.*" Letzteres war für Husius besonders wichtig, denn er war, wie damals üblich, Prediger und Lehrer in einer Person und bezog einen Großteil seiner Einkünfte aus dem Schulgeld der Norderneyer Kinder.

Der Fürst reagierte umgehend und befahl den Norderneyern unter Androhung einer beträchtlichen Strafe in Höhe von zehn Gulden, ihre Kinder regelmäßig zur Schule zu schicken und sich dem Lehrer in keinerlei Weise zu widersetzen.

Die Arbeit als Lehrer dürfte Husius nicht ganz leicht gefallen sein, denn bei einer Bevölkerungszahl von 270 Einwohnern im Jahr 1703 waren mehr als 50 Kinder im Alter von sechs bis zwölf Jahren zu betreuen. Für jedes Schulkind standen dem Lehrer 30 Stüber[78] pro Jahr zu, doch immer wieder hielten die Norderneyer ihre Kinder vom Unterricht fern und sparten so das Schulgeld.

Nach einer vorübergehenden Besserung des Schulbesuchs schrieb Husius 1708, *„dass er zufrieden wäre, wenn von den etwa 70 schulpflichtigen Kindern im Sommer nur gegen 40 kämen.*" Die Insulaner würden sich ständig dem Befehl des Fürsten widersetzen und ihre Kinder im Sommer *„lieber umlaufen, den Strand berauben, die Dünen verderben und allen Mutwillen verüben lassen, dannenhero allhier die Jugend so verderbet, dass kaum Jemand*" vor ihrem Mutwillen sicher sei. Fürst Georg Albrecht reagierte wiederum mit einer Strafandrohung, konnte die widerspenstigen Norderneyer Eltern jedoch damit keineswegs nachhaltig beeindrucken, denn noch 50 Jahre später erschien kaum die Hälfte der schulpflichtigen Kinder zum Unterricht.

Im Jahr 1702 umfasste allein der Haushalt des Predigers bereits sieben Personen, so dass das Pastorenhaus für einen geordneten Schulbetrieb langsam zu eng wurde. Es ist deshalb sicher auch

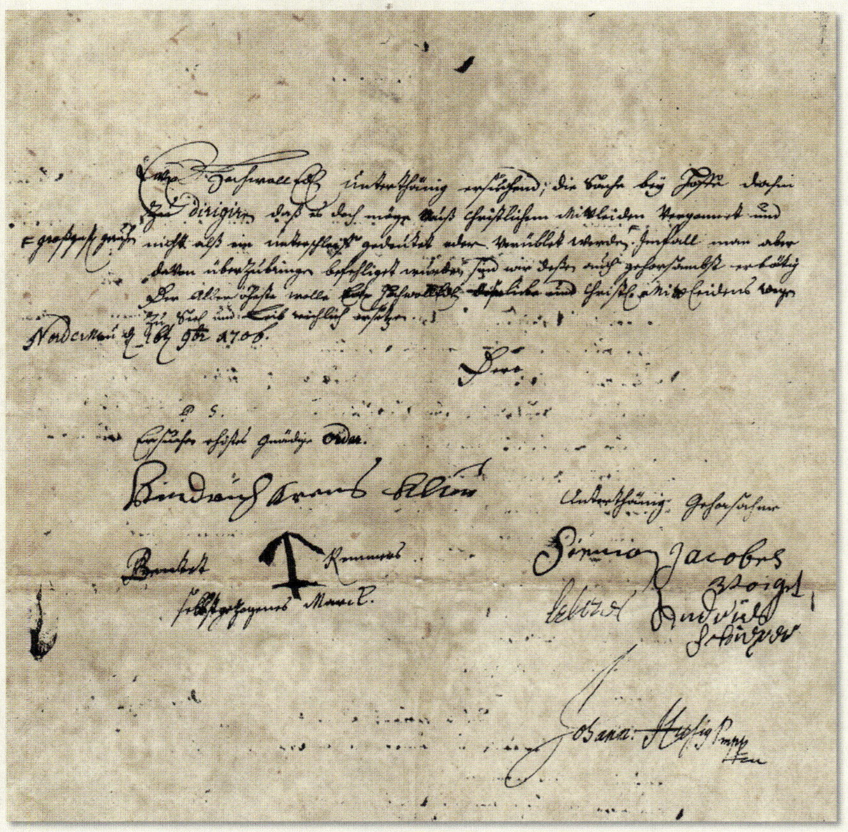
Simon Jacobs Voigt

1706

Im Herbst 1706 zeigte sich, dass die Norderneyer umfangreiches Strandgut geborgen und unterschlagen hatten. In einer Eingabe vom 9. September baten sie sodann, ihnen das Strandgut „auß christlichem Mittleiden" zu belassen. Die Eingabe wurde von den wichtigsten Norderneyern unterzeichnet: Hindrich Arens Kluin, dem Sohn eines vormaligen Vogts, Bentet Remmers, Kirchverwalter, der nicht lesen und schreiben konnte und deshalb mit seiner Hausmarke, einem Anker, unterzeichnete, Simon Jacobs (Rass) Inselvogt sowie dem Inselpastor Johann Husius.

auf die Bemühungen des Predigers zurückzuführen, dass nun ein eigenes Schulgebäude errichtet wurde. Husius notierte in seinem Kirchenbuch: *„Anno 1704 den 21. Mai hat weil. Herrn Magister Schröder Wittwe zu Wichte (Amts Berum), nachdem sie eine Warfstätte zu einer besonderen Schule hier verehret, zu selbiger den ersten Grundstein geleget."*

Das Ende

Noch acht Jahre konnte Husius in der neuen Schule Unterricht halten. Dann, im Juni 1712, war sein unermüdlicher Einsatz für das Seelenheil der Norderneyer und gegen den Verfall der guten Sitten zu Ende. Eine seiner letzten Eintragungen im Kirchenbuch wird getragen von Verbitterung und Resignation. Er schreibt über seine Gemeinde:

„1. Erstlich findet man bey ihnen eine Antipathi und angebohrene Feindseligkeit gegen den Prediger, wie freundlich sie sich ihm auch anfänglich erzeigen.
2. Darnach hat sich die gantze Gemeine verbunden wieder den Prediger und gestehen nicht, daß sich auch ein eintziger Mensch von der Gemeine zum Predigen halte, algleich im Christenthum sich unterweisen zulasse, sondern nennen denselben alsobald ein Schelm[79] und Verräther.
3. Sehen sie gar nicht gern, daß der Eyländer Voigt mit dem Prediger einig sey, sondern bemühen sich alsobald solche Freundschaft und Einigkeit zu zerstören. Ist dann der Voigt ein gebohrener Insulaner, so ist er von selbst und von Natur dem Prediger ungeneigt und woll ein offentlicher Verfolger desselben und alsdan fällets gahr schwer ein Eyländer Menschen zu bekehren, es wäre den, daß Gott der Herr ein Wunderwerk thäte."

Auch in seinem Tode haben sich die Norderneyer nicht mit ihm ausgesöhnt, wie aus der folgenden Eintragung hervorgeht.

„1712, 3. Trinitatis[80] *ungefähr 10 Uhr ist der selige Herr Pastor Husius, dieser Gemeinde allhier zu Norderney, selig im Herrn entschlafen.... Seine Grabstelle ist in der Kirche vorn am Eingang bei der Tür, soweilen die Eyländer ihn anderswo in der Kirche nicht haben wollen liegen lassen."*

Husius' Witwe Anna Catharina musste im Pfarrhaus bald dem Nachfolger ihres Mannes Platz machen und zog *„mit achte Lebendigen, theyls sehr gebrechlichen, theyls annoch unmündigen Kindern"* nach Hage, wo sie in großer Armut lebte. Ihre blinde und damit erwerbsunfähige Tochter Christina Charlotte war bald nach dem Tod des Vaters im Armenhaus in Esens untergebracht worden, wurde dort versorgt, starb jedoch schon 1723. Ihre Tochter Helene Sophie Husius ließ am 8. Juli 1730 in Hage die Geburt einer Tochter eintragen, ohne den Vater zu benennen. Die Pastorenwitwe selbst starb 1745 im hohen Alter von 78 Jahren. Danach verliert sich die Spur der Familie in Hage.

Es dürfte immerhin noch eine gewisse Genugtuung für die Witwe gewesen sein, dass Husius' Sohn Johannes im Todesjahr seines Vaters zum Vogt auf Norderney ernannt wurde, wo er in bester Familientradition die Auseinandersetzungen mit den Norderneyern zwanzig Jahre lang fortführte.

Rückblick

Johannes Husius war kein Ostfriese, sondern stammte aus einer lippischen Pastorenfamilie und hatte bereits lange vor seiner Norderneyer Zeit in den Niederlanden gelebt und gewirkt. In Groningen heiratete er am 24. Mai 1662 Teelke Verlage. Aus dieser Ehe sind von 1665 bis 1669 drei in Groningen geborene Söhne nachweisbar. In der Folge wird Husius im „Doop- en trouwboek Winschoten" als *„predikant van de Lutherse gemeente te Winschoten"* genannt, wo er von 1670 bis 1686 gewirkt haben dürfte. In dieser Zeit starb wohl auch seine erste Frau Teelke, denn mit Datum vom 30. Januar 1687 wird im selben Buch vermerkt, dass Husius in Ostfriesland eine Trintje Hindricks geheiratet hat. Von diesem Jahr an lebte und predigte er in Esens, wo er mit seinem pietistischen Eifer bald für große Unruhe sorgte, und zwar vor allem bei seinen konservativen Amtsbrüdern.

Die Pietisten jener Zeit forderten von ihrer Gemeinde eine intensive, gefühlsbetonte und öffentlich gelebte Frömmigkeit. Viele pietistische Prediger betrachteten ihre Mitmenschen – obgleich getauft - nur als Heiden, die es zu einem wahrhaft christlichen Leben zu bekehren und Christus näher zu bringen galt. Andererseits hat der Pietismus aus dieser Haltung heraus auch zur Gründung zahlreicher, noch heute existierender sozialer Einrichtungen und zur Schöpfung wertvoller protestantischer Kirchenlieder geführt.

Der Hof in Aurich stand um die Jahrhundertwende bereits deutlich unter dem Einfluss der Pietisten. So ließ Vizekanzler Brenneysen bei Tag und Nacht regelmäßig Betstunden ansetzen, und Fürst Georg Albrecht befahl, dass jeder Familienvater zwei Bibeln anschaffen müsse. Der ganz fromme Hofprediger Meine ging bei seinen Spaziergängen stets mit gesenktem Kopf durch Aurich, hielt sich beide Ohren zu und schirmte die Augen mit den Händen ab, um nur nichts von dieser bösen Welt hören oder sehen zu müssen.

Neben echter Frömmigkeit gediehen auch Heuchelei und Scheinheiligkeit prächtig in dieser Atmosphäre. Aber in Aurich regte sich zunehmend der Widerstand der konservativen lutherischen Pastoren. *„Pietisterey, das ist Scheinheiligkeit, vermessene Frömmigkeit"* polemisierte der Auricher Pastor Funk und weiter: *„Die Pietisten lassen den Kopf hängen, nicht weil er schwer ist vom Verstande, sondern von Einbildung."* Noch deutlicher war der Widerstand in Preußen, wo Friedrich der Große die Pietisten 1745 als *„geistliches Muckerpack"* und *„evangelische Jesuiter"* bezeichnete

Als 1702 in Aurich der erzpietistische Hofjunker Baron von Heidekamp bei einem Neujahrsempfang Pastor Funk ganz devot nichts anderes als nur *„Jesum im Herzen"* wünschte, entgegnete der nur, dass er ihm gleichfalls *„Jesum im Herzen"* wünschte, aber auch die Barber Dorothee raus *„aus der Kammer"*. Das war die Konkubine des Barons, der eigentlich so fromm war, dass er stets ein Neues Testament bei sich trug und als einziges Gesprächsthema nur die christliche Heilslehre kannte. Später ging er an den preußischen Hof, wo ihn all seine Frömmigkeit nicht davon abhielt, an einem Komplott gegen König Friedrich Wilhelm I. teilzunehmen. Die Verschwörung wurde aufgedeckt, von Heidekamp zum Tode verurteilt und am 19. April 1720 geköpft.

In diesem Spannungsfeld zwischen Frömmigkeit und Frömmelei, zwischen konservativer und pietistischer Theologie erschien nun Husius in Esens und Umgebung und sorgte für Aufsehen mit seinen Hauskreisen, in denen er zur Reue und Umkehr aufrief. Damit erregte er bald den Argwohm seines konservativen Amtsbruders Andreas Müller, der sodann begann, Erkundigungen über Husius einzuziehen und zu notieren. Aus diesen Unterlagen, die im Staatsarchiv Aurich aufbewahrt werden, ergibt sich erwartungsgemäß kein besonders positives Bild des pietistischen Predigers. Müller berichtet 1694 dem Fürsten Christian Eberhard, dass Husius seine Gemeinde in Winschoten in Stich gelassen habe, und weiß von einem *„übeln Verhalten, Lebens und Wandels, welches er dort an dem Ohrt auff eine nimmerverantwortliche Weise getrieben."* Weiter zitiert Müller den Langeooger Pastor Hilardus Immen, der Husius für *„einen schlechten und einfältigen Menschen"* halte, der allerdings mit ausdrucksvoller Mimik und rollenden Augen ganz wortgewaltig predigen könne. Und überhaupt sei die *„Pietistery"* nichts anderes als *„Qekerey*[81]*, Enthusiasterey und Phantasterey."* Wenngleich man bei einer nun folgenden Untersuchung Husius keinerlei Abweichung von der geltenden Lehre nachweisen konnte, dürfte die durch ihn verursachte Unruhe Grund genug dafür gewesen sein, dass man ihn 1695 nach Langeoog und von dort zwei Jahre später nach Norderney versetzte.

So endete das Leben und Wirken des Johannes Husius in einem kleinen Inseldorf, nachdem er zuvor viele Jahre hindurch beträchtlichen Einfluss auf das religiöse Leben in Ostfriesland und Groningen ausgeübt hatte und deshalb noch heute von holländischen Chronisten als *„één van de grondleggers van het lutherse pietisme in Oost-Friesland"* angesehen wird.

Sein Nachfolger Christian Bötker auf Langeoog hatte es übrigens noch schwerer als Husius auf Norderney. Bötker war ein aus Föhr stammender, aus der dänischen Armee desertierter Soldat, der als Prediger auf die Insel berufen wurde und sie nach sieben Wochen zunächst wieder verließ, weil sich kein einziger Insulaner in der Kirche hatte blicken lassen. Das war jedoch nicht weiter verwunderlich, denn Bötker hatte eine derart schlechte Meinung von seinen Insulanern, dass er ihnen das Abendmahl unter Verweis auf die Bibel, Matth. 7:6, verweigert hatte: „Ihr sollt das Heilige nicht den Hunden geben…"

Quellen und weiterführende Literatur

1. *C. G. REINS: Die Insel Nordernei, Hannover, 1853*
2. *B. E. SIEBS: Die Norderneyer, Norden, 1930*
3. *K. HERQUET/H. v. EICKEN: Geschichte der Insel Norderney in den Jahren 1398 – 1711, im Jahrbuch der Gesellschaft für bildende Kunst und vaterländische Eigentümer, Nr. 9, Emden, 1890*
4. *S. A. RYKENA: Beiträge zur Geschichte von Norderney, Norden, 1911*
5. *StA AURICH, Rep 4 B 2g, Nr.141, Rep 4 B o, Nr.42 und Rep 135, Nr. 66*
6. *Kirchenbuch ev.-luth. Gemeinde NORDERNEY, 1704*
7. *Ondertrouwboek GRONINGEN 1661-1668*
8. *Algemeen doopboek GRONINGEN 1658-1667*
9. *T. D. WIARDA: Ostfriesische Geschichte, Bd. 6, Aurich 1796*
10. *F. BUCHHOLZ (Hrsg): Neue Monatsschrift für Deutschland, Bd. 36, Berlin, 1831*
11. *J. D. R. VAN DIJK/W. R. FOORTHUIS: Vierhonderd Jaar Groninger Veenkolonien in biografische schetsen, Groningen, 1994*
12. *Inselkirche LANGEOOG – Chronik, www.inselkark.de (8.11.2010)*

Illustration: Norderneyer Kirche / Heim und Herd/ 13.11.2010

Korn aus dem Meer

... wegen gahr nebelichter tunkeler Luft

Im Winter 1706/07 herrschte so große Not auf Norderney, dass die Insulaner sich mit einem ungewöhnlichen Hilferuf an ihre Obrigkeit wandten.

Sie berichteten am 16. November 1706 dem für sie zuständigen Amtmann Kettler im Amt Berum, dass

„…am verwichenen SonnabendMorgen, alß der 13te 9te, ein Amelander Schiffer nahmens Claes Andreessen, mit seinem Schiff, von Dittmarsch, mit etwas Weitzen und wenig Gärste beladen kommend, wegen gahr nebelichter tunkeler Luft gegen die Wichterey[82] *in der See zwischen Baltrum und Nordernei auf ein sogenandtes Seeriff*[83] *– ach leider! – gerathen, von denen ungestühmen Seewellen die SchiffsLuken abgeworfen, das Schiff zerstoßen und sehr Löchricht gemacht, bis es endlich gahr gesunken…“*

Doch die Norderneyer hätten sich sofort bemüht, *„… bey fallendem Wasser (weil man sonst wegen des ungestühmen Seewallens weder hinzukommen noch dabey dauern konnte) etwas von dem nassen Weitzen zu bergen und das (…) mit netzen darauß geholete mit nacher Hause gebracht, darauff bemeldetes Schiff mit der nähesten FluthZeit gahr zerstoßen und sampt übrigen Weitzen und sämptlichen Gersten gäntzlich hinweg getrieben.“*

Von Rechts wegen musste das geborgene Getreide registriert, verwahrt und dem Fürsten in Aurich zur weiteren Entscheidung gemeldet werden, doch die Norderneyer suchten umgehend nach einer Möglichkeit, es selbst zu behalten:

„Wenn aber obbesagter geborgeter Weitzen gering, von Saltze Wasser gantz durchnässet, saltzig, bitter und ungeschmacket, so dan mit Sand, Schleim und anderen unsauberkeit vermenget, so dass man es weder Herrn noch Kauffleuten nützlich zu sein erachtet, alß haben wir sämptliche Berger, wegen dringender äußerster Armuth und Bedürftigkeit, alß die bis ins dritte Jahr bißher continuierte[84] *sehr schlechte Fischerey und da man sonst nichts zu erwerben weiß, dergestalt in Schulden und Mangel gerathen, dass woll einige unter uns nicht einen Scheffel*[85] *Brodkorn gegen den kalten Winter irgend woher zu nehmen wüsten, unseren Voigt dahin vermögen wollen, dass man uns solchen Verdorbenen Weitzen theilen und behalten lassen (…) auch hat sowoll auß dringender Noth alß in unterthänigster Zuversicht ein jeder seinen geringen antheil davon zu sich genommen, ob irgend wan es getrucknet noch konnte genossen werden.“*

Die Eingabe war unterzeichnet von mehreren angesehenen Einwohnern, so von
- dem Vogt Simon Jacobs Rass,
- seinem Stiefsohn Hindrich Arends Kluin,
- dem Pastor Johann Husius und
- dem Kirchverwalter Bentet Remmers, der nicht lesen und schreiben konnt und deshalb seine Hausmarke, einen Anker, unter den Text malte.

… auß gnaden geschenkt

Amtmann Kettler leitete die Eingabe umgehend befürwortend weiter an den *„Durchlauchtigsten Fürsten und Herren, Herrn Christian Eberhard, Fürsten zu Ostfrießland, Herrn zu Esens, Stedesdorf und Wittmund:*

…Und weil das vertrunkene Korn doch wohl wenig und Vor Kaufleüte gar nichts wehrt seyn wird, als Bitte unterthänigst, Ew. Hochfürstl. Durchl.geruhen den Insularis, die mehrentheils, weilen in langer Zeit gar keine fische zufangen gewesen, und sie also nicht zu ihrem Unterhalt gewinnen können, im schlechten stande und arm seyn, das daraus geborgene nasse Korn in hohen gnaden zu schenken…

Empfehle Ew. Hochfürstl. Durchl. dem getreuen Gott, dero hohen gnade aber mich unterthänigst, zeitlebens verharrend, Durchlauchtigster Fürst, Ew. Hochfürstl. Durchl. unterthänigster treu gehorsamster Knecht Johann Vollradt Kettler“

Ihre Hochfürstliche Durchlaucht hatte kein Interesse an dem verdorbenen, unverkäuflichen Weizen und beschied ihrem Knecht bereits am 21. November:

„... dass ihre Hochfürstliche Durchlaucht zwar vor dieses mahl, denen Bergern des weitzens und der gärste das geborgene und zu sich genommene auß gnaden geschenkt habe...dass aber ...in künftig die Insulari sich nicht unterstehen sollen, ohne vorhergehende Fürstl. Ordre[86] die gestrandeten und geborgenen güter unter sich zu theilen...“

Die Tatsache, dass die Eingabe der Norderneyer einträchtig von Vogt Simon Jacobs Rass und Pastor Johann Husius unterschrieben wurde, darf nicht darüber hinweg täuschen, dass zwischen beiden erhebliche Spannungen bestanden und der Pastor sich mehrfach über den Vogt beschwert hat. So auch in diesem Fall, denn bald darauf schrieb er seinem Amtmann Kettler, das gestrandete Schiff habe immerhin 18 Last Weizen[87] geladen, von denen die Insulaner sechs Schnicken[88] voll bergen konnten. Aber:

„...ohngeachtet (ich) den Vogt treulich erinnerte, gebirgten[89] Weizen ordentlich teilen zu lassen, liess er jedoch zu, dass ein Jeder mit seinem Schiff und Leuten Eingeholtes für sich und die Seinen behielte, dannenhero der Eine viel mehr denn eine ganze Last Weizen, der Andere hergegen wenig und kaum einen Scheffel bekommen...“

Es scheint also, dass die Insulaner mehrere Tonnen Getreide bergen konnten, was die damals nur rund 300 Einwohner Norderneys sicher gut über den Winter gebracht hat.

Aufgrund der Eingabe des Pastors musste sich der Vogt am 9. Mai 1707 zum Rapport in der Hofkanzlei in Aurich einfinden. Er bestritt, dass die Schnicken voll gewesen seien, und auf die Frage, ob manche Insulaner fast nichts von dem geborgenen Korn bekommen hätten, antwortete er ausweichend:

„Sie hätten alle etwas davon bekommen.“

Quellen und weiterführende Literatur:

1. *StA AURICH, Rep 4 B II h 503*
2. *Karl HERQUET/Heinrich VON EICKEN: Geschichte der Insel Norderney in den Jahren 1398-1711, in: Jahrbuch der Gesellschaft für bildende Kunst und vaterländische Eigentümer 9, Emden, (1890) H. 1*

Einer gegen alle auf Norderney

Der Sündenfall der Anna Barbara

„Pastors Kinder und Lehrers Vieh gedeihen selten oder nie…“ Diese alte Volksweisheit gilt wohl auch für Norderney, denn am 4. Mai 1714 wurde die Norderneyer Pastorentochter Anna Barbara Husius in Aurich festgenommen und eingesperrt. Der Vorwurf: Diebstahl, Hehlerei und Falschaussage.

Was war geschehen?

Anfang des Jahres war ein aus Amsterdam kommendes Frachtschiff auf der Insel gestrandet. Den Norderneyern gelang es, einen beträchtlichen Teil der Fracht zu bergen und ihrem Vogt ordnungsgemäß zur Verwahrung zu übergeben. Unter dem geborgenen Strandgut befanden sich diverse Körbe, Säcke und Kisten mit Kaffee, Tee, Gewürzen, Tuchen, Tabak, Garn, Messinggeräten und Porzellan sowie ein Kästchen mit theologischen und philosophischen Büchern. Der Vogt konnte allerdings nicht verhindern, dass anschließend nach und nach wertvolle Stücke des verwahrten Gutes aus seiner Obhut verschwanden. Als daraufhin der Auricher Regierungsrat Johann Peter Schleiff auf die Insel kam, fiel sein Verdacht bald auf die 20 Jahre alte Anna Barbara, Tochter des zwei Jahre zuvor verstorbenen Norderneyer Pastors Johannes Husius. Sie war auffällig geworden, weil sie bei Einkäufen in Norden erstaunlich viel Geld zur Verfügung hatte. Unter Verdacht geriet auch ihre 26 Jahre alte Freundin Sypke, Tochter des Kirchverwalters Bentet Remmers.

Daraufhin hatte die Hofkanzlei des Fürsten Georg Albrecht in Aurich am 10. April 1714 das folgende Dekret erlassen:

„Es werden Anna Barbara Husius und Bentet Remmers Tochter, ex officio, hiermit citieret und abgeladen, dass sie bey Straffe jede 10 Gulden, auf d. 3ten negstkünftigen Monahts May, anhero vor der fürstl. Hoffkantzeley in eigenen Persohnen zu früher Tages Zeit unfehlbar erscheinen und vernehmen sollen, was Ihnen alßdann Ambtshalber vorzuhalten seyn wird. Wonach sie sich bey Vermeidung obiger Straffe zu richten haben.“

Der Norderneyer Vogt Johann Husius hatte die Vorladung den beschuldigten Frauen zu überbringen. Wie sein Name vermuten lässt, war er mit der Anna Barbara verwandt: es war seine eigene Schwester, mit der er unter einem Dache wohnte.

Die beiden jungen Frauen waren pflichtgemäß am 3. Mai in der Hofkanzlei erschienen und wurden einzeln vernommen. Anna Barbara gab zu, verschiedenes Strandgut entwendet zu haben, so zwölf weiße Teller, mehrere Messer, etliche Baumwolltücher, Kaffee, Messingzeug und ansehnliche Mengen an teuren Gewürzen wie Pfeffer und Zimt. Fast alles habe ihre Freundin Sypke mitgenommen und in ihrem Elternhaus versteckt. Einige Messer und Tücher habe sie allerdings auch verschenkt. Den Vorwurf, Diebesgut in Norden verkauft zu haben, um sich von dem Erlös dann Stoff für eine Schnürbrust zu kaufen, wies sie jedoch entschieden zurück. Das Geld für ihre Einkäufe habe sie von ihrem Bruder bekommen. Das meiste Diebesgut habe ihre Freundin versteckt und wenn diese etwas davon verkauft hätte, so sei das ohne ihr Wissen geschehen.

Anna Barbaras Freundin Sypke stellte den Fall etwas anders da. Eines Tages habe Anna Barbara „*...sie aus dem Hauß gehohlet, Ihr etwas Geselschafft zu leisten...*" Dann seien sie zu einem Raum gegangen, in dem das geborgene Strandgut lagerte, und Anna Barbara habe daraus mehrere Tücher entnommen. Später hätten sie noch mehr von dem Strandgut geholt, aber sie habe „*alles das Zeug der Anna Barbara Husius wiedergegeben ... ümb wieder an seinen Orth zu Bringen, hatte aber dieselbe nicht gethan.*" Sypke gab immerhin zu, noch Teile von dem gestohlenen Geschirr zu besitzen, und Ihre Mutter habe auch noch 4 Pfund Pfeffer, aber ihr Vater wisse von alledem nichts. Und keinesfalls sei sie es gewesen, die die Anna Barbara zum Diebstahl angestiftet habe.

Daraufhin verfügte die Hofkanzlei am 4. Mai 1714:

„*Weil man vermuthet, dass die Anna Barbara Husius und Sypke Bentets die Warheit noch nicht gesaget, (...) so ist resolviret*[90] *worden, die selben vorerst eine Zeitlang alhier in arrest zu behalten, so lange biß Sie auff andere gedanken kommen und die warheit entdecken und gestehen würden. Hierauff ist dem burggraffen befohlen worden, die Anna Barbara Husius in die Kammer auf dem Walle, die Sypke aber in das Maltzhaus setzen zu lassen.*"

Am 7. Mai wurde Sypke Bentets Vater zur Sache vernommen – ergebnislos. Anna Barbara konnte sich nun auch noch an ein Päckchen Kaffee erinnern, das ihre Freundin Sypke in ihrem Elternhaus versteckt hätte.

Nach zehn Tagen Beugehaft wurden die jungen Frauen am 14. Mai wiederum zur Sache vernommen. Während Sypke keine weiteren Aussagen machte, gab Anna Barbara zu Protokoll, dass ihre Freundin auch verschiedenes Porzellan und Messinggeräte mitgenommen habe. Da bei der Aufklärung des Falles jedoch keine weiteren Fortschritte mehr erzielt werden konnten, wurden die beiden Frauen vorläufig freigelassen.

Die Hofkanzlei war allerdings mit dem Stand der Untersuchung nicht zufrieden, denn noch fehlte zahlreiches Diebesgut. So wurde am 31. Mai auch noch Sypkes Mutter vorgeladen, doch die wies alle Schuld von sich und ihrer Familie zurück und beschuldigte nun die Pastorentochter, Diebesgut in verschiedenen anderen Häusern versteckt zu haben.

Leider enthalten die betreffenden Akten des Staatsarchivs Aurich keine weiteren Einzelheiten zum Ausgang dieses Falles. Möglicherweise hat sich die Hofkanzlei mit dem Stand der Dinge abgefunden, denn es war damals wohl die Regel, dass bei geborgenem Strandgut auf den Inseln schnell ein gewisser Schwund eintrat, noch bevor der Fürst entscheiden konnte, wie damit zu verfahren war. Im Normalfall wurde das geborgene Gut zwischen dem Fürsten, den Insulanern und den Eigentümern aufgeteilt. Auch in diesem Fall liegt noch ein entsprechendes Dekret des Fürsten vor. Am 28. Mai entschied er auf den vom „*Fürstlich Ostfriesischen Hofjuden Aaron Abraham Beer, nahmens zweyer Juden in Hamburg und Altena*" gestellten

Antrag hin, dass *„zwey Drittel von dem geborgenen Schnupf Toback“* und zwei *„hebraische bücher“* herauszugeben seien.

Boshaftig und halsstarrig

Für Annas Barbaras Bruder, den Vogt Johann Husius, gestaltete sich die Situation derweil ziemlich schwierig. Nach dem Tode seines Vorgängers Jacob Siemens Rass im Sommer 1712 war er erst seit kurzer Zeit im Amte und sogleich auf den erbitterten Widerstand der Insulaner gestoßen.

Bereits ein Jahr nach seinem Amtsantritt, im Oktober 1713, berichtete der Norderneyer Pastor Stromann dem zuständigen Amtmann in Berum, dass sich dem Vogt auf der Insel *„alles widersetzte, und keiner parieren wolle (...) Ja, die Leute wären dem Vogt so feind, dass sie denselben wohl umbbringen sollten, wenn sie ihn allein in ihrer macht hätten.“*

Zu seinen größten Feinden gehörten demnach Bentet und Hancke Remmers, also Sypkes Vater und Onkel. Der Berumer Amtmann hatte wohl eher materielle Werte als das Wohl des Vogtes im Sinn, als er daraufhin der Hofkanzlei zu bedenken gab, *„dass daher leicht ein unglück entstehen könne, (...) wenn einst etwas von großem werth daselbst stranden solte, es alsdan gar zu wüste und unordentlich zugehen dürfte.“* Er empfahl, mit geeigneten Maßnahmen dafür zu sorgen, *„dass man keine größere unruhe und wiederspenstigkeiten“* mehr befürchten müsste. Wie sich bald herausstellte, hatte sich der Konflikt tatsächlich bei Bergungsarbeiten an einem gestrandeten Schiff entzündet, dessen Fracht aus einer größeren Ladung Hafer bestand.

Kurz darauf traf ein Hilferuf des Vogtes in Aurich ein. Husius klagte, zu seinem Brief zwinge ihn *„die hohe Noth, in dem bey der bärgung des bey uns letzt verunglückten Schiffes und inhabenden Habers*[91] *die Eyländer ihrer zwar schuldigen aber vergessenen pflicht sich noch nicht erinnern wollen; sondern mit ihren ungehorsam und boshaftiger wiedersetzung halsstarrig fortfahren.“* Die Insulaner seien auf seine Anordnung hin zu den Bergungsarbeiten zunächst gar nicht erschienen und hätten dann später nur sehr zögerlich gearbeitet, um somit mehr Zeit zum Diebstahl an der Ladung zu gewinnen. Sie hätten in der Folge sogar nachts Hafer aus dem gestrandeten Schiff entwendet. Da nun zu befürchten sei, dass die Insulaner den gestohlenen Hafer *„an die seyte bringen mögten“*, habe er sich entschlossen, *„eine Hauß visitation zu thun.“*

Der Vogt wartete sodann ab, bis die Männer hinausgefahren waren, und durchsuchte dann tatsächlich die Häuser. In 26 Häusern fand er nassen Hafer und bei Sicke Harmens außerdem acht Kaninchenfelle und ein Kaninchen im Topf – ein klarer Fall von Wilddieberei! Der Vogt stellte eine Liste der Missetäter zusammen und erstattete Bericht.

Die Reaktion der Norderneyer Männer auf die während ihrer Abwesenheit durchgeführte Hausdurchsuchung fiel verständlicherweise wenig freundlich aus. Sollte der Vogt es wagen, noch einmal eine Hausdurchsuchung durchzuführen, dann, so drohten sie ihm ganz unverhohlen, *„sollten ihn seine Beine nicht gesund nach Hause tragen.“* Und in Hinblick auf den unterschlagenen Hafer meinten sie geringschätzig, *„es wäre noch nie ein Eyländer umb dergleichen gehangen worden.“*

Maul halten

Auf Anweisung der Hofkanzlei reiste nun wieder der Regierungsrat Schleiff nach Norderney, um den Konflikt zu entschärfen. Schleiff notierte zunächst die Klagen des Vogts und dann die Angaben der Insulaner.

Der Vogt klagte,
- dass die Insulaner unerlaubt an den Strand liefen, um nach Strandgut zu suchen,
- dass sie bei Schiffsunfällen mit den Bergungsarbeiten begännen, ohne die Anweisungen des Vogtes abzuwarten,
- dass sie bei den Bergungsarbeiten nicht die Anweisungen des Vogtes befolgten, sondern ihm empfahlen, lieber *„das Maul zu halten“*,

- dass sie bei der letzten Bergung große Mengen Hafer im Wrack zurückgelassen hätten,
- dass sie sich nicht um die Trocknung des geborgenen Hafers gekümmert hätten,
- dass sie große Mengen Hafer in ihre eigenen Häuser transportiert hätten und grundsätzlich der Meinung seien, aus der See geborgenes Getreide sei ihr Eigentum,
- dass manche Insulaner gestrandete Schiffe plünderten, bevor sie die Strandung dem Vogt meldeten,
- dass manche Insulaner entgegen den fürstlichen Jagdbestimmungen Hunde hielten und wohl auch heimlich den Kaninchen nachstellten, wie die gefundenen acht Felle im Haus des Sicke Harmens bewiesen und
- dass manche Insulaner ihre Kühe losbänden und in den Dünen weiden ließen.

Mit dem letzten Punkt hatte Husius ein sensibles Thema angesprochen, denn seit einigen Jahren bemühten sich im fürstlichen Auftrag so genannte Dünenmeier, die Dünen auf Norderney durch Buschwerk und die Anpflanzung von Strandhafer zu befestigen. Die Beweidung der Dünen war deshalb streng untersagt.

Die Insulaner hatten den Anschuldigungen des Vogtes nicht viel entgegenzusetzen, doch als dieser ihnen dann auch noch vorwarf, sie schnitten den Strandhafer ab, um daraus Stricke zu drehen, hatten sie ein pfiffige Erklärung. Sie meinten, sie würden niemals Halme abschneiden, sondern für ihre Stricke nur diejenigen Halme verwenden, die die Kaninchen abgebissen und liegen gelassen hätten. Daraufhin empfahl der Vogt doch tatsächlich dem Regierungsrat, für die Norderneyer ein Verbot des Auflesens abgebissener Halme zu erwirken.

In seinem Abschlussbericht an den Fürsten in Aurich scheint der Regierungsrat ein gewisses Einsehen mit den Norderneyern gehabt zu haben, denn er schloss mit dem Satz: „*Welches nun Eure Hochfürstliche Durchlaucht (…) gnädigst anordnen wollen, solches überlasse ich dero hochvernünftigem guthfinden, nur dieses habe* (ich*) dabei unterthänigst anfügen wollen, dass die Insulari arme fischer seyn und kaum soviel alß sie zu Erhaltung ihrer und ihrer vielen Kinder bedürfen, verdienen können.*“

Tückische Menschen und liederliche Leute

Trotz all seiner Bemühungen haben die Schlichtungsversuche des Regierungsrates keine nachhaltige Wirkung gezeigt, denn noch nicht einmal ein halbes Jahr später traf der nächste Hilferuf des Vogts in Aurich ein: „*Welch ein grausamer Haß hiesige Eyländer gegen mir bey sich haben, dass sie nicht mit strandgütern ihres gefallens handlen mögen, wird aus folgenden begebungen geneigt zu vernehmen seyn…*“

Am 4. März 1714 war ein mit Weizen und Roggen beladener großer Rahsegler im Nordosten der Insel gestrandet. Der Vogt hatte versucht, die Bergungsarbeiten zu koordinieren, doch niemand hatte auf ihn gehört und alle hatten versucht, ihn von den Bergungsarbeiten fernzuhalten. Das Schiff wurde von der Brandung zertrümmert, das Getreide ging verloren. Wegen der Verwertung eines geborgenen Fasses mit Salzfleisch und des wertvollen Tauwerks des Wracks kam es zum Streit mit den Insulanern. Die Schiffer Bentet Remmers und Jan und Henrich Kluin verlangten im Namen der Gemeinde die Herausgabe des Tauwerks. Der Vogt berichtet über die drei Männer: „*… rißen mich (…) vor meiner Thür im Hause weg*“ und „*griffen mich an und stießen mich unter dem Volcke, sagend, man sollte mich angreifen.*“ Das sei kein Verbrechen, denn das Tauwerk stände den Insulanern rechtmäßig zu.

Weiter klagt der Vogt, man könne aus diesen Vorgängen „*abermahls klärlich sehen und erkennen, wie gefahrlich es sey, unter solchen rohen Hauffen, Tückischen Menschen und gar zu liederlichen Leuten zu wohnen,*“ die „*wens nicht bloßerdings nach ihren eyge-*

nen wollen geschieht, sich (...) aller rechtmäßigen Ordnung, schuldigen Furcht und billigem Gehorsam beydes gegen Gott und die hohe obrigkeit (...) wiedersetzen." Und in einem weiteren Brief an den Amtmann in Berum klagt er, *„dass mir viel Unrecht von hiesigen leuten angetan wird"* und verlangt, dass der Amtmann *„aus mitt-leidender Liebe"* zu dem bedrängten Vogt *„solche niedrig gesinten Köpfe nach gebühr und ihrer thaten wehrt"* bestrafe. - Leider ist nicht bekannt, ob oder wie die Regierung ihrem Vogt in dieser Not beigestanden hat, doch fest steht, dass dieser zunächst tapfer weiter durchhielt und die Interessen seines Fürsten vertrat.

Schwierige Zeiten

Es war eine schwierige Zeit, in der der Vogt Johann Husius lebte. Während der so genannten „Kleinen Eiszeit" waren die Winter in Europa besonders hart und lang, so dass die Getreideernten häufig nicht reichten, um die Bevölkerung ausreichend zu ernähren. Seuchenzüge von Pocken, Masern, Diphtherie und der „Roten Ruhr" erreichten auch Norderney und forderten viele Opfer, so auch in der Familie Husius, in der eine Schwester des Vogtes durch Pocken erblindete. Hinzu kam eine katastrophale politische Lage. Von 1701 bis 1714 befand sich das Deutsche Reich mit Frankreich in einem Krieg, unter dem Seehandel und Fischerei besonders zu leiden hatte, denn hunderte von französischen Freibeutern kreuzten vor der Küste, fuhren bis ins Watt, entführten Fischerboote und Handelsschiffe und scheuten sich nicht, auch die Inseln zu überfallen. Schwere Sturmfluten und Missernten machten in den folgenden Jahren den Ostfriesen schwer zu schaffen und 1726 führten Konflikte bei der Steuereintreibung sogar zu einem bewaffneten Aufstand im ganzen Land.

Vogt Husius war kein Ostfriese. Sein Vater, ein pietistischer Prediger aus der Grafschaft Lippe, war 1690 nach Norderney gekommen und hatte bis zu seinem Tode im Jahr 1712 versucht, die Norderneyer zu größerer Frömmigkeit zu bewegen, war aber schnell auf den ebenso entschiedenen wie anhaltenden Widerstand der Insulaner getroffen.

Am 31. Juli 1714 heiratete Johann Husius in Norden Christine Charlotte Urany. Es ist vielleicht bezeichnend, dass er kein Norderneyer Mädchen zur Frau nahm, sondern die Tochter eines Burggrafen aus Esens. Im August 1715 gebar sie ihm eine Tochter, Maria Charlotte, im Jahr 1717 einen Sohn, Johannes Zacharias, und 1722 einen weiteren Sohn, Georg Albrecht. Auch diese Namensgebung ist aufschlussreich, denn der Vogt wählte für seine Kinder keine der auf Norderney üblichen ostfriesischen Namen. Seine Tochter Maria Charlotte benannte er wahrscheinlich nach der gleichnamigen Schwester des Fürsten Georg Albrecht. Für seinen ersten Sohn, den er nach dessen Großvätern nannte, erkor er den Vizekanzler Brenneysen als Paten, und seinen zweiten Sohn benannte er sogar nach dem regierenden Fürsten Georg Albrecht, der dann auch die Patenschaft übernahm und damit die guten Beziehungen zu seinem Norderneyer Vogt unterstrich. Gleichzeitig wird damit jedoch auch die Distanz des Vogtes zu seinen Insulanern deutlich – Integration sieht anders aus!

Eisen über und unter Wasser

Die intensive Küstenschifffahrt führte in jener Zeit dazu, dass bei stürmischem Wetter regelmäßig Schiffe an den Ostfriesischen Inseln strandeten. Die Insulaner entdeckten außerdem auch häufig reichlich Strandgut, denn die hölzernen Trümmer verunglückter Segelschiffe gingen nicht unter, sondern trieben irgendwann an den Inseln an. Am 9. Dezember 1716 strandete auf Norderney morgens erst ein kleineres Schiff mit einer Holzladung, wohl aus Norwegen, und nachmittags schon das nächste: „De dry goode Friende", ein großer englischer Dreimaster, der mit Holz und über 7000 Eisenstangen an Bord aus Schweden kommend nach Bristol bestimmt war. Die Norderneyer eilten zu Hilfe und konnten 19 Männer der 22-köpfigen Besatzung retten.

Auch dieses Mal gingen die Bergungsarbeiten nur sehr schleppend voran und zogen sich bis ins nächste Frühjahr hin. Der Kapitän beschwerte sich in Aurich schriftlich über den mangelnden Arbeitseifer der Norderneyer, klagte, dass sie geborgenes Gut im Sand vergrüben, um es später mit nach Haus zu nehmen, dass sie wertvolles Tauwerk zerschnitten und mitgenommen hätten, dass sie den Anker nicht bergen wollten, weil sie genau wüssten, dass der ihnen nicht wegschwimmen würde. *„Ja, es steht viertens bei diesen Leuten das Principium fest, dass alles Dasjenige, was sie auf ihrem Rücken nach ihren Häusern tragen, ihnen eigentümlich zugehöre und solchergestalt stehet Frauen und Kinder mit auf dem Strande und nimmt jeder einen Puckel voll, soviel er tragen kann, mit nach seinem Hause.“*

Unter der Aufsicht des Vogtes und der Agenten des Schiffseigners bargen die Insulaner nach und nach insgesamt 4082 von den 7000 Eisenstangen. Als die in der Scheune des Vogts gelagerten Stangen im April nach Weisung des Fürsten aufgeteilt werden sollten, stellte sich heraus, dass rund 280 fehlten. Vogt Husius wusste sich diesen Schwund nicht anders zu erklären, als dass man sich im Laufe der langwierigen Bergung irgendwie verzählt hätte. Die Schiffseigner indessen wiesen – folgenlos – darauf hin, dass in Emden und Delfzijl Norderneyer Schiffer beim Verkauf von Eisenstangen gesehen worden seien. Als dann der Kirchenvorsteher Siebold Frerichs den Behörden hämisch empfahl, wegen der fehlenden Stangen den Vogt etwas eingehender zu befragen, denn der habe das abgelieferte Eisen ja schließlich in Verwahrung gehabt, wurde die Situation für Husius ziemlich ungemütlich.

Anderthalb Jahre lastete der Verdacht der Unterschlagung schwer auf dem Vogt, bis es ihm im Mai 1719 gelang, die üblen Machenschaften der Insulaner aufzudecken. Vier Fischer, die mit dem Transport der geborgenen und registrierten Stangen vom Wrack zum Haus des Vogtes beauftragt waren, hatten vor dem Nordstrand etliche Stangen kurzerhand ins flache Wasser geworfen und damit vor den Augen der Schiffseigner und des Vogtes so lange verborgen, bis sie das Eisen unbeobachtet ein zweites Mal bergen und beiseite schaffen konnten. Zu diesen vier Fischern zählten - wenig überraschend - Jan und Henrich Kluin sowie Bentet Remmers, die bereits bei der Strandung des Getreideschiffs im März 1713 aufgefallen waren, als sie den Vogt tätlich angriffen.

Omertà auf ostfriesisch

Die wahre Dimension dieses Zwischenfalls wurde jedoch erst deutlich, als die Ehefrau des abwesenden Fischers Rudolph Scholeman dem Vogt in Gegenwart des Pastors gestand, dass die Fischer nicht nur 280, sondern wahrscheinlich mehr als tausend Stangen unterschlagen hätten. Für die soziale Einstellung der Norderneyer spricht allerdings die Tatsache, dass diese Stangen nach einem bestimmten Schlüssel auf alle Haushalte aufgeteilt worden waren ... was ganz nebenbei auch eine kollektive Verschwiegenheit zur Folge hatte. Keiner sagte etwas, alle wussten Bescheid - nur der Vogt und der Pastor nicht. Letzterer bezeichnete am 1. Juni die Unterschlagung der Stangen durch die Insulaner als eine Tatsache, die *„so genau von ihnen secretiert*[92] *worden, dass niemand von uns etwas davon gewahr werden können...“*

Der Vogt berichtete dem Amt am 10. Juni: *„... weil alle Eyländer einander verwandt, auch alle theil davon genossen haben,* (es) *daher leicht zu ersehen oder zu schließen* (ist), *das hirvon niemand etwas aus freyem willen gestehen will, es ist aber nicht zu zweiffeln. Rudolph Scholemans Frau und Wadde Jacobs werden schon so viel gestehen...“* Damit waren zwei Zeugen benannt. Dem Vogt war es allerdings wichtig, dass diese beiden *„nicht mit den anderen zugleich zum Verhör angefordert würden, denn so die Bekenner denen an-*

deren Eyländern kund werden, schweben solche in allzu großer gefahr und würden aus furcht für jenen woll nicht soviel wie sonst gestehen, daher dann auch diese hernach um Schutz werden zu bitten haben." Das heutzutage aus Mafia-Kreisen bekannte Schweigekartell der „Omertà" funktionierte demnach auch vor 300 Jahren schon auf Norderney.

Norderneyer Kollektivschuld

Der Berumer Amtmann Kettler zitierte daraufhin eine Reihe von Norderneyern auf sein Amt, von denen immerhin drei tatsächlich in Berum erschienen.

Rudolph Scholemans Ehefrau Triene Jacobs bestätigte ihre Aussage und gab an, dass auch ihr Mann einige Eisenstangen erhalten habe – gegen seinen Willen, doch er habe sich nicht ausschließen können. Sie bat den Amtmann *„umb tausend Gottes Willen, ihren nahmen nicht zu melden, weil sie und ihr Mann ihres Lebens nicht mehr sicher wären, wen die Eyländer erfahren, daß sie es ausgebracht und bekannt hätten."*

Ihr Bruder Wadde Jacobs berief sich mit seinen 48 Jahren auf sein schon nachlassendes Gedächtnis, bestätigte aber, *er „müsse bekennen, dass es mit dem Eisen gantz unrichtig zugegangen"* sei und dass sämtliche Norderneyer *„eine gute qualität davon untergeschlagen"* hätten. Wie seine Schwester, so bat auch *er, „dass sein nahme mögte verschwiegen bleiben, weil er, wen es auskäme, daß er es bekannt und ausgesaget hätte, auf der Insel nicht sicher seyn könnte, sondern die anderen Eyländer, die ihn ohne hin vor einen verräther hielten, ihm so begegnen würden, daß er auf Norderney nicht länger bleiben dürfte...."*

Henrich Kluin *„hingegen wollte nichts gestehen und verwunderte sich sehr darüber, daß denen Eyländern nach so langer Zeit nun noch ein böses gerüchet gemacht würde, dabey fügend, dass der angeber sehr übel gethan hätte, und dass er zu wissen verlangete, wer derselbe wäre..."*

So stand Amtmann Kettler mit seinen Aufklärungsbemühungen vor einer Mauer des Schweigens und vermutete in seinem Abschlussbericht an die Hofkanzlei, weil *„sämtliche Eyländer an der That schuldig seyn, werden sie sich zweiffelsohne wohl so verbunden haben, daß keiner es wird sagen dürfen."* Mit dieser solidarischen Haltung scheinen die Norderneyer schließlich Erfolg gehabt zu haben, denn die betreffenden Papiere im Staatsarchiv Aurich schließen am 16. Juni 1719 mit dem Vermerk „ad acta".

Dreiste Insulaner

Noch während die Beschwerde des Vogtes gegen die Insulaner in Aurich bearbeitet wurde, traf dort eine Beschwerde der Insulaner gegen den Vogt ein, geschrieben im Namen *„der gantze gemeine"*. Da für die Norderneyer alle Post aus Aurich mit den Worten begann *„Wir von Gottes gnaden Georg Albrecht, Fürst zu Ostfriesland..."* adressierten sie ihren Brief folgerichtig auch an *„Wir von Gottes gnaden Georg Albrecht (...) unser gnadister fürst"*. In ungelenker Schrift und mit zahlreichen orthographischen Variationen beschwerten sie sich, dass der Vogt immer noch Gelder zurückhalte, die ihnen für Bergungsarbeiten in den Jahren 1713 und 1715 zuständen, dass manche Männer Bergegelder erhielten, viele andere aber nicht, dass der Vogt ungerechterweise einige Fischer von der vorgeschriebenen Fischereiabgabe befreit habe und dass der Vogt schließlich Bergegeld unter dem Vorwand einbehalten habe, das Geld sei für die Armenkasse in Berum bestimmt.

In einer schriftlichen Stellungnahme wies Husius alle Anschuldigungen zurück. Er habe zwar einen Teil des Bergegeldes zurückbehalten, aber nur, weil er auch noch unerfüllte Forderungen an die Gemeinde hätte. Dass er Geld an die Armenkasse abgeführt habe, das sei aufgrund fürstlicher Weisung geschehen, doch die Insulaner würden das nicht wahr haben wollen und meinten, solche Zahlungen habe ihnen nur der Vogt eingebrockt.

Amtsleiter Anton von Schacht startete nun einen weiteren Schlichtungsversuch, indem er den Vogt und drei Vertreter der Gemeinde nach Berum einlud. Trotz vorgelegter Rechnungen und Belege sowie deutlicher Belehrungen blieben die Insulaner *„gantz dreiste“* bei ihren Forderungen, wie von Schacht seinem Fürsten resignierend berichtete, *„legten auch alle Schuld auf ihren Vogt, welchen sie durchaus nicht leyden mögen, so daß wir nicht weiter verfahren könneten und unterthänigst dafür halten, dass der kürtzeste Weg, umb von der Sache abzukommen und die leute zu reihe zu bringen, seyn werde, wen sie einmal nach Aurich vor Eurer Hochfürstlichen Durchlaucht Hofcantzeley citiret werden, weil sie sich am meisten dafür fürchten und hernach nicht wieder so dreiste, noch sich dem Vogte so leicht opponieren werden.“*

Zeit der Katastrophen

Alle diese Probleme verblassten jedoch vor einer Katastrophe, die wenige Monate später über Norderney und ganz Ostfriesland hereinbrach. In der Heiligen Nacht 1717 durchbrach eine plötzlich aufkommende Sturmflut vielerorts auf breiter Front die Deiche. Das Wasser stand meterhoch in den Straßen von Norden und Emden und kurz vor den Toren Aurichs. Tausende von Menschen kamen in den Fluten um. Auf Juist ertranken 28 Menschen auf dem Heimweg von der Christkirche. Norderney dagegen kam relativ glimpflich davon, denn außer ersoffenem Vieh gab es dort keine Todesopfer. Die Sachschäden jedoch waren immens, ein Viertel aller Häuser nicht mehr bewohnbar.

Im folgenden Jahr brachen auf der Insel wieder die Pocken aus und in der Silvesternacht 1720 folgte bereits die nächste schwere Sturmflut:

„…ist daß waßer nur einen geraumen fuß niedriger alß vor 3en Jahren an diesem ohrte gewesen, 33 Häußer haben alhier waßer innen gehabt, wovon aber 17 sehr beschädigt, sodas einige darunter alle auß und inwendige mauern zerrissen (…) nur auf bloßen ständern stehend verblieben sind“ berichtet der Vogt nach Aurich und weiter: *„so haben auch hiesige Dühnen dies mahl gar ein Vieles verlohren, dass es wiederumb jämmerlich anzusehen ist, jedoch sind abermahl keine menschen noch auch kein Vieh verunglücket“.*

Im Januar 1729 wurde es dann so kalt, dass fast alle Norderneyer Schiffe in einem Eisfeld festfroren und mit ihm abtrieben. Zum Glück drückte das Eis die Schiffe an den Deich bei Nessmersiel, so dass alle unbeschädigt geborgen werden konnten.

Norderneyer Kühe auf Abwegen

Doch nicht nur mit den Folgen dieser großen Katastrophen musste sich der Vogt beschäftigen, es waren sicher auch die kleinen Katastrophen, die ihm den Alltag schwer machten. So berichtet Husius Anfang Mai 1719, dass er am 30. April zwei Kühe in den Dünen entdeckt habe, die dort verbotenerweise den Strandhafer abgefressen hätten. Als er sie vertreiben wollte, sei *„Hancke Remmers, ein frecher und obstinater*[93] *Mensch, als ein grimmiger bähr herzu gelauffen, mir solches zu verwehren (…) ja, mich endlich gar anfiel und mit bluthigen Schlägen belegte.“* Unter dem Frohlocken von Hancke Remmers’ Verwandtschaft sei ein allgemeiner Tumult entstanden und der Vogt habe anschließend seine Familienangehörigen nicht aus dem Haus schicken können aus Furcht *„sie mögten gesteinigt werden.“* Die Insulaner seien der Meinung, *„weil der Fürste sie nicht hören wollte, müsten sie sich selbst helfen.“* Da Husius die Einhaltung der fürstlichen Verordnungen, aber auch sich persönlich *„in höchster Gefahr“* sah, bat er den Fürsten *„unterthänigst, demüthig und flehentlich“*, hart durchzugreifen, um auf der Insel Recht und Ordnung wieder herzustellen.

Auf Anordnung aus Aurich verkündete daraufhin der Norderneyer Pastor von der Kanzel, *„dass sich niemand bey Vermeidung schwerer Leibes-Straffe unterstehen solle, den Vogt Husium und die seinigen, mit Worten oder mit Werken zu beleidigen.“*

Der Übeltäter Hancke Remmers wies am 8. Juni in Aurich alle Schuld von sich. Er habe mit einem Stock nach einer Kuh geworfen und nicht

Die Burg Berum war Amtssitz des für Norderney zuständigen Amtmanns.

den Vogt treffen wollen. Es sei ganz im Gegenteil der Vogt gewesen, der ihn dreimal mit einem Stock auf den Kopf geschlagen habe, worauf er *„sich gewehret und ihn wieder angegriffen, aber nicht blutig geschlagen hätte."* Seine Beteuerungen nützten ihm nichts. Er wurde, weil er *„sich dem Vogt widersetzet und denselben angegriffen hat"* in Aurich zu zehn Gulden *„Brüche*[94]*"* verurteilt, *„und soll Er so lange, bis er diese Brüche wird bezahlt haben, allhier in arrest verbleiben."*

So fand sich der Norderneyer Kirchverwalter Hancke Remmers in einem Auricher Gefängnis wieder, zusammen übrigens mit dem zweiten Norderneyer Kirchverwalter, Siebelt Frerichs, der gleichfalls wegen einer Anzeige des Vogtes einsaß. In ihrer Not schrieben die beiden einen ergreifenden Brief.

Duchlauchtigster Fürst, gnädigster Fürst und Herr, Nachdem wir (...) arme Unterthanen von dem Eylande Norderney schon einige Tage alhier gewisser Ursachen halber, worüber wir von unserem Voigt Joh. Husius angeklaget sind, in der Wache in arrest gesessen, und dero wegen in 10 Gulden Brüche jeder ist condemnieret[95] *worden, so wir sogleich bezahlen sollen, welches aber unmöglich geschehen kann, weil wir nichts bey uns haben, und fast alhier umkommen müssen.*

Wann nun wegen erlaßung der Brüche keine gnade zu hoffen (ist), so bitten wir unterthänigst und umb Gottes Willen uns nur unseres arrestes auß gnaden wieder zu erlassen und eine gewisse Zeit zur Bezahlung obgedachter Brüche anzusetzen, alß dann wollen wir das wenige, was wir noch haben, verkauffen und dieselben bezahlen, denn wir nichts haben als eine Kuh und ein wenig Fischergeräthschaft, womit wir uns ernähren müssen. Wen das weg ist, müssen wir unser bisgen Brod bey den Thüren suchen[96]*, welches wir alsdan unsern Voigt zu danken haben, der uns in dies Unglück wieder beßer Wißen und Gewissen gestürzet hat, worüber wir mit unsere Kinder ach und weh schreyben wollen, denen er das bißgen Brod durch diese Gelegenheit gäntzlich entziehet, der Hoffnung leben, dass Gott der allerhöchste solches nicht unbelohnet laßen, sondern ihm schon zu seiner Zeit seinen Lohn wieder geben wird, auf solche weise wir uns als sclaven tractieren*[97] *laßen müßen.*

Wir bitten aber Eure Hochfürstliche Durchlaucht nochmahls unterthänigst und umb Gottes Willen, weil wir nichts zu leben haben, auch unsere Kinder zu Hause Noth leiden, weil wir nichts verdienen und itzo die beste Zeit ist zu fischen, wovon wir leben müssen, uns doch unsers arrests aus Gnaden wieder zu erlaßen und eine gewiße Zeit zu setzen, alß dan wir die Brüche bezahlen wollen..." Die beiden Sünder unterzeichneten den Brief als „Eurer Hochfürstlichen Durchlaucht unterthänigst gehorsamste Unterthanen" Hancke Remmers und Siebelt Frerichs.

Die Hochfürstliche Durchlaucht war gerührt und ließ am 12. Juni 1719 Gnade vor Recht walten. Die beiden Fischer wurden entlassen und ihre Geldstrafe ermäßigt.

Norderneyer Familien

Wenige Jahre später, im Juli 1725 machten ein Sohn und ein Neffe der beiden Kirchverwalter von sich reden, als sie auf der Nachbarinsel Juist landeten und dort randalierten. Wie der Juister Vogt dem Amt in Berum klagte, hätten die Norderneyer die Juister Kühe am Schwanz gezogen, Schafe ins Watt gejagt, Pferde mit Steinen beworfen, Kinder geschlagen und heran eilende Juister mit Knüppeln bedroht. Es waren bezeichnenderweise immer wieder dieselben Norderneyer, die sich über Recht und Ordnung hinwegsetzten, nämlich die Familien der beiden Kirchverwalter sowie die Nachkommen des Vogtes Arend Kluin, dessen Witwe Afke nach dem Tode ihres Mannes den späteren Vogt Simon Jacobs Rass geheiratet hatte. Afke dürfte eine „starke Frau" gewesen sein, denn dem Norderneyer Kirchenbuch zu Folge war sie *„listig"* und hörte weder auf ihren Mann noch auf den Pastor. Alle drei Familien waren mehrfach untereinander versippt und verschwägert und bestimmten weitgehend das Geschehen auf der Insel.

1722 entdeckten die Norderneyer ein in der See treibendes Wrack. Bei der Bergung machten sie eine furchtbare Entdeckung. Sie fanden im Laderaum 44 ertrunkene Männer. Es waren wohl Landarbeiter, die ihren Tod im Wasser gefunden hatten und nun auf der Insel beerdigt wurden. Der Tod verschonte auch die Familie Husius nicht, denn bald nach der Geburt ihres dritten Kindes starb die Ehefrau des Vogtes. Johann Husius sah sich nach einer neuen Frau um und wieder war es keine Norderneyerin, die er auserkor, sondern eine Pastorentochter aus Jever, Rixte Maria Lingius, die er 1725 in Westerholt heiratete und die ihm 1726 einen weiteren Sohn gebar.

Bürgerkrieg in Ostfriesland

Das Verhältnis zwischen Vogt und Gemeinde scheint sich in der Folge grundlegend gebessert zu haben, denn im Staatsarchiv liegen für die folgenden Jahre nur noch wenige Beschwerden vor.

Gewisse Zweifel an der rechtmäßigen Amtsführung des Vogts werden nun aber aus einer Eintragung im Kirchenbuch erkennbar. Am Sonnabend, dem 16. August 1727, so heißt es dort, *„ist ein Mann am Strande gefunden worden und begraben, bey welchem Geld und Gold gefunden worden, wie viel weiß Gott und der Vogt.“* Am folgenden Sonntag habe der *„Vogt den Eyländern soviel zu trinken gegeben, als dieselben verlanget und haben die Weiber auch gefreßen und gesoffen an diesem Heiltage, da fast weder Mann noch Weib sind in die öffentliche Predigt gegangen. (...) Ohweh demselben, welcher hat das Geld!“* heißt es dort ahnungsvoll. Der Vogt allein hatte auf der Insel die Genehmigung zum Ausschank von Alkohol und damit eine wichtige Schlüsselfunktion, die er wohl auch ausnutzte, um seine eigene Stellung zu stärken.

Auch auf dem Festland ging es derweil drunter und drüber, denn Streitigkeiten bei der Steuererhebung hatten zum Aufstand der Ostfriesen gegen ihren Fürsten Georg Albrecht geführt. Die

Stadt Norden wie auch das Amt Berum mitsamt der Insel Norderney waren im Sommer 1726 in die Hände der Aufständischen gefallen.

Im Frühjahr 1727 holte der Fürst jedoch zum Gegenschlag aus und ließ Norden angreifen. Dabei wurden die fürstlichen Truppen von einem kleinen, aber sehr schlagkräftiges Freikorps unter der Führung eines berüchtigten Matrosen und Freibeuters namens Jan Tromp unterstützt, der sodann die Nachricht von der Rückeroberung der Stadt triumphierend dem Fürsten überbrachte. Als fünf Jahre später ein gewisser Jan Tromp zum Vogt auf Norderney ernannt wurde, dürfte es sich dabei durchaus nicht um eine zufällige Namensgleichheit gehandelt haben...

Amtmann Johann Vollradt Kettler, Stammvater von drei Generationen Amtmännern im Amt Berum.

Der Inselvogt – ein Schurke und Hundsfott?

Doch vorerst war Johann Husius noch Vogt auf der Insel und musste sich mit weiteren Anfeindungen herumschlagen. So war Anfang 1728 der Regierung zugetragen worden, dass der Vogt nicht regelmäßig zur Kirche gehe. Das brachte den Vogt in eine äußerst bedrohliche Situation, denn der erzpietistische Hof in Aurich war extrem fromm und hielt täglich mehrere Betstunden ab. Für jeden Beamten war deshalb eine öffentlich gelebte Frömmigkeit unabdingbar.

Als Husius *„nicht ohne Bestürzung und über alles Vermuthen"* von diesen Anschuldigungen erfuhr, wies er am 26. Mai in einem Brief an den Kanzler Brenneisen alle Schuld von sich. Bei dem Urheber der Anschuldigungen müsse es sich um ein ihm *„ungeneigtes gemüthe"* handeln, einen Menschen, der bemüht sei, ihn bei seiner *„sonst gnädigsten Herrschaft, Ew. Wollgeborenen Egcellentz und hochgünstisgtem Patronem mit dieser unwarheit (...) Schwartz anzufärben und in ungnade zu stürtzen."* Zum Beweis seiner Frömmigkeit legte er seinem Brief eine Bescheinigung des neuen Inselpastors Strobach bei, aus der hervorging, dass Husius mit seiner *„Eheliebsten"* zu Michaelis am Abendmahl teilgenommen hatte.

Immerhin musste Husius jedoch zugeben, dass er an neun aufeinander folgenden Sonntagen *„da mich schon zur Kirche gehen praeparieret, dennoch jedes mahl Amtshalber davon zurückgehalten worden bin."*

Doch nicht nur aus den Reihen seiner Insulaner musste der Vogt mit Neid und Missgunst rechnen, auch der für Norderney zuständige Amtmann Dr. Johann Hess in Berum versuchte, Husius zu diskreditieren, so am 17. April, als vier Norderneyer Abgesandte in Berum erschienen waren, um Bergegeld für ein auf Baltrum gestrandetes Hamburger Schiff einzufordern. Hess erinnerte die vier Männer daran, dass der Vogt schon etliche Norderneyer in Berum verklagt hatte, und meinte, die Männer hätten nun die Gelegenheit, sich auch ihrerseits einmal gründlich über ihren Vogt zu beklagen und dessen Verfehlungen anzuzeigen. Wohl um ihnen Mut zu machen, bezeichnete der Amtmann den Norderneyer Vogt als *„Hundsfott, Schurcke, Schwein und Schubjack*[98]*."*

Es spricht nunmehr für einen gewissen Rückhalt des Vogts unter seinen Insulanern, dass die vier Männer ihm diese Provokation nicht nur berichteten, sondern auch schriftlich bestätigten und bereit waren, *„selbiges zu Aydlicher Erklährung künftig hin wohl"* zu bekräftigen.

Tot im Bett

Die Vorgänge des Bürgerkrieges dürften die Norderneyer nicht allzu sehr beschäftigt haben. Sie hatten genug eigene Probleme, nicht nur mit ihrem Vogt, sondern auch mit ihrem neuen Prediger Johann Strobach, der seit 1721 auf Norderney wirkte, mit seinen Vorstellungen und Erwartungen aber schnell auf Unverständnis und Widerstand bei den Insulanern getroffen war. Die daraus resultierenden ständigen Konflikte endeten erst 1731, als man ihn unter mysteriösen Umständen tot in seinem Bett vorfand. Vogt Husius, zwei Ärzte und Amtmann Hess aus Berum bemühten sich die Todesumstände aufzuklären, doch sollte die Untersuchung im Norderneyer Sande verlaufen – ergebnis- und folgenlos (siehe „Die Akte Strobach S. 123 f.f.")

Renitente Norderneyer

Der Tod des Pastors Johann Strobach läutete auch für den Vogt Johann Husius das Ende seiner Amtszeit ein.

In den letzten Jahren hatten die Klagen der Insulaner über ihren Vogt deutlich abgenommen, so dass man davon ausgehen darf, dass Vogt und Insulaner sich miteinander arrangiert hatten. Dafür spricht auch die vehemente Verteidigung ihres Vogtes durch die Insulaner im April 1728, als der Berumer Amtmann Hess versuchte, sie gegen ihren Vogt aufzuwiegeln. Es ist allerdings anzunehmen, dass es die Insulaner waren, die ihren Vogt zum Gleichschritt gebracht hatten, und nicht der Vogt die Insulaner. Für diese neue Eintracht spricht auch ein Hinweis des Amtmanns, der am 11. März 1731 seinem Fürsten schreiben wird: „Bentet Remmers, ein alter versoffener Kerrel, wie auch der Siebold Frerichs (...) machen auf der Insul viele Unordnungen, sind mit dem Voigten in allen Stücken einig..." Immerhin war der Vogt zu Beginn seiner Amtszeit noch von Bentet Remmers verprügelt worden, und Siebold Frerichs hatte aufgrund einer Anzeige des Vogtes im Gefängnis gesessen.

Vögte auf den Inseln hatten es zu jener Zeit besonders schwer, denn wenn sie nicht im Sinne ihres fürstlichen Auftraggebers handelten, wurde sie gefeuert, wie zum Beispiel Husius' Vorgänger Simon J. Rass 1692, handelten sie jedoch pflichtgemäß, dann machten die Insulaner ihnen das Leben zur Hölle, indem sie die Autorität des Vogtes ständig in Frage stellten und ihn sozial isolierten. Sie interpretierten die „Friesische Freiheit", der zufolge ein Friese nur unmittelbar dem Kaiser selbst unterstellt ist und keinerlei subalternen Instanz, so, dass auch sie nur ihrem Fürsten in Aurich selbst zu gehorchen hatten und nicht irgendwelchen Behörden oder Ämtern. Zu dieser Auffassung scheint schließlich auch Vogt Husius gelangt zu sein, denn der Zwischenfall im April 1728 zeigt, dass sein vorgesetzter Amtmann Hess mittlerweile äußerst schlecht auf ihn zu sprechen war.

Bei seinen Untersuchungen auf Norderney bis hin zur Beerdigung des Pastors am 12. Februar, ärgerte Hess sich ständig über den teils hinhaltenden, teils entschiedenen Widerstand der Insulaner und sah sich in seiner Amtsautorität herausgefordert. Als Verursacher dieses respektlosen Verhaltens sah er den Vogt an, obwohl dieser seine Insulaner mehrfach öffentlich ermahnt hatte, sich amtlichen Anordnungen zu fügen. Selbst die kleinsten Unregelmäßigkeiten registrierte der Amtmann aufmerksam und beobachtete so, dass die Insulaner sich scheuten, den Sarg des Pastors zu berühren, und Vogt Husius zur Beerdigung nicht in Trauerkleidung erschienen war.

Zurück in Berum machte Amtmann Hess sich ans Werk und trug alle tatsächlichen und vermuteten Verfehlungen des Vogtes zusammen. Am 11. März übersandte er dem Fürsten in Aurich eine detaillierte, mit zahlreichen Anlagen und Belegen versehene Beschwerde, deren Beschuldigungen von der Unterschlagung von Strandgut bis zum missgünstigen Verhalten der Ehefrau des Vogtes reichten.

Ende einer Karriere

Der Fürst reagierte im Sinne des Amtmanns und leitete ein Strafverfahren gegen den Vogt ein.

Bereits am 4. Juni legte daraufhin der Advocatus fisci[99] Coldewey in Aurich eine 12-seitige, äußerst scharf formulierte Anklageschrift vor, mit der er zu beweisen suchte, *„daß der Inquisitus[100] Johann Husius, Vogt auf der Insul Norderney, ein verwegener, gottloser und eigennütziger, auch zur Empörung (...) alle Gelegenheit gebender Mensch seye."*

Coldewey beschuldigt zunächst den Vogt, *„daß er es gegen die Hochfürstlichen Befehle empörischerweise* *mit denen Einländern gehalten. Die frechen Insulaner haben, durch Inquisitum verhetztet, weder den Cörper des Pastoris entkleiden noch den zu seiner beerdigung (...) hingebrachten Sarg vom Wagen helffen wollen, ja gar dem Hochfürstl. Amtmann als ihren Vorgesetzten ins Gesicht Declarieren dürfen, daß sie nicht gedächten, seinem Befehl (...) zu parieren.*" Weiter wirft Coldewey den Insulanern „*ihre barbarische Intention* (vor), *an dem verstorbenen Prediger auch nach seinem Tode Rache auszuüben.*" Auch die Missachtung der Kleiderordnung bei der Beerdigung fällt für Coldewey schwer ins Gewicht. Der Vogt habe „*aus trotzigem Eigensinn, und zur vermeintlichen Beschimpfung der Leichen-Procession dabey in einem blauen Überrocke erscheinen wollen, wovon er sich, nach ernstlicher, von dem Amtmann geschehener Verweisung (...) und hohler Entschuldigung, als wenn sein schwartzer Rock ihm zu enge wäre*" nur schwer habe abbringen lassen. Auch den Hinweis des Vogtes, sein schwarzer Rock sei schon 17 Jahre alt, ließ der Ankläger nicht gelten.

Sodann prangert Coldewey das Verhalten des Vogtes gegenüber dem Pastor an. Husius sei selten zur Kirche gegangen und wäre den Insulanern damit ein schlechtes Vorbild gewesen. Für den Kirchenbau bestimmte Mittel habe er anderweitig verwendet. Dem Pastor habe er nie zur Seite gestanden, sondern es sei seine „*verdammte Intention gewesen, dem Pastor die Lebensgrundlage zu entziehen und ihn so zu zwingen, mit ihm in ein Horn zu blasen.*" So habe er verhindert, dass die Frau des Pastors Fleisch von einem Schlachter aus Hage kaufte. Er habe „*sich gar erkühnet, sein Mördlich-feindseliges Gemüth gegen des gewesenen Pastor recht an den Tag zu legen*", als er zwei Fischern untersagte, dem Pastor ein Schwein vom Festland mitzubringen. Er habe den Pastor „*so lange gequälet*", bis er auf einen Teil der ihm bestimmungsgemäß zustehenden Fische verzichtete. Er habe sich geweigert, dem Pastor Bier zu verkaufen, obwohl er genug im Hause hatte, und - wohl schlimmer noch -, habe „*er gar die Frechheit gehabt, Anno 1728, da der jetzige Drost und Major von Capelle mit dem Amtmann Behrumer Amtes, auf der Insul gewesen, nach einer groben und importunen*[101] *Aufführung, diesen fürstlichen obere Bedienten Essig-Saures Bier zu trinken gegeben,*" obwohl er morgens drei Tonnen frisches Bier aus Norden bezogen hatte, „*woraus der Abgrund der Bosheit und das empörische, rebellische Gemüth des Inquisiti sich handgreiflich blos giebet.*" Der erwähnte Amtmann hieß 1728 schon Johannes Hess, der es Husius nicht verziehen hatte, ihm damals saures Bier vorgesetzt zu haben.

Weiter kritisiert Coldewey auch die Amtsführung des Vogtes in Strandungssachen. Er habe den Pastor nie zu Bergungsarbeiten herbeigerufen und das geborgene Gut nicht ordnungsgemäß registriert und dem Fürsten angezeigt. So habe er das im August 1727 bei einer Wasserleiche gefundene Gold nicht ordnungsgemäß gemeldet, sondern es für ein Fress- und Saufgelage der Insulaner in seinem Hause verwendet. Schließlich beklagt Coldewey auch noch, dass der Vogt von dem geborgenen Gut genau so viel beanspruche wie Amtmann Hess – obwohl ihm nur halb so viel zustehe.

Abschließend und zusammenfassend beschuldigt Coldewey den Vogt einer „*zu einem hohen Grad gediehenen Bosheit und Rechtlosigkeit, maßen seine vorsetzliche Bosheit und Widerspenstigkeit aus obiger Ausführlicher Anweisung aufs allerdeutlichste und recht handgreiflich erhellet.*"

Der folgende Prozess endete für Husius katastrophal. Am 31. März 1732 erklärte Fürst Georg Albrecht „*vor recht, daß erwehnter Johann Husius, weilen Er größten Theils nicht in Abrede seyn können, auch zum Theil hinlänglich überzeuget worden, Gestalt Er vielfältig wieder Unsere Verordnungen und seine Amtspflicht gehandelt, auch zu Unserem Nachtheil eine Ihm als Vogt unanständige Conduite*[102] *geführet, seines Amtes zu entsetzen (...) und ihm zur Räumung der Insul den St. Michaelis Tag dieses Jahres pro Termino bestimme.*"

Außerdem habe Husius die Kosten des Verfahrens zu tragen.

Zahlungsmoral der besonderen Art

Johann Husius dürfte somit im Sommer 1732 die Insel verlassen haben, doch war er damit noch nicht allen Ärger los. In seiner Eigenschaft als Schankwirt hatte er den Norderneyern umfangreichen Kredit eingeräumt, so dass bei seiner Amtsenthebung noch etliche Fass Bier zu bezahlen waren. Einige Norderneyer meinten nun aber, dass durch die Amtsenthebung auch ihre Schulden weggefallen wären, und weigerten sich hartnäckig, die noch ausstehende Rechnung über 205 Gulden und 16 Stüber zu bezahlen. So sah sich Johann Husius noch vier Jahre später, 1736, gezwungen, den Fürsten in dieser Angelegenheit um Hilfe zu bitten. Er klagte, dass einige Insulaner *„zu einer unbilligen opposition sich aufbringen lassen,… mich abzuweisen suchen.“* In seiner Eingabe bezeichnet er sich *„als einen Fremden, welcher weitläuffige und kostbare Prozesse zu führen nicht im Stande“* sei, der sich auf Norderney nur des Gastrechtes *„zu erfreuen“* gehabt habe. Diese Worte sind sicher bezeichnend für das Selbstverständnis und die gesellschaftliche Position des Vogtes auf „seiner“ Insel, die nie so recht zu der „seinen“ wurde, für eine letztlich gescheiterte Karriere im Spannungsfeld zwischen Fürst und Inulanern.

Der Fürst hat die Angelegenheit an das Amtsgericht nach Berum verwiesen, wo – so ist zu hoffen – dem Johann Husius Gerechtigkeit widerfahren ist, wenngleich dort Amtmann Hess amtierte.

Mit diesem Vorgang verschwindet der Name Husius aus den Akten des Staatsarchivs Aurich und auch aus dem Kirchenbuch Norderney. 35 lange Jahre hatten Vater Husius als Pastor und Sohn Husius als Vogt die Geschehnisse auf der Insel geprägt und doch ist es der Familie Husius nicht gelungen, auf Norderney dauerhaft Fuß zu fassen - ganz im Gegensatz zu den Vögten Johann Rasske (1607 – 52) und Arend Kluin (1681 – 86), deren Nachkommen noch heute in beträchtlicher Zahl die Insel bevölkern.

Quellen und weiterführende Literatur:
1. *StA AURICH, Rep. 4 B IV c Nr. 10, Rep. 4 B 2 g Nr. 14g, 143, 145, 147, 149, 155, 156, 165 und 167, Rep. 4 B 2 h Nr. 623 und 759, Rep. 138 I Nr. 1730*
2. *Ev.-luth. Gemeinde NORDERNEY, Kirchenbuch 1690 bis 1732*
3. *C. G. REINS: „Die Insel Norderneì“, Hannover, 1853, S. 12 – 27*
4. *B. E. SIEBS „Die Norderneyer“, Norden, 1930*

Illustration: s. Text

Norderneyer randalieren auf Juist[103]

Kühe am Schwanz gezogen ...

Ganz bitterlich beschwerte sich im Sommer 1725 der Juister Vogt Dirck Eden beim zuständigen Amtmann in Norden über einen unerhörten Zwischenfall. Eine Gruppe von Norderneyer Jugendlichen sei am 2. Juli nachmittags am Juister Westende, der Bill, gelandet und habe dort ihr Unwesen getrieben.

Seinem Bericht zufolge hätten die Norderneyer

- drei Juister Kinder „*gewaltthätig angegriffen*" und „*dieselben herumbgeschüttelt,*"
- die Kühe auf der Weide „*herumbgejaget, auch 3 a 4 Mann starck eine Kuh beym Schwantze festgehalten,*"
- drei Pferde „*ins Wasser und biß in die Balje*[104] *gejaget*" und ein Pferd des Vogtes „*mit einem dicken Prügel elendig zerschlagen,*"
- Schafe bis „*ins Wasser, ja gahr biß in die Balje getrieben, auch dem einen Schaf mit denen auß der Westerkirchmauern*[105] *gerissenen Steinen das eine Auge eingeworfen*"
- und die zum Melken der Kühe herbeigeeilten Juister Mädchen und Frauen „*mit Knüppels zu schlagen gedrohet und mit Steinewerfen nach Hause gejaget.*"Außerdem hätten die Norderneyer
- „*die Tachziegel der Kirchen in Stücken und heruntergeworfen*" und
- „*daneben in den Dühnen und in dem Heller*[106] *solchen unbeschreiblichen Schaden und Muhtwillen verübet (...), dergleichen in Kriegs-Zeiten von Kapern oder SeeRäubern niemahls verübet oder practicieret worden*".

Dies alles habe der Vogt von einem Sohn des Juister Pastors Altmann erfahren, was selbstverständlich die Glaubwürdigkeit des Berichtes unterstrich.

Der erboste Vogt bezeichnet das Verhalten der Norderneyer als „*gewaltthätig*" und „*straßenräuberisch, und in Gott- und weltlichen Rechten verbohten*" und fordert eine harte und exemplarische Bestrafung der Missetäter, von denen er zwei beim Namen nennt, nämlich „*Siebold Frerichs Sohn Ayeld Siebolds*"[107] und „*Bent Remmers Sohn Remmer Bents.*" Er bittet schließlich darum, „*mich und andere Einwohner der Insull Juist von ferneren Ausfällen und Gewaltthätigkeiten obgedachter boßhafter Leute*" zu bewahren, damit „*so wohl ich als die übrigen Bewohner der Insull Juist fernerhin unbetrübet gelassen, vielmehr beym ruhigen Gebrauch unseres Viehs (...) geschützet werden.*

Abschließend versäumt der Vogt nicht, sich zu beklagen, dass die Obrigkeit von den Juistern mehr Weidegeld für ihre Kühe verlangt als von den Norderneyern.

… Dünen zerstört …

Dem Amtmann Johan Diedrich Kettler war die Angelegenheit zu heiß, um sie selbst zu regeln. Er leitete die Eingabe am 9. Juli 1725 weiter an den Fürsten in Aurich und bezeichnete die Vorgänge in seinem Begleitschreiben als *„höchst strafbahre, und nie erhörte feindselige invasiones und Gewaltthätigkeiten“* und verlangt, dass *„solche an Menschen und viehe, und an der Kirchen, ja selbst an den Dühnen und Helm*[108] *(davon die Conservation der gantzen Insull dependieret*[109]*) verübte Thätig- und grausahm keiten“* exemplarisch bestraft würden.

Amtman Kettler lud zudem die mutmaßlichen Missetäter Ayeld Siebolds und Remmer Bents vor, um sie zu den Freveltaten zu vernehmen. Am 2. August erscheint der 17-jährige Ayeld vor dem Amtmann und weist sämtliche Vorwürfe zurück. Er sei zwar mit einer Gruppe von Norderneyern im letzten Monat auf Juist gelandet, habe aber *„nichts gethan, so strafbahr wäre.“* Und Remmer Bents sei überhaupt nicht dabei gewesen.

Man habe weder Schafe noch Kühe noch Pferde gejagt, sondern nur ganz friedlich auf dem Heller nach Möweneiern gesucht. Die Schafe und Pferde seien von selbst bis ans Wasser gelaufen, aber nicht hinein, und die Kühe seien nur einmal zur Seite gelaufen, als die Norderneyer zurück zu ihren Booten gingen. Niemand habe die Kühe am Schwanz gezogen und niemand das Pferd des Vogtes geschlagen.

Richtig, mit Steinen hätten die Norderneyer geworfen, aber nicht auf Mensch oder Tier, sondern nur um zu sehen, wer am weitesten werfen könne. Nur einmal, als ein Juister Hund auf sie zukam und sie beißen wollte, da hätten sie den mit Steinen vertrieben. Und selbstverständlich habe auch niemand die Juister Frauen belästigt.

Warum sie auf Juist gelandet seien? *„Sie hätten wollen Milch holen von der Insull und theils Eyer suchen“* und *„sie wären mit Plaisir*[110] *dahin gegangen, um zu sehen, ob Bier auf der Insull zu verkaufen gewesen.“*

Der Norderneyer Ayeld Siebolds wurde sodann mit der Verwarnung entlassen, *„bey Leib und Lebens Strafe dergleichen Frevel nicht vorzunehmen“*, und das Vernehmungsprotokoll an die fürstliche Kanzlei nach Aurich geschickt. Dort wusste man nun überhaupt nicht mehr, wem oder was man glauben sollte. Es erging deshalb am 17. August die Verfügung an den Amtmann *„dass derselbe diejenigen Persohnen von der Insull Juist“*, die *„die beste und unpartheyische nachricht von der Sache geben können, über das Berichte te factum*[111] *articulsweise*[112] *redlich abhören“* soll.

… Bullen vor den Kopf geschlagen

Am 2. Oktober wurden daraufhin in Norden sieben Juister Mädchen und Frauen vernommen, die den Norderneyern auf der Bill begegnet waren.

Jielje Jacobs, 24 Jahre alt und Magd des Vogtes, sagt unter Eid und nach *„nochmahliger Warnung vor dem Meinayde“* aus, sie habe nicht gesehen, aber davon gehört, dass die Norderneyer das Juister Vieh gejagt hätten. Die Norderneyer hätten jedoch mit Steinen nach dem Hund geworfen. Trotz der Aufforderung der Frauen, sie *„mögten das werffen bleiben lassen, es wäre des Voigtes Hund“* hätten die Norderneyer aber weiter geworfen und gesagt, *„der voigt hätte sie einmahl in Norden schlagen lassen und dass wollten sie rächen. Der voigt wäre ein Schelm,*[113] *daher wollten Sie Ihn noch Todtschlagen, wann Sie Ihn nur bey gelegenheit überkämmen.“* Und wenn die Frauen weg wären, *„wollten Sie die Kühe bey dem Schwantze herumbschleppen und die Kühe sollten die Menschen über das Land ziehen.“* Und einem Juister Mädchen hätten sie gedroht, sie *„solte den Mund halten, oder sie wollten dieselbige so schlagen, dass Ihr blut an dem stocke sitzen sollte.“*

Minste Haycken, 38 oder 39 Jahre alt *(„wusste aber solches nicht gewiß“)*, bestätigt, dass die Norderneyer mit Steinen *„nach des voigten hund geworffen“* und einer Juisterin Schläge angedroht und sie als Hure beschimpft hätten.

Trientje Ulrichs, 40, bestätigt auch die Steinwürfe gegen den Hund, hat aber weiter nichts gesehen.

Haucke Oncken, 18, bestätigt gleichfalls die Steinwürfe und berichtet, dass Ayeld Siebels die Magd des Vogtes mit einem Stock bedroht habe. Und wenn die Frauen weg wären, wollten die Norderneyer die Schafe in die Kirche jagen *„und sollten morgen davon 2 in der Kirche hangen."*

Hindertje Focken, 17, berichtet, *„dass ettliche Norderneier mit einem Geschrey an Land getreten"* und *„daß die Norderneier Ihr beyde Eimer weggenommen und verborgen hätten."*

Hieske Albers, 19, berichtet, die Frauen hätten gesehen, dass die Norderneyer etliche Dachziegel der Kirche zerbrochen hätten. Danach wären die Norderneyer bei ihr *„ettwas geblieben, ohne Ihr Schaden zu thun. Bald darauf hätten 2 der Norderneier, welche sie doch nicht kante, den Bullen und 1 Kuhe bey den Schwäntzen gefaßet und so fort gejaget, dass Sie über das Land geschleppet worden, der eine Norderneier hätte auch den Bullen vor den Kopf geschlagen."* Und weiter *„hätten die Norderneier, nachdem sie gehört, dass der Hund dem voigten zugehörte, angefangen nach demselben zu werffen (…) und gesaget, Sie wollten den Hund Todschlagen, der voigt wäre ein Schelm."*

Dorothea Focken, 44, schließlich hat von allem nichts gesehen, nur dass die Norderneyer die Pferde ins Watt getrieben haben, das kann sie bestätigen.

Ende gut – alles gut?

Mit den Aussagen der Frauen brach die Beschwerde des Vogtes weitgehend in sich zusammen, und von den an Dünen und Helm verübten *„Thätig- und grausahmkeiten"* war nun überhaupt nicht mehr die Rede.

Nur eine von sieben Frauen will gesehen haben, dass die Pferde ins Watt gejagt worden sind, eine andere hat immerhin davon gehört, dass Schafe gehetzt worden seien.

Nur eine will gesehen haben, dass die Norderneyer das Dach der Westerkirche beschädigt haben, wobei zu berücksichtigen ist, dass die Kirche seit der Weihnachtsflut 1717 nur noch eine Ruine war. Nur eine will gesehen haben, dass die Norderneyer die Juister Kühe am Schwanz gezogen haben. Und die Behauptung , sie hätten gar einen Bullen am Schwanz gezogen, dürfte entweder für den außergewöhnlichen Wagemut der Norderneyer sprechen oder vielleicht doch eher gegen die Glaubwürdigkeit der Zeugin.

Es scheint allerdings festzustehen, dass die Norderneyer Jugendlichen auf Juist ziemlich großmäulig aufgetreten sind, die Frauen angepöbelt haben und mit Sicherheit ein gespanntes Verhältnis zum Juister Vogt hatten. Dies dürfte auch die überzogene Klageschrift des Vogtes erklären. Da die Missetaten jedoch von eher bescheidener Natur waren, Ayeld Siebels alle Anschuldigungen kategorisch von sich wies und kein anderer Missetäter dingfest gemacht werden konnte, verzichtete die fürstliche Kanzlei auf eine weitere Verfolgung der Angelegenheit und schloss den Schriftwechsel mit den Worten „ad acta."

Zwölf Jahre später musste sich die Kanzlei allerdings wieder mit Ayeld Siebels beschäftigen. Dieses Mal hatte ihn der Norderneyer Vogt angezeigt, und zwar wegen schwerer Tätlichkeiten auf Norderney. Vielleicht war er doch kein Unschuldslamm…

Quelle:
StA AURICH, Rep. 4 B II g, 155 und 4 B II g 165
Illustration: keine

Die Akte Tromp

Schreckliches ...

.... wusste der Norderneyer Pastor Onno Wilhelm Poppen 1734 über den neuen Ortsvorsteher zu berichten: Der Mann säuft, stiehlt und lügt.

Was war da falsch gelaufen?

Der aus Aurich stammende Poppen hatte 1731 mutig die Nachfolge des Johann Strobach angetreten, den man Anfang Februar des Jahres unter mysteriösen Umständen tot in seinem Norderneyer Bett gefunden hatte – mit einem Strick um den Hals. Dieses Schicksal sollte Poppen zwar erspart bleiben, doch auch er sollte sein Glück nicht auf der Insel finden. Wenige Monate nach seinem Amtsantritt hatte er erleben müssen, dass Fürst Christian Albrecht einen zwielichtigen Matrosen namens Johann Tromp zum Vogt und somit zum fürstlichen Statthalter auf Norderney ernannte. Tromp war ein etwa 30 Jahre alter raubeiniger Seemann, der für sein neues Amt nur wenig Eignung mitgebracht haben dürfte. Er löste den Vogt Johann Husius ab, einen Norderneyer Pastorensohn, der sich 20 Jahre lang redlich abgeplagt hatte, Recht und Ordnung auf der Insel aufrecht zu halten, aber dabei häufig von den Insulanern bedroht und auch sogar verprügelt worden war.

Es dauerte nur wenige Monate, bis Vogt Tromp und Pastor Poppen aneinander gerieten. Im Februar 1734 bereits war das Verhalten Tromps für den Pastor so unerträglich geworden, dass er sich wutentbrannt, aber dennoch formvollendet an seinen Fürsten wandte:

„Eurer Hochfürstlichen Durchlaucht habe (ich) unterthänigst und dehmüthigst klagen sollen, daß der hiesige Voigt Johan Tromp nicht aufhöre, meinem Amte allenthalben zu wiederstehen und zutrachten, daß er die mir gnädigst anvertraute Gemeine[114] , ia die gantze Insul im Grunde verderbe, daß er selbst im höchsten Grad liederlich, werden alle, die ihn nur kennen, bezeugen müssen.“

Geschickt stellte Pastor Poppen die Sorge um das Wohl der Gemeinde an den Anfang seiner Beschwerde, um dann wortgewaltig den Vogt selbst anzugreifen:

„Er sauffet sich alle tage voll, er fluchet, daß einem die haare müssen zu berge stehen, er wendet allen fleiß an, daß er ex tempore lügen könne, daher er schon längst eine Fähigkeit erlangt, Unwahrheiten zu sagen. Er trägt nicht scheu, den Teuffel öffentlich zu leugnen...“

Und schließlich:

„Er holet die Insulaner in der nacht vom bette, daß sie mit ihm sauffen...“

Das war starker Tobak!

Der Pastor sorgte sich also nicht nur um das Seelenheil des Vogtes und seiner Gemeinde, sondern fühlte sich durchaus auch von Tromp provoziert und persönlich angegriffen.

Damit zeichnete sich ein Konflikt ab, der bald die ganze Insel erfassen sollte.

Kirche oder Kneipe – eine schwierige Wahl

Vögte und Pastoren genossen damals höchstes Ansehen auf den Ostfriesischen Inseln, hatten aber dennoch keinen leichten Stand. Sie kamen in der Regel als Fremde und waren auf das Wohlwollen der Insulaner angewiesen, wenn sie sich nicht bald gesellschaftlich völlig isolieren wollten. Daneben waren sie ohne eigenes Schiff kaum in der Lage, die Insel zu verlassen. Für viele Insulaner waren Vogt und Pastor zudem meist eher unwillkommene Gäste, mit denen man notgedrungen auskommen musste.

Doch die Ämter des Pastors und des Vogtes hatten auch gewisse Vorteile.

Der Pastor allein war in der Lage, das Abendmahl auszuteilen und damit den Weg zur Ewigen Seligkeit zu bereiten. Den Pastoren jener Zeit war das durchaus bewusst und sie achteten sehr wohl darauf, wen sie zum Abendmahl einluden – und wen nicht. Somit war der Pastor nicht nur auf die Insulaner angewiesen, sondern diese auch auf ihn.

Der Norderneyer Vogt hingegen genoss ein eher weltliches Privileg: Er allein hatte die Lizenz zum Ausschank von Alkohol, hatte in seinem Haus einige Bierbänke und war damit Inhaber der einzigen Kneipe am Ort. Somit war der Vogt ebenfalls nicht nur auf die Insulaner angewiesen, sondern diese auch auf ihn. Bedenklich an dieser Konstellation war allerdings die Tatsache, dass der Vogt mit dem Alkoholausschank Geld verdiente und somit schon aus kaufmännischen Gründen daran interessiert sein musste, den Alkoholkonsum auf der Insel nach Kräften zu fördern. Dass Vogt Tromp nun aber deshalb sogar *„die insulaner in der nacht vom bette“* geholt hat, *„daß sie mit ihm sauffen“*, wie Pastor Poppen in seinem Brief klagt, das dürfte wohl kaum der Regelfall gewesen sein.

Dennoch scheint der Norderneyer Vogt seine Machtposition auch mit zweifelhaften Mitteln ausgenutzt zu haben, denn Pastor Poppen berichtet:

„Die ihm in dem liederlichen Wesen nicht folgen wollen, müssen sich von ihm verfolgen (...) und die Fenster in der Nacht einwerffen lassen. Was ist demnach wunder, daß nun das sauffen, lügen, stehlen und Straßenschinderei[115] *hier so im schwange gehe...“*

Von seinen Norderneyern hatte der Pastor allerdings auch keine besonders gute Meinung, denn er klagt, dass *„viele auf der Insel, wenn sie auch keinen solchen Anführer haben, die besten nicht sind.“*

Die Interessen von Pastor und Vogt waren nicht in Einklang zu bringen, so dass die beiden Männer sich bald als Konkurrenten ansahen. Pastor Poppen berichtet:

„Wenn ich willens bin, zu einer Vorbereitung auf das heilige Abendmahl leuten zu lassen, so lässt er (der Vogt) *vorher zu einer kanne bier leuten.“* Auch an kirchlichen Feiertagen *„siehet er dennoch zu, daß er seine bier-bänke besetzet habe.“* Und weiter: *„... daß er mich auf der bier-bank in meiner Abwesenheit einen Schelm*[116] *, Mennisten-Pastor*[117] *heisse, ohne Ursache blamiere, (...) befremdet mich gar nicht.“*

Außerdem hatte der Vogt anscheinend eine eher weltliche Vorstellung von der „Seligkeit“, denn Pastor Poppen klagt: *„Ist eine Versammlung, worinnen getrunken wird und die Violin gehet, so spricht er, so muß es gehen, wenn wir wollen seelig werden.“* Bei diesen Zechgelagen gehe es zudem nicht mit rechten Dingen zu: *„Er lässet tag und nacht bent Remmers und seinen liederlichen Anhang auf der Gemeine Kreide*[118] *nach ihrem Gefallen zechen.“* Die Rechnungslegung des Vogtes für Bierausschank, Bergelohn und Abgaben der Gemeinde erfolge sodann grundsätzlich nur in Abwesenheit des Pastors, *„damit seine Ungerechtigkeit nicht gemerket werde.“* Es dürfte den Pastor besonders gestört haben, dass der auf Gemeindekosten zechende Bent Remmers damals das Amt eines Kirchverwalters bekleidete, von dem man eigentlich eine besonders christliche Lebensführung hätte erwarten dürfen.

Sodann wird Pastor Poppen noch konkreter und berichtet, dass einem auf Norderney gestrandeten norwegischen Kaufmann im Hause des Vogts ein Paar seidene Strümpfe gestohlen, die Seekiste eines gestrandeten Schiffers aufgebrochen und geplündert worden sei und dass von einem Fass Indigo, das am Strand gefunden und vom Vogt verwahrt wurde, anschließend rund fünfzig Pfund fehlten. Und als zwei Norderneyer Fischer, Jacob Siemens und Gossel Wamken, geborgenes Strandgut pflichtgemäß „*in des Voigts Haus gebracht, so hat er sie Schelme geheißen und gefraget, warum sie etwas zum Vorschein und nicht alles an die Seite gebracht hätten.*" Diese Frage verstand sicher nicht nur der Pastor als Aufforderung, geborgenes Strandgut künftig beiseite zu schaffen und zu unterschlagen.

Zusammenfassend kommt Pastor Poppen schließlich auf den Punkt:

„*Wie gewissenhaft ein solcher Mensch sein Amt führen müsse, der die bisse seines Gewissens durch Jenever, Brantwein und dadurch, daß er sich einbilde, es ist kein Teuffel, zu stillen suchet, werden Eure Hochfürstliche Durchlaucht hocherleuchtet einsehen.*"

Ihre Hochfürstliche Durchlaucht ordnete daraufhin hocherleuchtet eine Untersuchung an.

„Trunkenbolde, Schläger und Diebe"

Vogt Tromp wurde auf die Burg Berum zitiert, wo ihn am 12. März 1734 die fürstlichen Beamten mit einem 35 Punkte umfassenden Fragenkatalog konfrontierten.

Tromp bestätigte zunächst, dass er etwas über 34 Jahre alt sei, sich zur lutherischen Religion bekenne, auf Norderney jedoch noch nicht zum Abendmahl gegangen sei – was allerdings aufgrund seines gestörten Verhältnisses zu Pastor Poppen auch nicht ganz verwunderlich war. Sodann wies er alle Kritik des Pastors zurück – und drehte den Spieß um.

Er, der Vogt, glaube durchaus an Himmel und Hölle:

„*Wenn er weder Himmel noch Hölle glaubete, so hätte er neulich bey seinem Knecht und Magd, welche zu der Zeit sterbenskrank gewesen, den Pastorem, der aber nicht kommen wollte, nicht holen lassen.*"

Über den Pastor habe er nie schlecht geredet, aber:

„*Er hätte wohl über ihn geklaget, daß er ihn und seine sehlige frau nicht zur Communion*[119] *laßen wollen.*" Sonst „*aber hätte er nichtes schlimmes von dem Pastore gesaget.*"

Auf die Frage, ob er die Insulaner nachts zum Saufen aus dem Bette hole, räumte er immerhin ein, dass er wohl den einen oder anderen anspräche, ob er nicht etwas konsumieren wollte, aber er könne „*nicht finden, daß er daran Unrecht thäte, weilen seine* Nahrung[120] *solches mit sich brächte.*"

Während des Gottesdienstes schenke er nie Alkohol aus, „*nach der Predigt aber zapfete er wohl Bier und Brantwein*". Sein Verhalten auf der Insel „*gäbe niemand Ärgernis. Er ließe einen jeden in seinem Berueff und müsten andere ihn auch in seinem Berueff laßen.*"

Was seine Rechnungslegung betreffe, so habe er „*den Pastorem von der letzten Abrechnung den Tag vorher Nachricht gegeben. Es hätte aber selbiger dabey nicht kommen wollen.*" Sodann versäumte Tromp nicht darauf hinzuweisen, dass der Pastor bei ihm noch in Kreide stehe: „*Er hätte von dem Pastore einige fahrten zu gute.*"

Was das Indigofass betreffe, so sei dies schon „*beym Strande nicht vol gewesen, welches der Pastor und die Gemeine wohl gesehen*" und dem norwegischen Kaufmann habe er auch keine Strümpfe gestohlen, sondern von diesem sogar ein „*Attestat erhalten, daß er alles empfangene getreulich wieder abgelieffert hätte.*"

Alle Aussagen des Vogts wurden schriftlich festgehalten, das Protokoll der Vernehmung wurde unterzeichnet vom fürstlichen Amtmann Dr. Johannes Hess. Doch Pastor Poppen ließ nicht locker. In einer weiteren Eingabe an seinen Fürsten benennt er als Zeugen für seine Klagen eine beträchtliche Reihe von Insulanern, die bei den Missetaten des Vogtes zugegen oder sogar daran beteiligt waren. Dieser Hinweis trug allerdings durchaus nicht zur Beliebtheit des Pastors auf der Insel bei.

Zusätzlich berichtet Poppen über weitere *„Laster und Bubenstücke“* des Vogts. So scheue der Vogt sich, *„Trunkenbolde, Schläger und Diebe anzugeben, weil er besorget, daß sie ihn wiederum verrathen; denn solche kennen ihn am besten.“* Weiterhin habe der Vogt nicht pflichtgemäß Strandhafer zum Schutze der Dünen gepflanzt, sondern diese *„von den Kühen fast alle tage (...) zertreten lassen.“* Und weiter: *„... die Weide für das Vieh ist verdorben, die Gärten sind mit Sande bedecket und größtentheils unbrauchbar und einige Häuser in Gefahr zufallen.“*

Daneben empfindet der Pastor den Vogt vor allem als Konkurrenten, denn *„es mag Communion-, Sonn- oder Bettag seyn, so siehet er dennoch zu, daß er seine Bierbänke besetzet habe.“* Dort sei sein Reden: *„Jungens trinket bier herum, ich kann sonsten keinen rausch kriegen.“* Weiterhin klagt Poppen, dass der Vogt *„oft an Sonntagen die iungen Leute zum ball Spiel und anderen sich nicht geziemenden Dingen reitze und selber mit ihnen spiele.“*

Vor 300 Jahren schon: Bestechung oder Vorteilsnahme?

Besonders schwerwiegend war allerdings ein neuer Vorwurf: Tromp habe den fürstlichen Amtmann Dr. Johannes Hess in Berum bestochen, und zwar mit einer auf Norderney angetriebenen Kiste kostbaren Porzellans. Das war nicht nur Korruption, sondern allein deshalb schon ein schweres Vergehen, weil es zu den Pflichten des Vogtes war, jegliches Strandgut zu registrieren, aufzubewahren und dem Fürsten zu melden, damit dieser dann über die weitere Verwendung entscheiden konnte. Poppen folgert: *„Woraus allein abzunehmen, wie gewissenlos der Voigt Johan Tromp sey, denn wer für andere stehlen darf, wird auch für sich zu stehlen kein Bedenken tragen.“*

Am 14. Januar 1735 wies der beschuldigte Amtmann Hess die Korruptionsvorwürfe ganz entschieden zurück und schrieb seinem Fürsten, dass der Vogt ihm zwar tatsächlich ein Kästchen mit Porzellan, das *„im allgemeinen Fahrwasser, und nicht am Strande gefunden“* worden sei, *„bey Gelegenheit als ein Praesent übersenden“* wollte. *„Als ich ihm aber bedeutet, daß von diesem gefundenen Kästchen an Eure Hochfürstliche Durchlaucht allerdings unterthänigst zu berichten wäre, und nicht in sein, des Voigten Macht stünde, solches, obgleich im gemeinen Fahr-Wasser gefunden, (...) an einen anderen wegzuschenken.“* Und weiter habe er dem Vogt gesagt, dass er ihn *„mit dergleichen Anbietung künfftighin verschonen“* solle.

So waren beide Männer wieder reingewaschen. Der Vogt hatte die fürstliche Strandungsordnung so verstanden, dass sie sich nur auf Objekte bezog, die wirklich am Strand lagen – eine durchaus kreative Auslegung, die geradezu dazu aufforderte, am Strand liegende Objekte noch einmal ins Wasser zu werfen, um sie sodann als gesetzlos zu betrachten und sich anzueignen.

Der Amtmann Hess war sich gleichfalls keiner Schuld bewusst, denn er hatte das unmoralische Angebot des Vogtes pflichtgemäß und entschieden zurückgewiesen. Schließlich nahm er den Vogt sogar auch noch in Schutz: *„Inmittelst halten wir unterthänigst dafür, daß alles, was bey der Sache passiret, nur eintzig und allein des Voigten Unbedachtsamkeit, und weil er von dergleichen Begebenheiten keinen rechten Begriff hat, zuzuschreiben.“*

Möglicherweise hat der Fürst schon damals seinem Amtmann nicht so recht getraut. Bald darauf wurde Dr. Hess nämlich wegen *„Nachlässigkeit im Dienst“* von seinem Fürsten kurzerhand gefeuert, denn damals gab es noch keinen gesetzlichen Kündigungsschutz für Beamte mit nachlassendem Diensteifer.

Fast zur selben Zeit wie die Eingabe des Amtmanns Hess traf ein weiterer Hilferuf des Norderneyer Pastors in Aurich ein. Poppen schreibt

über den Vogt: *„Er sauffet sich noch alle tage voll, er fluchet unaufhörlich, er treibet ohne scheu mit Gott und göttlichen Dingen sein Gespött." „Lehre ich die leute des sonntags den rechten Weg, so suchet er nach der Predigt Sie auf den verkehrten Weg zu führen, da sie in seinem hause bier sauffen, lermen, singen, springen und ich weiß nicht was tun..."* Pastor Poppen fühlt sogar an Leib und Leben bedroht durch den Vogt, weil dieser *„öffentlich ausrieff, wenn er abgesetzet werde, so könnte er doch leben (...) und wer weiß was von meinem schaden zu suchen, mir zu zufügen. Mir würde wohl nichts gutes begegnet seyn, wenn nicht der allmächtige Gott mir schutz und schirm gewesen."* Sodann wird deutlich, dass die Norderneyer wohl eher auf Seiten des Vogtes standen, denn der Pastor bittet seinen Fürsten, *„... Sie wollen in Gnaden geruhen, mich durch gnädigste Verordnungen wider die bosheit einiger Insulaner zu schützen , in sonderheit aber den Johann Tromp zu gebührender strafe zu ziehen."*

„...mit blutendem Kopf und weinenden Augen"

Wenige Wochen später beklagt sich auch der Norderneyer Fischer Johann Siefkes über die eher rustikale Amtsführung des Vogtes. Dieser sei am 14. März 1735 bei ihm erschienen, um sichergestellte Holzdielen abzuholen. Als Siefkes den Vogt dann fragte, *„ob er dazu gerichtliche ordre*[121] hätte oder nicht", habe dieser gesagt: *„Ich habe nicht nötig, Euch Schurcken solche ordre zu zeigen, worauf denn derselbe auf meinen boden gestiegen (...) und da ich nun denselben nachgegangen, umb ihn solches eigenmächtige unternehmen (...) zu inhibieren*[122]*, hat der Voigt mich sofort angegriffen, mir den fueß auf den Halß gesetzet und 4 bis 5 mahl ins Gesicht geschlagen, nicht weniger mich vor einen Gaudieb*[123] *und dgl. gescholten und da nun meine vor ungefähr 3 wochen ins Kindbett danieder gekommene Frau diesen lerm auf dem Boden angehöret, und sich gleichfalls aus angst und* (mit) *weinenden Augen, dahin begeben (...) hat der Voigt sich nicht gescheuet, meine Frau darauf anzufaßen, vor eine Canalje, Hure auszu-*

Mit kostbarem Porzellan wollte der Vogt den Amtmann kaufen.

schelten, und mit einem Stock dergestalt in die seite zu schlagen, daß dieselbe danieder gestürzet und dadurch in den Stand gesetzet worden, daß sie anjetzo das bette noch halten muß..."

Pastor Poppen sah sich in seiner Kritik an dem Vogt bestätigt. Dieser habe sich nicht gescheut, den Johann Siefkes *„ohne erhebliche Ursache ohnversehens nicht allein ins Gesicht zu schlagen, sondern auch auf eine mörderische Weise anzufallen und elendiglich zuzurichten...*" Dieses habe Johann Siefkes dem Pastor *„mit blutendem Kopf und weinenden Augen"* berichtet.

Naturgemäß sah der Vogt diesen Vorfall ganz anders. Er schreibt am 15. März dem Amt in Berum einen von lokaler Mundart und eigenwilliger Orthographie geprägten Brief, dessen Anfang hier in modernem Deutsch wiedergegeben werden soll:

„Hoch edel geborene, hoch edel gelehrte, insbesondere meine hochwertesten Herren Beamte! Ich muss berichten, dass, als ich gestern, am 14. dieses Monats, meinen Knecht zum Hause des Jan Siefkes geschickt habe, um meine geliehenen Dielen wiederzuholen, und ihm gesagt habe, er möchte sehen, ob er da auch Strandgut..." vorfände, weil Jan Siefkes bekanntlich jede Nacht den Strand absuche. Der Siefkes habe den Knecht jedoch abgewiesen. Als der Vogt dann selbst gekommen und auf den Boden gestiegen sei, habe der Siefkes ihn von hinten mit einem Besenstiel niedergeschlagen und seiner Frau zugerufen: *„Hilke, brin Ein Messer, ich wiel dem Deubels Kint den Hals abschneiden. Sie kam gleig* (gleich) *Miet ein stock, schlueg Mieg* (mich) *in das gesigte, in meine seite, das ich nog* (noch) *fast kein addem* (Atem) *kann holen. Da rief ich die Nabers* (Nachbarn), *weil aber Ein jeder bange ist: vor schaden, so bekam ich keine Hilfe als zu letz Jan Bents welger* (welcher) *bey uns obben kam und Hielt Jan Sieffkes so lang bis ich weck kommen...*"

Im Juli 1735 traf die nächste Beschwerde des Pastors in Aurich ein. Am 5. Mai hatte man am Strand zahlreiche Fässer mit Tabak gefunden. *„Die Insulaner sind öffentlich nach dem Strande gegangen, haben die Fäßer mit Toback entzwey geschlagen, alles so ihnen vorgekommen als ein Eigenthum nach ihren Häusern geschleppet.*" Dieses Vorgehen habe der Vogt pflichtwidrig erlaubt.

Doch nicht das gesamte Strandgut hatten die Norderneyer unterschlagen. Ein Teil des Tabaks war offiziell sichergestellt worden und wurde bald darauf öffentlich versteigert. Dabei scheint der Vogt nach Ansicht des Pastors sehr raffiniert vorgegangen sein: *„Der Vogt versteht sich sehr wohl auf sein Handwerk, so er lange Jahren getrieben. In der auction hat er einige 100 Pfund Tobac gekauffet, damit er hernach einige 1000 Pfund, die gestohlen sind, ohne Gefahr wieder verkauffen könnte. Er weiß rath, sicher zu stehlen und hat gelernet, das gestohlene sicher zu verkauffen.*"

„...gantz irrig und schwer müthig und fast rasend"

Der Gegenangriff des Vogts ließ nicht lange auf sich warten. Schon am 6. August 1735 traf in Aurich eine von sachkundiger Hand verfasste und von Tromp unterzeichnete siebenseitige Beschwerde ein. Er habe vernommen , dass *„durch den Herrn Pastorem Poppen wider mir viele höchststrafbahre, ja meine Ehre und guten Leumunth mitnehmende, und so importante Dinge, daß ich (...) meines Dienstes darum entsetzet werden müßte, hinterbacht seyn.*" Weil er sich jedoch *„ordlich und getreu"* erwiesen habe, sei ihm schon vom Vater des nunmehr regierenden Fürsten Carl Edzard das Amt des Vogtes übertragen worden und Carl Edzard selbst habe ihn anschließend auch in diesem Amt bestätigt.

Er habe auch jetzt noch ein reines Gewissen, sei sich keiner Sünde bewusst und beanspruche die Unschuldsvermutung auch für seine Person: *„Zudem hält man ja nach dem Recht der Natur einen jeden vor ordlich, biß er Eines dawiderlichen überführet worden.*"

Sodann nimmt Tromp zu den einzelnen gegen ihn erhobenen Vorwürfen Stellung.

So habe der Pastor Poppen *„schon vom Anfang her ein widriges Gemüth"* gegen Vogt Tromp und dessen Familie gezeigt. Als Tromps Ehefrau in den letzten Tagen ihrer Schwangerschaft den zufällig anwesenden Berumer Amtman Kettler mit der Bitte zum Hause des Pastors geschickt habe, dass *„der Herr Pastor sich doch mit uns versöhnen und vereinigen möchte"*, habe er die Antwort erhalten, dies sei genauso unmöglich wie die Versöhnung zwischen Gott und dem Teufel, worauf Tromps Ehefrau *„gantz irrig und schwer müthig und fast rasend geworden (...) und nicht lange darauf, in Verzweifflung den Geist aufgegeben."* Dies könne der Amtmann bestätigen.

Weiterhin habe der Pastor *„seine wiederliche animum*[124] *(...) öffentlich zu erkennen gegeben"*, indem er ihm Schwierigkeiten bei der Bierbeschaffung gemacht habe, um so seine Einkünfte zu schmälern.

Angeblich habe der Pastor den Vogt auch beschuldigt, an einem Diebstahl aus dem Opferstock der Kirche beteiligt gewesen zu sein. Zu der fraglichen Zeit sei er jedoch gar nicht auf der Insel gewesen. Dies bezeuge die beigelegte, von sieben Norderneyern unterschriebene Bescheinigung.

Seinen Auftrag, die Dünen und das Land zu schützen, habe er verantwortungsvoll wahrgenommen, doch *„hat Er, der Herr Pastor, solches nicht allein Behindert, sondern auch dabey zu meiner höchsten afficierung*[125] *denen Einwohnern gesaget, ich sollte keine acht Tage mehr Vogt seyn."* Auch zu dieser Aussage findet sich eine von mehreren Norderneyern unterschriebene Bescheinigung.

Ganz allgemein habe *„der Herr Pastor seine Verbitterung und ungeziehmende Odiosität*[126] *wieder mich und die meinige entdeckt: in dem Er mich (...) einen gottlosen kerrl, einen Döge nicht*[127]*, einen Dieb gehalten, auch sich gerühmet, daß Er solches alles zu Aurich beweisen wolte, in seiner Sachen allda auch alles so ginge, wie er es verlangete."* Auch zu dieser Aussage findet sich die Bescheinigung eines Zeugen, der den Vogt sogar als *„frommen, redelichen man"* bezeichnet.

Was die Bergung der Tabakfässer beträfe, so sei alles mit rechten Dingen geschehen. Als Beweis legt Tromp eine von immerhin zwanzig Norderneyer Männern unterschriebene eidesstattliche Erklärung vor, in der sie bestätigen, dass der Vogt keinen unterschlagenen Tabak *„in seinem Hause oder sonsten wo habe, und in dieser Sache so wohl wie in vielen anderen stücken gantz unschuldig sey. Uhrkündlich inhero an Eydes Statt geschehene Eigenhändige unterschrifften. So geschehen Norderney d. 6ten Augusti 1735."* Damit stellten sich die Norderneyer einmütig hinter ihren Vogt – was vielleicht nicht ganz verwunderlich war, wenn man berücksichtigt, dass sich nach Aussagen des Pastors auch die meisten Norderneyer reichlich mit Tabak vom Strand eingedeckt hatten.

Mit zwei weiteren Anlagen zeigt Tromp *„wie unchristlich und unversöhnlich der Herr Pastor, an Statt, daß er andre mit Liebe und Verzeihung exemplarisch entgegen kommen und vorgehen sollte, sich selbst wieder mir und die meinigen erwiesen und noch Bezeige."* Im ersten Falle hatte der Pastor es abgelehnt, dem schwerkranken Knecht des Vogts das Abendmahl zu erteilen, weil *„Er bey solchen leuthen, welche bey ihm nicht, sondern an anderen Örthern Communicierten, nicht kähme."* Im zweiten Fall hatte der Vogt sich durch ein Gespräch mit dem Pastor auf das Abendmahl vorbereiten wollen, doch der Pastor sei zu dem vereinbarten Gesprächstermin einfach weggegangen.

Abschließend bittet Tromp seinen Fürsten um *„ein ernstliches, schleuniges reglement zur Versöhnung"* mit dem Pastor und zeichnet als *„unterthänigst gehorsamster Knecht Jan Trump."*

„... bey der Magd in einer unzüchtigen That"

Noch während man in Aurich mit der Bearbeitung der Eingabe des Vogts beschäftigt war, griff sein Kontrahent Poppen wieder zur Feder. Am 13. August berichtet er seinem *„Durchlauchtigstem Fürst"*, dass der Vogt bereits bei einer Strandung

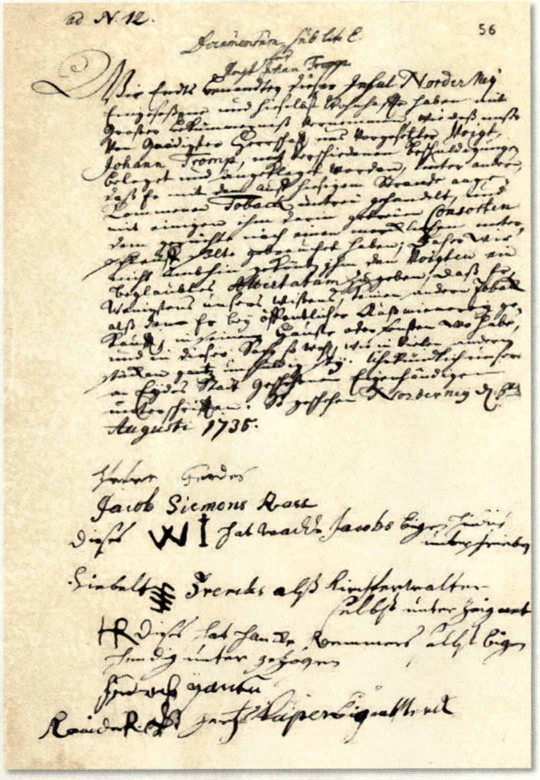
ad N. 12.

56

Augusti 1735.

Jacob Siemons Rose

Führende Norderneyer bescheinigen ihrem Vogt, sich rechtmäßig verhalten zu haben.

im Jahr zuvor *„den Eyländern gesaget: sie könten wol etwas vom Strande wegnehmen. Sie bräuchten es aber ihn nicht sehen zu lassen.“* Sodann benennt er eine Reihe von Insulanern, die bezeugen können, dass im Mai große Mengen von Tabak unterschlagen worden seien, und berichtet, dass sich Johann Jacobs und Hinrich Heeren am Strande sogar wegen des Tabaks geschlagen hätten und später im Haus des Vogts zwei weitere Insulaner wegen des Tabaks aneinander geraten seien.

Dieses Schreiben war jedoch nur der Prolog zu einer achtseitigen Eingabe, mit der Pastor Poppen bereits zwei Tage später seine Beschwerden in einer Liste von 17 Anklagepunkten zusammenfasst, ergänzt und Zeugen benennt. Dabei scheute er sich allerdings nicht, auch diffuse Gerüchte über den Vogt zu kolportieren. So habe der Pastor von einem fremden Schiffer gehört, dass Tromps Knecht von anderen Schiffern gehört habe, dass Tromp auch früher schon Diebstähle begangen habe. Auch die eheliche Treue des Vogts zweifelt der Pastor an. Dem Vernehmen nach habe die inzwischen verstorbene Frau des Vogts einer Bekannten in Hage anvertraut, dass sie ihren Mann *„bey der Magd in einer unzüchtigen That angetroffen“* habe. Immerhin räumt der Pastor ein, dass er wohl nicht in der Lage sei, *„hinlänglich zu beweisen, daß er mit der Magd Ehebruch begangen.“* Pastor Poppen schließt seine Eingabe mit dem Wunsch, dem Vogt möge nun endlich widerfahren, was er verdiene, und unterzeichnet als *„unterthänigst: gehorsamster Knecht und unermüdeter Fürbitter bey Gott, Onno Wilhelm Poppen.“*

Wenige Tage später erfuhr Poppen, dass der Vogt sich über ihn beschwert hatte, fürchtete nun, von der Rolle des Klägers plötzlich in die des Angeklagten zu geraten, und unterstellte dem Vogt in einer Eingabe vom 9. September eine Reihe finsterer Motive und Machenschaften. So solle der Vogt, *„wie das Gerüchte gehet, angefangen haben, ehe und bevor seine Excesse untersuchet und gestrafet sind, Beschwerden wieder mich zu fingieren. Er thut allethalben einen Versuch, wie er die Untersuchung seiner (…) Laster und Vergehungen zurück halten möge.“* Demnach seien die Beschwerden des Vogts nur als Versuch anzusehen, vom eigenen Fehlverhalten abzulenken. *„Er hat bisweilen versucht, sich mit mir zu vertragen, nicht weil es ihm leid gewesen, daß er mir alles gebrannte Hertzleid gemachet, mich auf der Bierbanke blamiert, öffentlich ausgelachet und auf alle Weise beschimpfet hat, sondern weil er besorget oder gehöret hat, daß ich ihn verklaget (…) Was nun seine etwa wieder mich geführten Beschwerden betrifft, so ist leichtlich zu errathen, was dieselben zu Wege bringen sollen, nemlich daß seine Laster nicht untersuchet werden.“* Nicht nur für die Verständigungsbereitschaft des Vogtes und dessen Beschwerden hatte Poppen eine schlüssige Erklärung sondern auch für den großen Rückhalt des Vogtes unter den Insulanern, denn er schreibt, *„daß der Vogt einige Insulaner bey sich gehabt, die einen* *guten Rausch haben trinken und hernach etwas, so ihnen vielleicht nach dieser Stunde unbekannt ist, unterzeichnen müssen...“* Und so kommt Poppen schließlich zu dem Schluss, *„daß ein Mensch, der wegen Dieberey, Ehebruch und anderen Stücken berüchtiget und derselben meistentheils überführet ist, nicht im Stande sey,“* einen Predigern zu verklagen.

Es scheint, dass Ihre Hochfürstliche Durchlaucht Carl Edzard nun langsam kein Verständnis mehr hatte für die Norderneyer Fehde Pastor gegen Vogt, Kirche gegen Welt. Die beiden Kontrahenten wurden am 14. September 1735 nach Aurich citiert und dazu verdonnert, sich künftig zu vertragen.

Das Protokoll der entsprechenden Vereinbarung lautet:

„Dem erschienenen Vogt Tromp wird vorgestellet, ob er seines Orthes[128] geneigt wäre, sich mit dem Pastore Poppen solchergestalt zu versöhnen, daß künftighin alle Verspottungen des Amtes und der Person des Predigers unterblieben, jedoch die Beschuldigungen wegen seinen Vogts bedienungen[129] weiter untersuchet würden. Der Vogt erklehret sich, den Pastorem umb Verzeihung zu bitten, wiewohl er sich keinen Beleidigungen schuldig wiße, sondern der Pastor unglaubwürdigen Leuten zu leicht glaubete. Vielmehr beschimpfe der Pastor ihn öffentlich von der Cantzel und habe ihn einen Porecelain-Dieb geheißen. Der Pastor Poppen erklehrte sich ebenmäßig zur Versöhnung, wiewohl er Beweiß von glaubwürdigen Leuten hätte.

Hierauff ist datis afrinca dextris[130] die Versöhnung zwischen dem Prediger und dem Vogt bestätigt worden und jedweder besonders ermahnet, seines Orthes solcher Angelobung nachzukommen und dieselbe in die würkliche Erfüllung zu bringen.“

Wenngleich der Konflikt nun offiziell beigelegt war, dauerte er auf der Insel doch weiter an – zu verschieden waren die Lebenswelten der beiden Männer – und trug schließlich dazu bei, dass der Pastor 1748 Norderney verließ. Doch zunächst hatten beide Männer wieder mehr Zeit, sich Ihren eigentlichen Amtsgeschäften zu widmen.

„... bis an mein letztes lebensende“

Der Vogt sah sich nun mit einer umfassenden *„Amts-Anklage“* konfrontiert, in der er zu immerhin 36 verschiedenen Vorwürfen Stellung nehmen sollte. Er bemühte sich deshalb wieder um Rückhalt aus den Reihen der Insulaner und legte so unter anderem die folgende eidesstattliche Erklärung vor:

„Nachdem wir niedergeschriebenen, namblich Arend Jansen Klün und Ube Peters, sind in erfahrung gekommen, als daß der Voigt Johan Trump sollte bey streichen des violins gesaget und geredet haben mit diesen worten, So mus es gehen wen wir wollen Selig werden und sollte bey einem gewissen Biergelaage gepassiert sein, welches uns Beyderseits gantz frembt vorgekommen, weillen wir von solchen Sachen nichtes wißen und niemahlen solche unordnung von dem Voigt selbsten noch von anderen gehöret oder vernohmen, daß er solches hat reden sollen.“

Doch letztlich wuchs die Angelegenheit dem Vogt über den Kopf. Am 10. Dezember 1735 bittet er seinen „Durchlauchtigsten Fürst“ um Einstellung des Verfahrens: *„Wann ich nun in mein gewißen überzeuget, daß ich an solche anschwertzungen unschuldig, wie ich allenfalls Eydlich erhalten, und mit Documenten und Urkunden beweisen kann, als wollen Ew. Hochfürstl. Durchl. nach gnädigster Einsehung, mir von der Citation[131] und anklage in hohen Gnaden zu absolviren[132].“* Er schließt seine Eingabe mit der Beteuerung *„... der ich in unverrückter treu und in erwartung Gnädigster Erhörung bis an mein letztes lebensende fußfällig verharre...“* Wahrscheinlich hatte Durchlaucht ein Einsehen, denn die entsprechende Akte im Staatsarchiv Aurich enthält keine Hinweise auf einen Fortgang des Verfahrens, und Johann Tromp durfte seine Amtsgeschäfte auf Norderney weiterführen bis zu seinem Tode im Jahr 1750.

Bald nach dem Auricher Friedensschluss geriet Pastor Poppen in einer ganz anderen Angelegenheit in größte Bedrängnis. Von Alters her gehörte es zu den Aufgaben der Pastoren, den Kindern ihrer Gemeinde das Schreiben und Lesen beizubringen, doch Poppen hatte diese Aufgabe eigenmächtig einem Privatlehrer übertragen. Als dies ihn Aurich bekannt wurde, bekam er am 16. Januar 1737 einen strengen Verweis verbunden mit der Klarstellung, dass eine Übertragung *„der Ihm gnädigst anbefohlenen information aber ohne Ihro Durchlaucht (…) Erlaubnis Ihm nicht verstattet wäre."*

Am 2. Februar traf daraufhin in Aurich ein Brief des Pastors ein, mit dem er sich zu rechtfertigen suchte und die Schuld für sein Vergehen auf die Norderneyer übertrug, denn er selbst hätte sich stets gegen die Einstellung eines Privatlehrers gesträubt, doch hätten *„die Insulaner nicht nachgelassen, sich um einen Menschen umzusehen, dem man die Information der Jugend auftragen könnte, bis sie mir un vermuthet den Daniel Wilhelm Holtzheuder von Spiegeroog gebracht.(…) Ich habe dannenhero, weil die Prediger zu Spiekeroog und baltrum private informatoren für sich hielten, mich überreden lassen."* Immerhin räumt Poppen ein, *„daß ein prediger, der bald dieses, bald ienes in seinem Amte, insonderheit an diesem orthe zuthun, ohnmöglich alle Tage und wie ers wohl wünschete, der Information abwarten könne."* Abschließend bat Poppen um die Erlaubnis, den Holtzheuder noch bis Ostern 1737 weiter zu beschäftigen. Dies wurde genehmigt. Bald darauf verließ Holtzheuder jedoch Norderney und ging nach Amsterdam – angeblich unter Hinterlassung beträchtlicher Schulden.

Blödigkeit und ruchloses Wesen

Doch die Zeit war nun reif für die Einstellung eines hauptamtlichen Lehrers. Im Sommer 1737 bewarb sich der Nebenschulmeister Anthon Dencker aus Bensersiel um die Nachfolge Holtzheuders: *„Demnach der Schulmeister zu Norderney vor kurzer Zeit sich von da wegbegeben und keine Hoffnung ist, dass derselbe sich jemahls daselbst wieder einfinden werde, inzwischen mir solchen Dienst vohrzunehmen, mit Gott getraue und darinn mit aller christlichen Redlichkeit befleißen werde…"* Zum Nachweis seiner Schreibkünste fügte er der Bewerbung eine Schriftprobe bei. Doch es war vergeblich. Aurich lehnte ab. Auch eine erneute Bewerbung Denckers war erfolglos, denn seine Kenntnisse in der christlichen Katechismuslehre waren nach Ansicht der Regierung leider *„nicht wenig schlecht."*

Ein weiterer Bewerber, Hans Paul von Echten aus Nessmersiel wurde gleichfalls abgewiesen, weil er *„nicht tüchtig genug" war.*

Erstaunlicherweise einigten sich sodann Vogt Tromp und Pastor Poppen auf einen gemeinsamen Kandidaten und baten die Regierung *„im nahmen Der gantzen Gemeine"* um Zuweisung eines gewissen Johann Christian Besihn aus Norden. Doch die ungewohnte Eintracht zwischen Vogt und Pastor stieß auf den Argwohn der Regierung: *„Daß P .Poppen mit dem Vogt Trump u. einig andere Insularis ein so großes Verlangen nach dem Supplicanten[133] Besihn haben, macht ihn mehr verdächtig als recommandable.[134]"*

Und weiter heißt es in einem Aktenvermerk, dass auf Norderney die beiden *„liederlichen Hauptpersohnen, Pastoris und Voigts, alles, was auch äußerl. Ehrbarkeit betrifft (…) lächerlich gemacht"* hätten. Und weiter, dass ein Bewerber, *„den diese beyden mit ihren Saufcompagnons so sehnlich verlangen, (…) vermuthlich auch ein lustiger Bruder"* sei.

Vielleicht war der 44 Jahre alte Besihn kein *„lustiger Bruder"*, aber auf keinen Fall ein qualifizierter Pädagoge. Er hatte zunächst als Musketier in dänischen Diensten gestanden, sodann in der Fürstlich Ostfriesischen Miliz sowie in der Kaiserlichen Sauvegarde gedient, bevor er schließlich eine Stelle als Lehrer in Norden bekam. Als er nunmehr auf seine Eignung als Lehrer überprüft wurde, notierte der Prüfer:

„Das Schreiben (…) ward als das unstreitig beste bey ihm befunden; alles übrige war mittelmäßig. Das einzige irretierte mich am meisten, dass, wenn ich ihn bey der Catechismus-Lehre und sonst um etwas fragte, ihm (…) sofort der Mund etwas quer gezogen wurde und er darauf, mit mehrfacher Wiederholung einer und dersel-

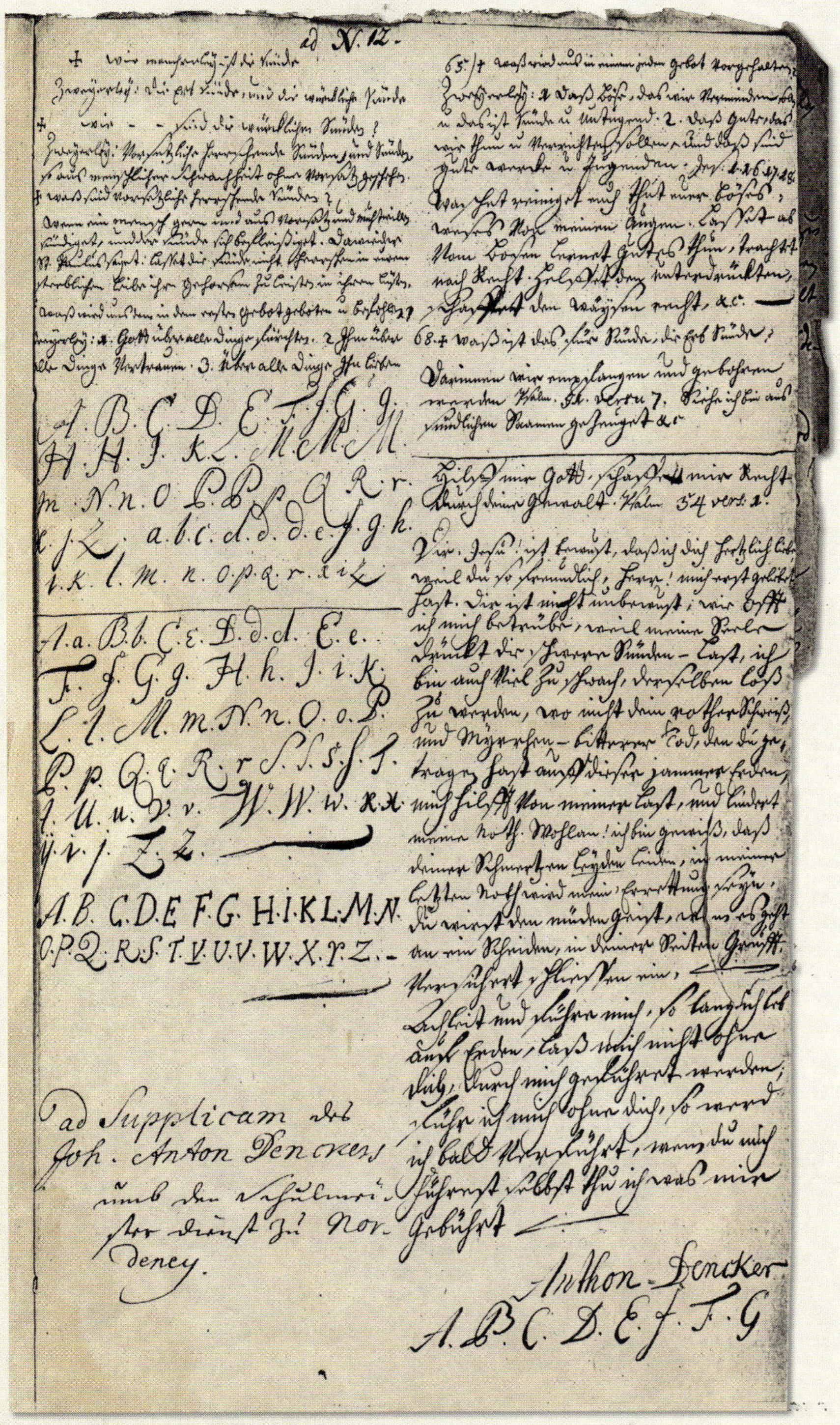
A. B. C. D. E. F. G. H. I. K. L. M. N. O. P. Q. R. S. T. U. V. W. X. Y. Z.

ad Supplicam des Joh. Anton Denckers umb den Schulmeister dienst zu Nordeney.

Anthon Dencker

A. B. C. D. E. F. G.

ben Sylbe, sehr zu stammeln und zu stottern anfing, so dass ich erst nicht verstehen konnte, was er sagen wollte. Auf meine Frage um die Ursache davon, gab er dazu an Furcht und Blödigkeit[135]", aber beim Unterricht „*wäre dergleichen nie zu spüren.*"

Die Regierung bot daraufhin die Norderneyer Stelle einem Bewerber aus Neuharlingersiel an. Doch der lehnte mit der Begründung ab ,dass er inzwischen „*verlässliche Informationen*" über das „*ruchlose Wesen*" der Norderneyer erhalten habe. So sollte dann schließlich im März 1748 der stotternde Musketier Besihn doch noch das ersehnte Amt eines Schulmeisters auf Norderney erhalten.

„... ich leide Nott und Mues übber gewalt Klagen"

Vogt Tromp musste sich in jener Zeit allerdings nicht nur mit der Auswahl geeigneter Lehrkräfte befassen. So berichtet er am 9. Februar 1737 in seiner lokal geprägten Mundart und mit eigenwilliger Orthographie[136] über eine Schlägerei auf der Insel: „*ich mues Schleunieg berigten, was maßen Emme : bentz Hatt Ein Halb tonne bier holet das selbe in Jan Klüns behausung bragt des abbens : als : d 8 dieses : da bey gewesen Miet Einigen zu drinken so Hatt sieg des abbens umb : 9 a halp 10 uhr : vor Meine tür Ein funden Jan Klün : und Miet fiel schreien und Rufen: Fogt helfet Mieg denn ich leide Nott und Mues übber gewalt Klagen weil ich abber binn auf Mein bette gewesen ist der selbe so wieder weck gangen…*"

Zwei Norderneyer, Ehme Bents und Eilert Siebels, hatten unter Alkoholeinfluss randaliert, eine junge Frau mit einem Messer bedroht und einen Mann „*bey dem Hals griffen und : wan keine Rettung were da kommen, fiel leigt umb bragt*[137]." Die beiden Missetäter waren der Justiz nicht ganz unbekannt. Sie hatten sich schon 1725 vor dem Amtsgericht Berum verantworten müssen, weil sie auf Juist randaliert und dem dortigen Vogt gedroht hatten, sie wollten „*Ihn noch Todtschlagen, wann Sie Ihn nur bey gelegenheit überkämen.*"

Auszug aus einer Bewerbung um die Stelle des Schulmeisters auf Norderney (1737).

Die Missetäter Ehme Bents und Eilert Siebels waren von dieser Anzeige natürlich nicht erbaut, und 1742 rächte Folkert Siebels seinen Bruder Eilert, indem er den Vogt beim Fürsten in Aurich denunzierte. Er wies darauf hin, dass der Vogt den Strand bestimmungsgemäß mir zweien der ältesten Einwohner abzusuchen hätte. Nun aber brächte *„der Vogt Tromp solche Leute dazu, welche in dem Unterschleiff*[138] *bey den Strandungen gerne convenirten*[139], *weil sie diejenigen wären, welche das gantze Jahr hindurch in des Vogtes Hause die Zechen unterhielten, so hernach von denen sämtliche Einwohner müßten bezahlet werden.*" Folkert Siebels schlug seinem Fürsten vor, die Begleiter des Vogtes bei der Strandkontrolle amtlich zu bestellen, weil damit *„das heimliche Bergen würde verhütet werden."* Dieser Vorschlag dürfte jedoch kaum zielführend gewesen sein, denn die Norderneyer hatten schon seit etlichen Generationen große Mengen des damals reichlich vorhandenen Strandguts heimlich beiseite geschafft und verschoben – und das oft mit Billigung oder sogar mit Unterstützung ihrer Vögte. Die Schiffe segelten damals dicht unter der Küste entlang und alle paar Monate drückte der Wind ein Schiff an den Strand und noch häufiger transportierten die Wellen Schiffstrümmer oder Frachtgut herbei. Die Norderneyer betrachteten das „Strandjen" als ihr gutes Recht und meinten, dass alles, was sie am Strand fanden und nach Hause tragen konnten, damit auch in ihr Eigentum übergehe.

Turbulenzen

Auch im privaten Bereich durchlebte Johann Tromp auf Norderney etliche Turbulenzen. Am 5. September 1733 gebar ihm seine Frau Anna Pauli einen Sohn – und starb sechs Tage später. Schon sechs Monate später, am 25. März 1734, heiratete er erneut, und zwar eine junge Witwe aus Hage, Juliana Siemens, die ihm dann 1735, 1738 und 1741 drei Kinder gebar. Die Tatsache, dass das Fürstenhaus in Aurich die Patenschaften für seine ersten beiden Kinder und der Amtmann Kettler für sein viertes Kind übernahmen, lässt erkennen, dass Tromp weitaus besser „vernetzt" war als sein Widersacher Poppen. So dürfte dann wohl auch die Taufe seines ersten Sohnes auf den Namen Georg Carl Wilhelm als Huldigung an das Herrscherhaus der Cirksena zu verstehen sein; denn der regierende Fürst in Aurich hieß derzeit Georg Albrecht und sein Sohn Carl Edzard.

Turbulente Zeiten folgten auch für Pastor Poppen. Am 26. Januar 1739 hatte er Rebecca Kettler aus Norden geheiratet, die ihm am 13. März 1740 eine tote Tochter gebar und fünf Tage später starb. Poppen schreibt in seinem Kirchenbuch: *„Am 18. März 1740 um 7 Uhr des Morgens ist des Pastors Onno Wilhelm Poppen hertzliebe Ehefrau Rebecca Elsche Charlotte Kettler zu seiner größten Traurigkeit von dieser Welt abgeschieden und den 24. in der Kirchen unter ihrem Stuhle begraben in dem 29. Jahr ihres Alters."* Dieses Unglück fiel zusammen mit einem unerwartet harten und langen Winter, in dem es am 17. Juni zum letzten Mal fror.

Doch auch Poppen heiratete bald wieder. Seine nächste Frau gebar ihm am 23. April 1747 eine Tochter, die jedoch gleichfalls nach wenigen Tagen starb und gleichfalls in der Kirche begraben wurde. Ein Jahr später vermeldet das Kirchenbuch die Geburt eines Söhnleins: *„Den 11. Mai, an einem Sonnabend, um Mitternacht ist geboren Heinrich Wilhelm Poppen"* und *„in der Nacht wegen Schwachheit getauft."* Doch der Junge überlebte.

Im Norderneyer Kirchenbuch ist die Geburt seines Sohnes eine der letzten Eintragungen von der Hand des Predigers Onno Wilhelm Poppen. Im Laufe des Jahres 1748 verließ Poppen mit seiner Familie die Insel und ging nach Norden. Es ist ungewiss, ob er sein Predigeramt aus freien Stücken aufgab oder ob er von seinen Vorgesetzten dazu gezwungen oder gar abberufen wurde. Es steht jedoch fest, dass Poppen mit seinen Vorstellungen von einem wahrhaft christlichen Lebenswandel bei den Norderneyern wenig Anklang gefunden hatte, und die hatten das auch nicht verheimlicht. So hatten 15 Norderneyer Frauen dem Generalsuperintendenten in Aurich *„unter Weinen geklagt, daß der Pastor ihnen feindselig begegne, so daß sie nicht zum Abendmahl gehen könnten.“*

Auch der Berumer Amtmann Kettler, der regelmäßig das Norderneyer Kirchenbuch kontrollierte, scheint Druck auf Poppen ausgeübt zu haben, denn zahlreiche seiner Eintragungen hat Poppen später unkenntlich machen müssen und sogar etliche Seiten aus dem Kirchenbuch wieder herausgeschnitten, was er 1742 mit den Worten begründete: *„Meine Anmerkungen sind ausgestrichen, wozu* (ich) *Recht und auch Befehl gehabt.“* Mit diesen Streichungen musste Poppen wohl die bis dahin dokumentierten tatsächlichen und vermuteten Missetaten des Vogtes für die Nachwelt löschen.

Nur zwei Jahre nach dem Abgang des Pastors starb sein Kontrahent Johann Tromp. Als dann 1756 auch die Stelle des Predigers auf Norderney wieder vakant wurde, meldete sich Onno Wilhelm Poppen, der bis dahin mit Frau und drei Kindern in großer Armut in Norden gelebt hatte, zurück und bat die Regierung am 6. Juli 1757 um seine Wiedereinsetzung auf Norderney, *„da sein geführter guter Wandel in seinem 9jährigen Elend zu Norden selbige dergestalt gewähret, daß die meisten Einwohner deßen Herstellung wünschen: der bekandte Uhrheber von deßen Unglück, der Vogt Tromp längstens gestorben und dadurch aller Widerwille gäntzlich erloschen ist.“* Damit wurde noch einmal deutlich, dass Johann Tromp es geschafft hatte, die Norderneyer auf seine Seite zu ziehen. Doch die Regierung verweigerte Poppen die Wiedereinsetzung. Er starb 1763 im Alter von nur 59 Jahren in Norden.

Ein Freibeuter geht an Land

Poppens äußerst negatives Urteil über den Vogt Tromp scheint sich in kirchlichen Kreisen lange gehalten zu haben, denn noch 100 Jahre später, 1853, meinte der Norderneyer Prediger Reins, Johann Tromp sei ein Mann gewesen, *„der noch jetzt als ein böser Vogt im Gedächtnisse des Volkes fortlebt.“* Was die Herkunft des Vogtes betrifft, so vermutet Reins, dass Tromp vor seiner Norderneyer Zeit *„als kühner Partheigänger dem Fürsten im Appel-Kriege*[140] *so erhebliche Dienste leistete (...) und unter andern auch an dem Siege der fürstlichen Truppen (...) bei Hage 1727 einen nicht unbedeutenden Anteil hatte.“* Als der Fürst nach seinem Siege daran gegangen sei, seine Anhänger zu belohnen, konnte der einfache Matrose Tromp *„zu einem bedeutenden Posten wohl kaum erhoben werden, zu einem Vogte auf der Insel mochte man ihn indeß doch gut genug halten.“*

Der Chronist St. A. Rykena bestätigte 1911 die Identität Tromps: *„Unter den Anhängern des Fürsten war ein Matrose Tromp berüchtigt...“* und vermutete, *„Tromp wird als Vogt das Gewerbe eines Freibeuters wohl fortgesetzt haben.“* Der gleichen Ansicht ist der Chronist H. H. Hirsch 1952. Ausgehend von den Darstellungen der genannten Chronisten ergibt sich für den angeblich so bösen Vogt der folgende abenteuerliche Lebensweg: Johann Tromp wurde 1699 oder 1700 als Sohn des Andres Tonjes in Hage geboren. Seine Mutter war wahrscheinlich eine gewisse Jantje Trumps, die 1727 im Berumer Witwenhaus verstarb. Johann Tromp fuhr in seiner Jugend zur See, wo er bald auf französische Freibeuter getroffen sein dürfte, die Anfang des 18. Jahrhunderts in großer Zahl vor den Inseln und im Watt auf Beute lauerten und mit Raubzügen, Entführungen und Erpressungen die Menschen an der Küste in Atem hielten. Nach Ansicht des Chronisten Hirsch dürfte der spätere Norderneyer Vogt sich damals *„zu einem Abenteurer übelster Sorte entwickelt haben, der durch ein Tal des Schmutzes gewandert war...“*

Als dann 1726 in Ostfriesland eine Rebellion gegen den Fürsten ausbrach und in kürzester Zeit fast alle Landesteile unter der Herrschaft der Aufständischen standen, blieb der Matrose Jan Tromp seinem Fürsten treu und scharte Gleichgesinnte um sich, die einen Guerillakrieg gegen die neuen Machthaber führten. Sie jagten und fingen die Aufständischen und lieferten sie in Ketten gebunden beim Fürsten ab. Trotz aller Bemühungen gelang es den Aufständischen nicht, Jan Tromp und seine Freischärler auszuschalten, so dass sie in etlichen Gemeinden Steckbriefe aushängten, so zum Beispiel in Wirdum: „*Es wird dem Kirchspiel Wirdum, oder denen Eingesessenen hiermit kund gethan, daß sie, wenn sie diejenigen, so nunmehr in dem Lande herumstreifen, als Johan Tromp und Bente Borchers, oder deren Anhänger allda kommen möchten, dieselben bei dem Kopf zu fassen, und wenn sie sich retirieren*[141]*, sie frei zu schießen und zu todte zu machen haben…*"

Doch Jan Tromp wurde nicht gefasst. Als sich am 5. April 1727 die fürstlichen Truppen und die Aufständischen bei Lütetsburg gegenüberstanden, war auch Jan Tromp mit seinen Freischärlern zur Stelle. Der Chronist Wiarda berichtet: „*Der berüchtigte Matrose, Jan Tromp, recognoscierte*[142] *die Nacht hindurch und kam mit dem anbrechenden Tage frohlockend in Hage zurück. Das geht auf Norden zu! schrie er.*" Der Kommandant der fürstlichen Truppen jedoch „*sah es ungern, daß Jan Tromp mit einem Schwarm Landleute in Norden eindringen wollte, weil alsdann die Unordnungen unvermeidlich gewesen seyn würden*" und rückte deshalb mit eigenen Truppen in die Stadt ein. „*Noch an demselben Abend, am 6. April, kam Jan Tromp mit der frohen Nachricht von der Einnahme der Stadt Norden in der fürstlichen Residenz an. Er erschien auf dem fürstlichen Schloß nicht als gemeiner Matrose, sondern als ein vornehmer Herr, mit einer Feder auf dem Hute und in einem propren Kleide.*" Die prächtigen Kleidungsstücke waren Beutegut aus dem Besitz des gegnerischen Kommandanten, der sie bei seiner Flucht in Norden zurückgelassen hatte.

Auch am 25. April, als sich die fürstlichen Truppen und die Aufständischen ein zweites Mal bei Norden gegenüberstanden, war der berüchtigte Matrose wieder zur Stelle. „*Jan Tromp hatte vor einigen Tagen ein Frey Corps, welches mehrenteils aus Hager Eingesessenen bestand, errichtet. Er rückte nun mit Feldgeschrei heran.*" Auch bei diesem Gefecht behielten die fürstlichen Truppen die Oberhand und der gegnerische Kommandant Cramer musste sich mit

Bei Lütetsburg trafen 1727 die fürstlichen Truppen und die Aufständischen aufeinander.

seinen wenigen Getreuen auf die Burg Grimersum zurückziehen. *„Kaum war Cramer in Grimersum angekommen, so flankierte schon Jan Tromp mit seinem Freicorps um Grimersum herum, um der Besatzung die Zufuhr abzuschneiden.“*

Als Cramer dann in der Burg hinterrücks erschossen wurde, streckten seine Männer die Waffen und die fürstlichen Truppen konnten die Rückeroberung Ostfrieslands fortsetzen. Am stark befestigten Emden vorbei erreichten sie bald darauf schon das Rheiderland. Ihren Einmarsch in Weener am 15. Mai 1727 kommentiert Wiarda ahnungsvoll mit den Worten: *„So rein wird es gewiß nicht abgegangen sein, weil Jan Tromp mit seinem Freycorps schon zuerst in Wehner eingerückt war.“*

„Hole mich der Teufel mit Leib und Seele!“

Die Herrlichkeit Oldersum, die zu den führenden Kräften der Rebellion gehörte, wurde am 20. Mai 1728 unter fürstliche Zwangsverwaltung gestellt, ihr Amtmann Justus Wallendorph sowie der Vogt Egbert Hindrichs wurden ihrer Ämter enthoben und bald darauf durch einen neuen Mann ersetzt. Sein Name: Jan Tromp, Korporal der Sauvegarde. Demnach war der kampferprobte Jan Tromp inzwischen in die Sauvegarde, die kaiserliche Schutztruppe, aufgenommen worden und hatte den Grad eines Unteroffiziers erreicht. Doch nicht nur beruflich, auch privat traten für Tromp wichtige Veränderungen ein, denn das evangelisch-lutherische Kirchenbuch Leer vermeldet am 22. Juni 1728 die Heirat des Jan Tromp Tonjes aus Hage mit einer gewissen Tjadwe Jansen. Zwei Jahre später, am 7. Mai 1730, vermeldet das reformierte Kirchenbuch Oldersum die Geburt von *„Jantje Tromp, Dochter von Jan Tromp, Voogd, und Tiaddewe Jansen Meekens.“* Am 23. September 1731 folgte die Geburt der Tochter Toobke. Anschließend verschwindet der Name Jan Tromp aus den Oldersumer Akten, um dann ab 1732 umso häufiger in den Norderneyer Akten aufzutauchen.

Aus Jan Tromps Oldersumer Zeit findet sich eine Kostprobe seiner später auch in Norderney recht eigenwilligen Amtsführung in einer Akte des Stadtarchivs Emden wieder. Darin berichtet der abgesetzte Amtmann Wallendorph am 21. September 1729 von einem Streit um die Reparatur einer Tür zwischen Tromp und dem abgesetzten Vogt Egbert Hinrichs. Der *„jetz und zu Olderssum verwaltende Voigt Jann Trump“* sei *„mit sein Hirch-fänger auff der Seite in des Voigten Egbert Hinrichs Hauß gekommen, den besagten Egbert alsobald mit ungestühm angefallen, sagend, ich frage dich nur, ob du die Pforte wieder wilt reparieren und machen laßen, wo nicht, soll dich der Teuffel holen, warauf Er, Egbert, geantwortet, Trump es gehet mich ja nicht an (...)“* und weiter - in heutiges Deutsch übertragen - *„Er, Trump, hingegen, wieder auf Egbert fallend mit schrecklichem Schlagen auf den Tisch, hör Du, ich sage dir, du sollst mir die Pforte reparieren, oder dich soll der Teufel holen und ich will dir Canaille, hole mich ruhig der Teufel mit Leib und Seele, (...) den Hals brechen, ja dir Schurke den Kopf zehnmal abschlagen, oder mich soll der Teufel holen*[143]*.“*

Das häufige Fluchen scheint schon damals ein wesentlicher Charakterzug des Vogts gewesen zu sein und die Erfahrungen des Norderneyer Pastors Poppen zu bestätigen, der fünf Jahre später klagen sollte: *„er fluchet, daß einem die haare müssen zu berge stehen.“*

1750 schloss sich der Lebenskreis dieses außergewöhnlichen Mannes auf Norderney. Nach seinem Tode am 23. Februar 1750 *„ist derselbe am 2. März des Abends von der Insel abgeführet worden, um in Hage begraben zu werden“* vermeldet das Kirchenbuch der ev.-luth. Gemeinde auf Norderney. Damit war Tromp an seinen Geburtsort zurückgekehrt, wo er im Schatten der Ansgari-Kirche seine letzte Ruhestatt gefunden haben dürfte.

Über das Schicksal seiner Familie liegen nur wenige Informationen vor. Seine Oldersumer Tochter Jantje ist am 18. Dezember 1795 – wohl unverheiratet – in Leer gestorben. Wir wissen

Im Schatten der Ansgari-Kirche in Hage dürfte der Vogt seine letzte Ruhestätte gefunden haben.

aber nicht, was aus ihrer Schwester Toobke und ihrer Mutter Tiaddewe geworden ist, die wohl schon bald nach der Geburt ihrer zweiten Tochter gestorben sein dürfte, denn bereits ein Jahr später war Jan Tromp mit der aus Hage stammenden Anna Gerhardina Pauli verheiratet, die allerdings bei der Geburt ihres ersten Sohnes im September 1733 gleichfalls starb. Schon ein halbes Jahr später war Tromp mit der gleichfalls aus Hage stammenden Juliana Siemens verheiratet.

Von Tromps Norderneyer Nachkommen ist nur bekannt, dass seine 1738 auf Norderney geborene Tochter Agatha 1761 in Hage den Sohn eines Tischlermeisters aus Alvensleben heiratete. Tromps gleichfalls nach Hage zurückgekehrte Witwe Juliana Siemens ist noch einmal aktenkundig geworden, als sie 1759/60 einen erbitterten Rechtsstreit mit ihrem Nachbarn, dem Schuhmacher Johan Portmann, führte, weil dieser ihren Misthaufen zur Seite geschoben hatte, um sich so einen besseren Zugang zu seinem Garten zu verschaffen.

Sein abenteuerlicher Lebenslauf, sein impulsives Verhalten und seine rustikale Amtsführung verbunden mit dem Geschick, aus jeder Situation intuitiv Vorteile zu ziehen, machen Johann Tromp zu einer der interessantesten Gestalten der Norderneyer Lokalgeschichte. Das Urteil seiner Zeitgenossen und auch späterer Generationen über Johann Tromp ist allerdings äußerst widersprüchlich.

Je nach eigener Interessenlage wird er einerseits als böse, frech und gewalttätig bezeichnet, während er von anderer Seite als redlich und sogar fromm dargestellt wird. Wenngleich er heute überwiegend als böser, unbeliebter Vogt angesehen wird, so haben doch etliche Norderneyer bei verschiedenen Gelegenheiten für ihn Ehrenerklärungen abgegeben, mit immerhin rund dreißig Unterschriften. Diese Erklärungen dürften den zwielichtigen Johann Tromp in einem etwas besseren Licht erscheinen lassen – oder aber seine Norderneyer in einem etwas schlechteren…

Quellen und weiterführende Literatur:

1. *StA AURICH: Rep. A 1583, Rep. 38, Nr. 208, Rep. 138 I, Nr. 1719 und 1736, Rep. 4 B 2 g, Nr. 159, 161 und 171, Rep.*
2. *Stadtarchiv EMDEN: Erste Registratur, Nr.322*
3. *T.D. WIARDA: Ostfriesische Geschichte, 31. Buch, Aurich 1791 – 1798*
4. *J. A. AGGEN: Die Familien der ev.-luth. Kirchengemeinde Norderney, Aurich, 2003*
5. *C. G. REINS: Die Insel Nordernei, Hannover 1853*
6. *St. A. RYKENA.: Geschichte von Norderney, Norden 1911*
7. *H. DREES: Prediger und Schulmeister auf Norderney, Ostfriesischer Kurier Nr. 9/1955*
8. *H. H. HIRSCH: Die alten Norderneyer…, Norderneyer Badezeitung Nr. 69/1952*
9. *B. .E. SIEBS: Die Norderneyer, Norden 1930*
10. *F. KURAKOWSKI: Die Friesen, Herrsching, 1987*
11. *H. KANNEGIETER: Oldersumer Chronik, Emden, 1987*
12. *G. W. KAMPFER: Wie die Norderneyer das Lesen und Schreiben lernten, Ostfriesischer Kurier, 31.10. und 7.11.2009*

Illustration: Textprobe/Kurier 31.10.2009, S. 18

Rote Ruhr auf Norderney und Juist

Immer wieder wird der 29. März 1836 als der schwärzeste Tag in der Geschichte Norderneys dargestellt. An jenem Tag waren die Norderneyer Fischer von einem schweren Sturm überrascht worden, der fünf der ausgelaufenen Schaluppen in die Tiefe riss. 16 Fischer ertranken. In wenigen Augenblicken hatten neun Norderneyer Frauen ihren Mann verloren und 29 Kinder ihren Vater.

Der Schrecken dieses Unglückstages verblasst jedoch vor der Katastrophe, die im Winter 1759 über die Insel hereinbrach. Auch in diesem Fall kam das Unheil von See. An Bord eines Norderneyer Schiffes, das Ende Oktober an der Küste Dithmarschens lag, erkrankte plötzlich der 22-jährige Jacob Claashen an einer schweren Darminfektion mit heftigen Leibschmerzen und anhaltenden blutigen Durchfällen, die schon nach kurzer Zeit zu seinem Tode führten.

. Das Norderneyer Kirchenbuch vermeldet dazu am 27. Oktober 1759:

„Jacob Claashen, des Claas Gerdes Sohn, auf des Jann und Menshe Hinrichs Schiff, so damals auf der Eider gelegen, an einer heftigen Krankheit, der rothen Ruhr, gestorben.“

Jacob Claashen wurde zwei Tage nach seinem Tode in Tönning in Dithmarschen begraben.

Der Schiffseigner Menshe Hinrichs jedoch kehrte mit seinem Schiff zurück nach Norderney. Schon auf der Rückfahrt stellten sich bei ihm dieselben Symptome ein. Er kam krank an und starb am 8. November, nicht jedoch ohne vorher seine Frau angesteckt zu haben, die ihm nur eine Woche später ins Grab folgte. Damit hatte die Rote Ruhr Norderney erreicht und breitete sich nun in Windeseile über die ganze Insel aus.

Der Norderneyer Pastor Johann Helmts sollte später in seinem Kirchenbuch notieren:

„An. 1759 im Herbst ist diese Insul von der rothen Ruhr heimgesucht worden. Durchs Anstecken kam die Krankheit, und zwar durch einen von unseren Schiffern, so auf seinem Schiff auf der Eider, damit befallen und krank alhier an Land gefahren wurde, nachdem ihm vorher sein Knecht auf dem Schiff an der roth. R. gestorben. Sie hat ein ganzes Jahr hier grassiert, und zwar im ganzen Dorf, und sind über 100 Personen an alten und jungen beiderley Geschlechts davon gestorben.
Gott bewahre diese Insul hierführ vor solchen bösen Plagen!“

Die Rote Ruhr, die nun so furchtbar auf der Insel wütete, wird von der modernen Medizin als „Dysenterie“ bezeichnet. Sie wird durch Bakterien verursacht, die die Darmschleimhäute befallen und schnell zu anhaltenden Durchfällen und damit einhergehenden gefährlichen Flüssigkeitsverlusten führen, sowie zu schweren Schädigungen des Darmgewebes und daraus resultierenden Blutungen. Die Übertragung der Seuche erfolgt zumeist als Schmierinfektion durch Kontakte mit den Ausscheidungen der Kranken und dementsprechend auch durch Fliegen.

Es war damals durchaus schon bekannt, dass die Rote Ruhr ansteckend war, doch wusste auch auf Norderney niemand so recht, auf welchem Wege die Ansteckung erfolgte. Hygienische Vorkehrungen und Maßnahmen waren noch weitgehend unbekannt. Es gab weder fließend Wasser noch Kanalisation. Der Wasserbedarf wurde durch Regenwasser oder aus Brunnen gedeckt, und zum Verrichten der Notdurft hatte man draußen eine Latrine – oder man ging einfach hinters Haus, und häufig dürften Brunnen und Latrinen nicht allzu weit voneinander entfernt gewesen sein.

Auch in den Häusern selbst ging es wenig hygienisch zu. Die kinderreichen Fischerfamilien wohnten auf engstem Raum zusammen. Oft schliefen mehrere Familienmitglieder in einem Bett und hatten damit häufig Körperkontakt. Von der Nachbarinsel Juist wird berichtet, dass dort die Eltern das Brot vorkauten, bevor sie damit ihre kleinen Kinder fütterten. Auf Norderney dürfte es kaum anders gewesen sein.

Wenngleich Pastor Helmts in seinem Kirchenbuch auf die Eintragung der Todesursachen zumeist verzichtet hat, lässt sich aus dem Verzeichnis der Namen und Todestage und der Häufung von Todesfällen in einzelnen Familien doch mit einiger Sicherheit ableiten, wie rasch sich die Seuche auf der Insel ausbreitete. Der Schiffer Menshe Hinrichs hatte die Rote Ruhr aus Dithmarschen mitgebracht. Acht Tage nach seinem Tod starb seine Frau und weitere vier Wochen später seine 24-jährige Tochter Iddel – wenige Wochen nur nach ihrer Hochzeit im Oktober des Jahres zuvor. Auch in vielen anderen Familien sprang die Seuche von einem Familienmitglied zum anderen. So verlor der Fischer Arend Rass am 13. Dezember 1759 zunächst seine zehn-jährige Tochter Sipke, einen Tag vor Heiligabend seine zwölf-jährige Tochter Antje und am 13. Februar seine sieben-jährige Tochter Aafke. Das letzte von seinen sieben Kindern, die kleine Hiemke, starb später 17-jährig an Masern.

Am schlimmsten traf es jedoch die Familie des Fischers Menshe Sicken. Am 10. Dezember 1759 starb seine Frau Tomme, einen Tag später seine sieben-jährige Tochter Etje, am 15. der Familienvater selbst und bereits am 22. Dezember folgten ihm sein vier-jähriger Sohn Simon und sein zwei-

jähriges Töchterchen Jantjen in den Tod. Innerhalb von nur zwei Wochen hatte die Rote Ruhr eine fünfköpfige Familie komplett ausgelöscht.

Einen Arzt gab es zu jener Zeit auf der Insel noch nicht, und die damals propagierten Therapieversuche erscheinen aus heutiger Sicht ziemlich abenteuerlich. So heißt es noch 1781 in einem Werk der Fachliteratur:

„In der Anno 1735 in meinem Vaterland so erschrecklich rasenden, und alle Leute ohne Unterschied angreifenden Ruhr habe ich von folgendem Pulver besondere Vortheile verspüret:

Nehmet Ipecacuabawurzel, drey Quentchen[144]*,*
Eisenartig Spießglasschweißpulver,
Krebsaugen,
Vitriolisierten Weinstein,
Gereinigten Salpeter,
jedes vierzig Gran[145]*.*
Mischet es, und macht ein zartes Pulver daraus."

Wie ihr Name bereits vermuten lässt, handelt es sich bei der Ipecacuaba um eine exotische Pflanze. Sie wächst in Südamerika, ist hochgiftig, führt beim Menschen vor allem zu heftigem Erbrechen und dürfte damals an vielen Orten Europas ebenso schwierig zu beschaffen gewesen sein wie die im Rezept geforderten Krebsaugen.

Die Tatsache, dass von den 515 Einwohnern, die Anfang 1759 auf Norderney lebten, über hundert an der Roten Ruhr starben, beweist, wie gefährlich die Seuche damals war. Etwa jeder zweite Erkrankte starb. Die Eintragungen im Kirchenbuch belegen, wie rasant sich die Seuche auf Insel ausbreitete. Allein im Dezember 1759 starben 26 Menschen, manchmal mehrere an einem Tag. Norderney hat 30 Jahre gebraucht, um sich von diesem Schlag zu erholen. Erst 1788 wurde die alte Bevölkerungszahl wieder erreicht.

Doch nicht nur Norderney litt unter der Roten Ruhr. Im Herbst 1760 sprang die Seuche über auf die Nachbarinsel Juist. Am 13. Oktober starb dort die 27 Jahre alte Tochter des Vogts Oltmann

Dirks und schon eine Woche später folgte ihr die Mutter ins Grab. Auch auf Juist breitete sich die Seuche rasend schnell aus. Bis Weihnachten des Jahres starben 22 Personen aus den rund 25 Familien, die damals im Westdorf (Loog) wohnten. Am schlimmsten traf es den Bäcker Jan Claassen, der innerhalb von nur 48 Stunden seine Frau und zwei kleine Kinder verlor, sowie den Schiffer Claas Eylts, der im November drei Kinder verlor und am 3. Dezember auch noch seine Frau. Die Tatsache, dass die Seuche nur im Juister Westdorf grassierte, nicht aber im neu gegründeten Ostdorf, lässt vermuten, dass es im Westdorf eine allgemein zugängliche Infektionsquelle gab – vielleicht einen verunreinigten Brunnen.

Die Rote Ruhr, die damals die beiden Inseln so furchtbar heimsuchte, zählte im 18. Jahrhundert in Deutschland zu den gefährlichsten Infektionskrankheiten und war auch in Ostfriesland durchaus bekannt und gefürchtet. Die Regierung in Aurich reagierte unverzüglich auf jede Meldung vom Ausbruch der Seuche und versuchte, die Epidemie möglichst schnell unter Kontrolle zu bekommen.

So hatte im Februar 1703 ein Seemann die Seuche in Westeraccumersiel eingeschleppt. Drei Personen starben an der Seuche, vier weitere überlebten sie und wurden wieder gesund. Als bald darauf ein von der Regierung entsandter Arzt umgehend über die Zahl der Kranken berichten sollte, fand er in dem Ort keine Kranken mehr vor.

Als es im Februar 1739 in Leer hieß, in Strackholt sei die Rote Ruhr ausgebrochen, ordnete die Regierung am 1. März um halb elf Uhr vormittags an, dass innerhalb von 24 Stunden ein Untersuchungsbericht vorzulegen sei. Am nächsten Tag war der Bericht da – es hatte sich um ein Gerücht gehandelt.

Als einen Tag vor Heiligabend 1749 in Aurich die Nachricht des Baltrumer Pastors Hayen eintraf, dass im November auf seiner Insel zehn

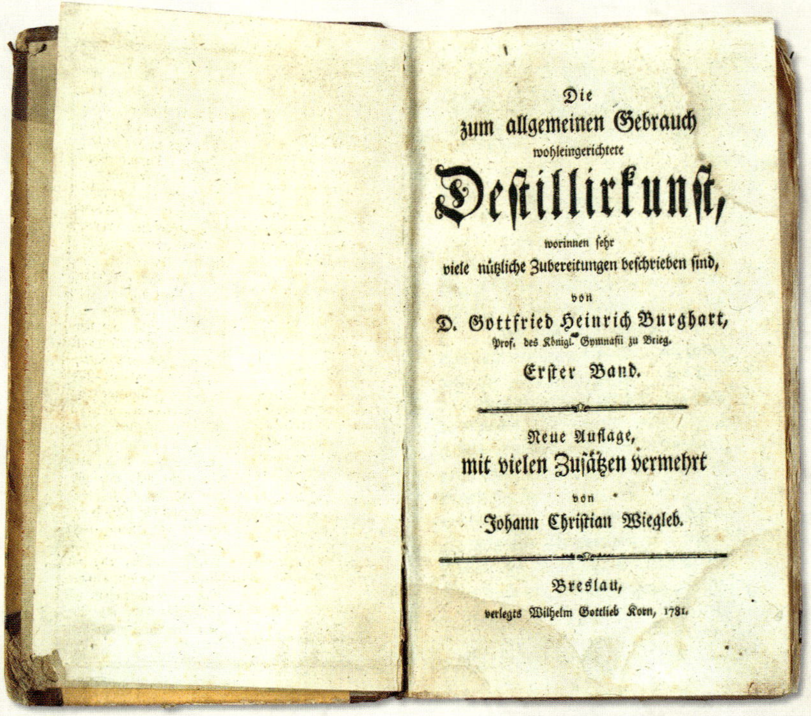

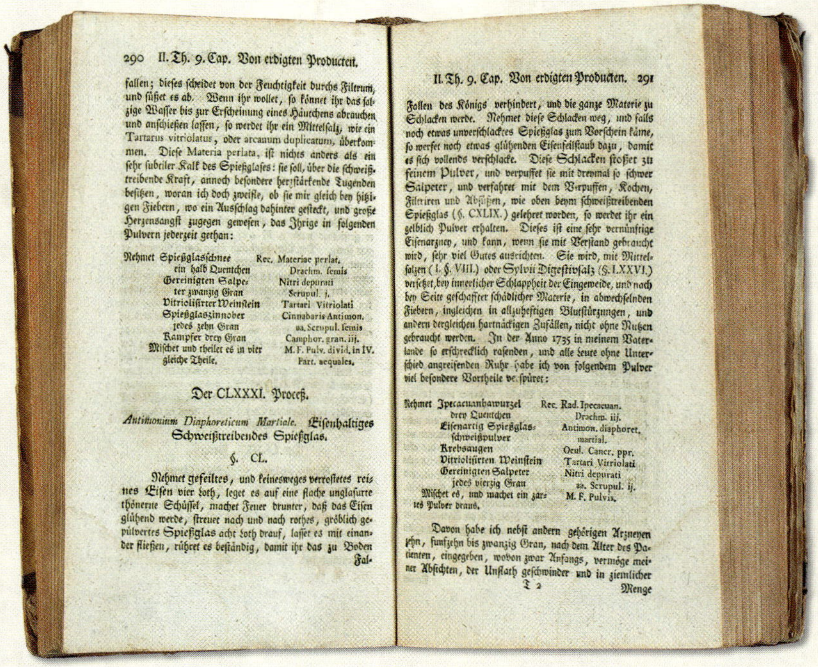

gelblich Pulver erhalten. Dieses ist eine sehr vernünftige Eisenarzney, und kann, wenn sie mit Verstand gebraucht wird, sehr viel Gutes ausrichten. Sie wird, mit Mittelsalzen (I. §. VIII.) oder Sylvii Digestivsalz (§. LXXVI.) versetzet, bey innerlicher Schlappheit der Eingeweide, und nach bey Seite geschaffter schädlicher Materie, in abwechselnden Fiebern, ingleichen in allzuheftigen Blutstürzungen, und andern dergleichen hartnäckigen Zufällen, nicht ohne Nutzen gebraucht werden. In der Anno 1735 in meinem Vaterlande so erschrecklich rasenden, und alle Leute ohne Unterschied angreifenden Ruhr habe ich von folgendem Pulver viel besondere Vortheile verspüret:

Nehmet Ipecacuanhawurzel	Rec. Rad. Ipecacuan.
drey Quentchen	Drachm. iij.
Eisenartig Spießglas=	Antimon. diaphoret.

Personen an der Roten Ruhr gestorben seien, wurden drei Auricher Ärzte beauftragt, die Lage sofort zu prüfen. Schon einen Tag nach Weihnachten lag ihre ausführliche Stellungnahme vor. Sie seien sich nicht sicher, ob es sich bei der Seuche wirklich um die Rote Ruhr handele, verlangten weitere Untersuchungen und empfahlen zur Therapie und Vorbeugung ein Elixier aus Rhabarberwurzeln und Hyazinthen.

Auf Norderney schwächte sich die Seuche im Frühjahr 1760 ab, erreichte im Herbst aber einen weiteren Höhepunkt, um dann Ende des Jahres ganz zu verschwinden. Im Dezember gab es keinen einzigen Todesfall mehr.

Andere inseltypische Todesursachen traten nun wieder in den Vordergrund. So zum Beispiel bei einem Bruder des Jacob Claashen, der 1759 in Dithmarschen als erster Norderneyer an der Seuche gestorben war. Über ihn heißt es mit Datum vom 17. April 1767 im Kirchenbuch:

„in einer Seereise, nah bey der Insel verunglückt, indem er aus dem Schiffe gefallen. Man hat alle Mühe aufgewandt, ihn zu finden, er ist aber nicht wiedergefunden."

Zu diesem Zeitpunkt war auch der Vater der beiden Brüder bereits ertrunken. Über ihn heißt es am 18. 10. 1760:

„Bey der Insel Wangerooge verunglückt, indem er, bey dem damaligen ungestümen Wetter von der Gewalt der tobenden Wellen über Bord geworfen und ertrunken. Er war seines Alters 62 Jahre und etliche Wochen. So viel man jetzt noch weiß, ist sein todter Leichnam noch nicht wieder gefunden."

Quellen und weiterführende Literatur
1. J. A. AGGEN: „Die Familien der evangelisch-lutherischen Kirchengemeinde Norderney 1688 – 1900", Aurich 2003
2. Stadtarchiv NORDERNEY
3. D. G. H. BURGHART: „Die zum allgemeinen Gebrauch wohleingerichtete Destillirkunst", Breslau, 1781
4. O. FISSER, Juist, schriftl. Mitteilung vom 17.11.2011
5. Kirchenbuch der Evangelisch-lutherischen Gemeinde NORDERNEY, Bd 2, 1752 – 1783
6. StA AURICH Rep. 4 B 4a Nr. 322, Rep. 4 B 4n Nr. 456, Rep. 5 Nr. 1184

Illustration: Hist. Karte Juist/Ney

Erschienen in Folge 2 der Serie „Die Akte Husius" im KURIER 2013

Zu Pferd über das Watt - lange Zeit die schnellste Verbindung nach Norderney.

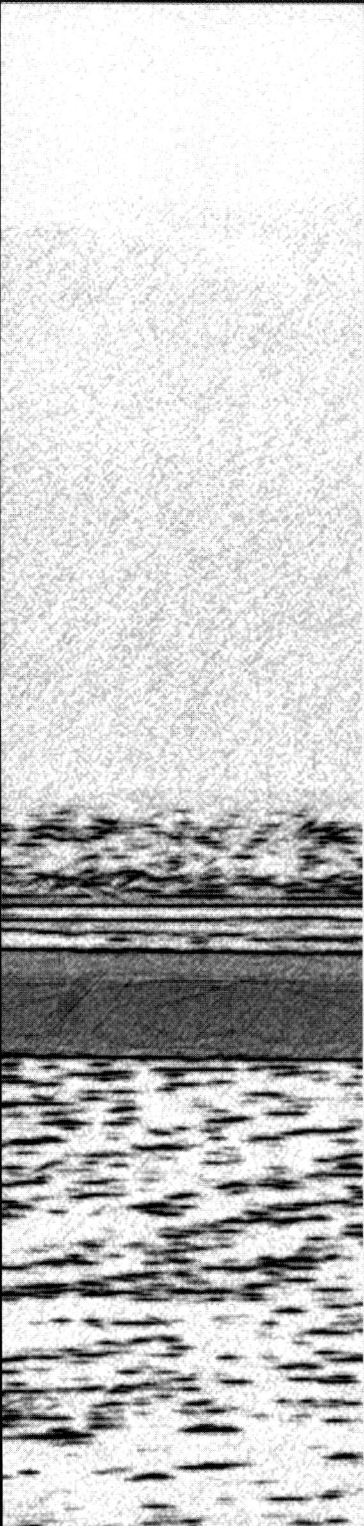

Die Akte Strobach

Donnerstag, 1. Februar 1731

Norderney hält den Atem an. Soeben hat man den Inselpastor tot in seiner Kammer aufgefunden – mit einem Strick um den Hals.

Noch am Tag zuvor hatte Pastor Johann Strobach, der seit einem halben Jahr verwitwet und mit seinen vier kleinen Kindern allein im Pastorenhaus lebte, die Fischersfrau Maria Oldenburgs gebeten, ihm in der Küche zu helfen. Als die Fischersfrau dann am Donnerstagmorgen um 8 Uhr zum Pastorenhaus kam, fand sie die Türen weit geöffnet. In einer Akte des Staatsarchivs Aurich heißt es dazu:

„Wie Sie in die Küche gekommen, hätte Sie des Pastoris Peruque verkehrt auf dem Tisch liegen und sodann die Kinder (…) vorgefunden. Das älteste Kind hätte auch das Thee-Zeug um Thee zu trinken auf dem Tisch parat gehabt. Sie wäre bei ihrer Ankunft von dem ältesten Kinde gefraget: ob Ihr lieber Papa in Ihrem Hause wäre? Und als Sie (…) nein darauf geantwortet, hätte das Kind darauf repliciret[146]: wo muß denn mein lieber Papa wohl seyn? Sie wäre hierauf in die Cammer gegangen und hätte des Pastoris Pantoffeln und Schlafrock vor dem bette, Ihn aber den Lichter[147] um den Halß habend Tod vorgefunden.“

Die entsetzte Fischersfrau eilte daraufhin sofort zum Inselvogt Johann Husius und überbrachte ihm die Nachricht vom Tode des Pastors. Der Vogt verfasste umgehend eine schriftliche Mitteilung, die noch am selben Tage im Amt Berum eintraf, so dass der Berumer Amtmann Hess gleichfalls am selben Tage noch die Todesnachricht an seinen Landesherren Fürst Georg Albrecht in Aurich weiterleiten konnte. In seinem Begleitschreiben ließ Hess allerdings einen bösen Verdacht anklingen. Er habe Pastor Strobach

„… jederzeit für einen rechtschaffenen Prediger angesehen, und nichts anderes bemerket, als daß Er die Ihm anvertraute Gemeine[148], als einen christlichen Lehrer und Prediger (…) sowohl in seiner Lehre als in seinem Leben, christrühmlichst vorgestanden. (…) Wir haben aber auch dagegen von anderen wohl vernommen daß Er durch die fortpflanzung eines Gott wohlgefälligen Gottesdienstes sehr viele Feinde auf der Insul Norderney /: deren Einwohner durchgehend sehr rüde und unchristlich sind :/ bekommen. Wir haben zwar bis dato nicht in Erfahrung bringen können, ob Er selber oder ein anderer Bösewicht Ihm diesen gewaltsamen Todt (…) zu Wege gebracht. Indessen aber halten wir seiner bisherigen und allem Ansehen nach christlichen Aufführung halber dafür, daß Er sich (…) selber vom Leben zum Tode nicht gebracht, sondern vielmehr Ein oder anderer der dortigen Insulaner Ihme Gewalt angethan haben werde.“ Hess spricht in seinem Bericht weiter *„von übelgesinnten, liederlichen Eyländern.“*

Er beauftragte den Berumer Notar Gerhard Schmid und den Hager Chirurgen Johannes Siemens, sich in *„aller Eyl"* auf die Insel zu verfügen, *„... den Körper besagten Pastoris zu besichtigen, und im Fall daran einige Merkmahle eines erlittenen gewaltsamen Todes"* zu bemerken, umgehend darüber zu berichten und *„unter Zuziehung des dortigen Vogtes die Sache auf das genaueste und mit Fleiß"* zu untersuchen. Amtmann Hess bat sodann den Fürsten in Aurich um weitere Instruktionen und erhielt die Anweisung, die Leiche zunächst visitieren[149] und nötigenfalls sezieren zu lassen und sie anschließend den Angehörigen *„zur beliebigen Beerdigung"* zu übergeben.

Amtmann Hess informierte nun auch den Pastor Pancratius Voigting in Hage über den Tod des Norderneyer Pastors. Voigting war nicht nur dessen Amtsbruder, sondern auch Schwiegervater, und als Großvater damit nun zuständig für die vier Waisenkinder im Norderneyer Pastorenhaus. Voigting beschaffte sich umgehend einen Sarg und ein Fuhrwerk und traf Vorbereitungen für die Fahrt nach Norderney. Damals war es üblich, dass die meisten Güter und Personen bei Niedrigwasser mit Pferdewagen über das Watt zur Insel transportiert wurden.

Die Norderneyer indes waren überzeugt, dass ihr Pastor Strobach nicht durch Mord, sondern durch Selbstmord vom Leben zum Tode gekommen war. Sie waren entsetzt, denn ein Selbstmord galt als Todsünde und der Selbstmord eines Pastors war an Sünde eigentlich nicht mehr zu überbieten. Nach der damals geltenden Auffassung brachte ein Selbstmord Schande und Unheil über die Gemeinde. Selbstmörder wurden nachts ohne jede kirchliche Zeremonie durch den Totengräber verscharrt. Wer die Leiche eines Selbstmörders auch nur berührte, riskierte „unrein" und damit zum Außenseiter der Gesellschaft zu werden.

Freitag, 2. Februar

Bereits einen Tag nach dem Tod des Pastors waren Notar Schmid und Chirurg Siemens auf der Insel erschienen und hatten sich zusammen mit dem Norderneyer Vogt und der *„Jungfer Voigting[150]"* zur Pastorei begeben. Die Männer brachen die vom Vogt gleich nach der Todesnachricht versiegelte Tür auf und gingen *„mit einem angezündeten Lichte in die Cammer."*

Schmid berichtete einen Tag später, am 3. Februar, seinem Amtsleiter in Berum, dass sie sich sodann dem Bette näherten: *„... worinnen der Cörper des erwehnten Pastoris Strobachs befindlich, welchen wir dann nach wohlgenommenem Augenschein diesergestalt vorgefunden; daß Er nemlich den oben am bette mit einer dünnen Leine oder schmalem Taue befestigten sogenannten Lichter oder Aufheber /: welcher von Wollen, bey nahe eines Daumens dick, gantz rund und dicht ist :/ und deßen unterster Theil um den Halß dergestalt gebunden, daß der unten an dem heber[151] vorhandene Knopf hinten in den Nacken um das andere alda anschießende[152] Theil mit einem Strick zugemachet und also gantz feste um den Halß zu sammen gestricket ist, so daß der Kopf vorne über niederwärts gebogen; dabey im übrigen aber der Cörper nach dem Augenschein nach gerade auf im bette auf den Knien sitzend befunden..."* Bettdecke und Kissen wiesen keinerlei Zeichen von *„Confusion[153]"* auf, sondern befanden sich in *„einem ziemlich ordentlichen Stande."*

Als Schmidt und Husius nun den Chirurgen Siemens aufforderten, *„die ihm anbefohlene visitation des Cörpers zu thun,"* gab es erste Schwierigkeiten, denn Siemens erklärte, *„...daß Ihm solches, solange der Cörper nicht in einer rechten Ordnung gebracht und entkleidet worden, ohnmöglich wäre."*

Das war Schmid ganz recht, denn auch ihm war die ganze Angelegenheit nicht ganz geheuer.

Als die Männer den Raum wieder verlassen und versiegeln wollten, bat die Jungfer Voigting um Aufschub, denn sie wollte zunächst aus dem gleichfalls versiegelten Schrank Bettzeug und anderes persönliches Eigentum des Verstorbenen entnehmen. Vogt und Notar waren damit einverstanden und warteten bis zum Abend, *„da der Voigt Husius von hier gegangen, welcher dann selber die Cammer zu geschloßen und den Schlüssel mit sich nach Hause genommen."*

Sonnabend, 3. Februar

Am nächsten Morgen, dem 3. Februar, gingen Schmid und Husius noch einmal zur Pastorei und erlebten eine Überraschung. Schmidt berichtet: *„... als wir bey dem bette getreten, worinnen der Cörper gelegen, sind wir mit großer Befremdung gewahr geworden, daß derselbe von uns nicht in dem Zustande wie vorbeschrieben, sondern dergestalt angetroffen worden, daß nun sich derselbe auf dem Rügken niederliegend und den Leichter oder heber um den Halß habend, welcher oben von dem kleinen Thaue abgestoßen, sich befindet..."*

Schmid und Husius zogen daraufhin *„vier unpartheyische Männer"* als Zeugen zu Rate. Die Männer inspizierten den Tatort und kamen zu der Einschätzung, dass der Aufheber *„allem Ansehen nach nicht abgeschnitten, sondern abgerissen wäre."* Schmidt hatte gewisse Zweifel, doch da er mit mehreren anderen Personen die ganze Nacht hindurch Totenwache gehalten hatte, konnte er bestätigen, *„... daß niemand fremdes in die Cammer gekommen."*

Eine Bitte richtete Schmid noch an seinen Amtsleiter: *„Inzwischen ist mir doch, wegen meiner schwachen und blöden[154] Natur nicht möglich, einer etwaigen visitation des Cörpers, wenn derselbe entkleidet worden, bey zu wohnen..."*

An eine Entkleidung war aber durchaus noch nicht zu denken, denn niemand war bereit, die Leiche zu berühren.

An diesem 3. Februar erschien nun auch Pastor Voigtings Wagen mit dem Sarg auf der Insel, *„nicht ohne große Kosten bey dieser beschwerlichen Winter-Zeit"*, wie er später berichtete. Der vom Tode seines Schwiegersohns erschütterte Pastor stieß bei den Norderneyern jedoch auf strikte Ablehnung: *„... so habe ich doch bey den harten Insulanern gar keinen Trost finden können"* und musste bekümmert feststellen, *„... daß von denen Insulanern nicht einmahl ein eintziger (...) Hand anlegen, und den Sarg vom Wagen helfen wollte."*

So wurde die Ächtung des Selbstmörders und die Scheu vor dessen Leiche immer mehr zum Leitmotiv für die Beteiligten.

Folgerichtig brachten nun zwei Insulaner *„im Nahmen der übrigen Einwohner"* eine Petition an Fürst Georg Albrecht auf den Weg, und zwar mit der Bitte, bei der Beerdigung nicht mitwirken zu müssen. So heißt es in der Eingabe, es sei ihnen vom Amt Berum befohlen worden, *„... den entseelten Cörper des dort gewesenen Predigers Strobach erlich zur Erden zu bringen."* Es sei aber inzwischen bekannt, *„... daß derselbe sich erhenket hätte. Und daher erachten wir uns nicht verpflichtet, den Cörper zu beerdigen. Allermaßen die Eyländer sich mit der Schifffarth ernehren, und solche nach anderen Ländern treiben, auch daher besorgen müßen, daß ihnen solche Beerdigung eines Mannes, der an sich selbst Hand geleget und sich selbst des Lebens auff eine solche schändliche Weyse beraubet, als etwas unehrliches vorgerücket[155], und sie dadurch in allerhand Unglück und Verlust ihrer Nahrung[156] gebracht"* würden.

Doch nicht nur die geschäftsschädigenden Folgen einer Beerdigung befürchteten die Insulaner, sie wussten auch einen Ausweg aus der misslichen Situation, indem sie darauf hinwiesen, dass der Schwiegervater des Verstorbenen doch zur Zeit auf der Insel sei und es deshalb *„... gar leicht in die Wege zu richten, daß der Cörper in der Stille bey Seite gebracht würde."*

Pastor Voigting indes hatte nicht nur den Sarg auf die Insel gebracht, sondern auch Anweisungen aus Berum und Aurich im Gepäck, denen zufolge die Leiche zu entkleiden, zu untersuchen und anschließend den Anverwandten zur Bestattung zu übergeben sei. Vogt Husius rief zwischen 5 und 6 Uhr die Insulaner in seinem Haus zusammen und verkündigte ihnen in Gegenwart von Voigting, Schmid und Siemens, was man von ihnen erwartete. Die Reaktion: Rebellion. Husius berichtet: *„Als ich, der Vogt, aber die hochfürstl. gnädigste Resolution* *kaum verlesen hatte, antwortteten einige von den Anwesenden und unter ihnen benamtlich Johann Klühn, gestalt Sie sich diesem widersetzen müßten. Als aber ich, der Vogt, darauf ermahnet, stille zu seyn und erst ordentlich anzuhören, auch solchemnegst[157] bescheidentlich zu antworten hätten, so hat inzwischen der Pastor Voigting (...) den Notarium ersuchet, vorgemeldete Worte des Johann Klühns ad notam[158] zu nehmen.“*

Als Husius seine Insulaner dann fragte, wer bereit wäre, den Sarg vom Wagen zu heben und die Leiche zu entkleiden, entstand ein Tumult. Die Anwesenden riefen, *„solches könten sie nicht thun“*, und Johann Klühn bekräftigte, dass es ihm *„nicht zugemuthet werden könnte, die Hände an einen Mißethäter zu legen.“* Klühn wurde daraufhin von Husius *„mit Worten bestrafet“* und *„abermahls jedermann zum Stillschweigen ermahnet.“*

Doch trotz des Zuredens des Vogts fand sich niemand bereit, Sarg oder Leiche zu berühren.

Daraufhin versuchte es Pastor Voigting mit christlichen Argumenten. Er erinnerte, dass Jesus Christus vom Volk zunächst als Verbrecher angesehen und deshalb gekreuzigt worden sei. Trotzdem hätten sich damals barmherzige Menschen gefunden, die ihn vom Kreuze abgenommen und bestattet hätten. Es war vergeblich. Die Insulaner fürchteten um ihren guten Ruf und meinten, dass sie, *„... wenn sie jetzt das Ihnen zugemuthete verrichten würden, bey anderen dadurch geschändet und geschmähet würden.“* Die Versammlung ging auseinander.

Kurz darauf startete Husius auf Verlangen Voigtings einen zweiten Versuch.

Er rief die Insulaner noch einmal zusammen und drohte ihnen nun mit einer Geldstrafe von fünf Gulden, falls sie sich seinen Anordnungen widersetzten. Auch das war vergeblich. Die Insulaner meinten, es sei völlig überflüssig gewesen, sie *„... dieser Sache wegen (...) wieder zusammen zu berufen, weilen Sie sich nicht dazu verstehen könten und wollten“* und gingen wieder nach Haus.

Der Pastor lag weiter tot in seiner Kammer, mit einem Strick um den Hals.

Sonntag, 4. Februar

Am nächsten Morgen war es dann Notar Schmid, der noch einmal versuchte, einige tonangebende Insulaner dazu zu bewegen, sich den amtlichen Anordnungen zu fügen. Die riefen jedoch durch Glockengeläut alle Insulaner zusammen und alle erklärten dann gemeinsam, dass sie nicht von ihrem Beschluss abzubringen seien. Auch als der Notar nachdrücklich auf die möglichen bösen Folgen ihrer Befehlsverweigerung hinwies, trat kein Stimmungsumschwung ein und Siebold Frerichs erklärte sogar, *„... daß er sich lieber seinen Kopf wollte weghauen als geschehen laßen, daß seine Kinder“* unter dem schlechten Ruf ihres Vaters leiden müssten. Im Übrigen würden sie gern erst mal eine schriftliche Ausfertigung der Anordnungen erhalten, die man ihnen vorgelesen hatte.

Es war nichts zu machen. Die Norderneyer hielten halsstarrig an ihrem einmal gefassten Beschluss fest.

Pastor Voigting war es inzwischen gelungen, seine mitgebrachten Fuhrleute dazu zu bewegen, den Sarg ins Pastorenhaus zu tragen. Notar Schmid und Vogt Husius kümmerten sich nun um den Nachlass des toten Pastors, inventarisierten, verschlossen und versiegelten Schränke und Türen. Sodann wussten Schmidt, Siemens und Voigting nicht mehr weiter und machten sich auf den Weg zum Festland, um von dort weitere Instruktionen oder Hilfe zu bekommen. Die kam ihnen jedoch schon im Watt entgegen in Form eines Expresswagens mit dem Berumer Amtmann Hess, der auf dem Weg nach Norderney war. Die Männer berichteten dem Amtmann über das *„unbillige und unchristliche Verfahren der Insulaner“* und Hess entschied, nun gemeinsam zur Insel zu fahren.

Dort gegen Abend angekommen, ließ Hess alle Insulaner erneut zusammenrufen und drohte jedem, der nicht bereit war, die Leiche zu entkleiden, mit einer Strafe von nunmehr zehn Gulden. Resigniert musste er aber feststellen:

„Es hat aber solches alles nichts verfangen wollen, sondern es haben die Insulaner sich darauf berufen, daß Sie Deputierte nach Aurich geschicket hätten, und also, bevor solche wieder angelanget, diesem Befehl nicht zu parieren gedächten."

Damit zeigte sich ein weiteres Motiv für die ablehnende Haltung der Norderneyer: Die Inseln waren „Herrenland", persönliches Eigentum des Fürsten, und die Insulaner meinten, dass sie deshalb nur dem Fürsten zu gehorchen hätten und nicht irgendwelchen Amtmännern.
Amtmann Hess glaubte, noch ein drittes Motiv zu erkennen:
„So viel ich aus allen Umständen bemerket, scheint es, als wenn der Voigt und die Insulaner gegen den gewesenen Prediger Strobach auch nach seinem Tode noch Rache ausüben wollen."

Tatsächlich muss das Verhältnis des Predigers zu seiner Gemeinde äußerst problematisch gewesen sein, denn in einem Brief Voigtings vom selben Tag heißt es über seinen Schwiegersohn, dass *„dessen Seele von den lieblosen Insulanern (...) geqwahlet*[159] *und bedranget worden"* sei. Und zwei Tage später schreibt sein Emder Amtsbruder Michael Pfeiffer über Strobach, *„daß ihn seine Gemeine biß auf das äusserste gequälet hat."*

Noch am Abend begann Amtmann Hess mit der kriminalistischen Aufarbeitung des Falles und verhörte fünf Norderneyer Männer und Frauen. Die Vernehmungsprotokolle, die im Staatsarchiv Aurich aufbewahrt werden, erlauben aufschlussreiche Einblicke in die letzten Tage des Pastors.

Hiemke Heyen, zwischen 40 und 50 Jahre alt, lutherisch, ist am letzten Dienstag bei Strobach gewesen und hat von ihm gehört, *„daß sein Hertze sehr bedrücket wäre"*, am nächsten Morgen habe er jedoch *„ihr gesaget, daß Er kurtz hernach, als Sie weggegangen, alles überwunden, und Gott für seine Gnade gedanket hätte."* Am Abend vor der Unglücksnacht habe er sich *„vernünftig aufgeführet."* Die Zeugin bestätigt weiter, *„daß der gewesene Pastor mit seiner Gemeine*[160] *in Unfrieden gelebet"*, doch seien ihr keine Bedrohungen bekannt gewesen.

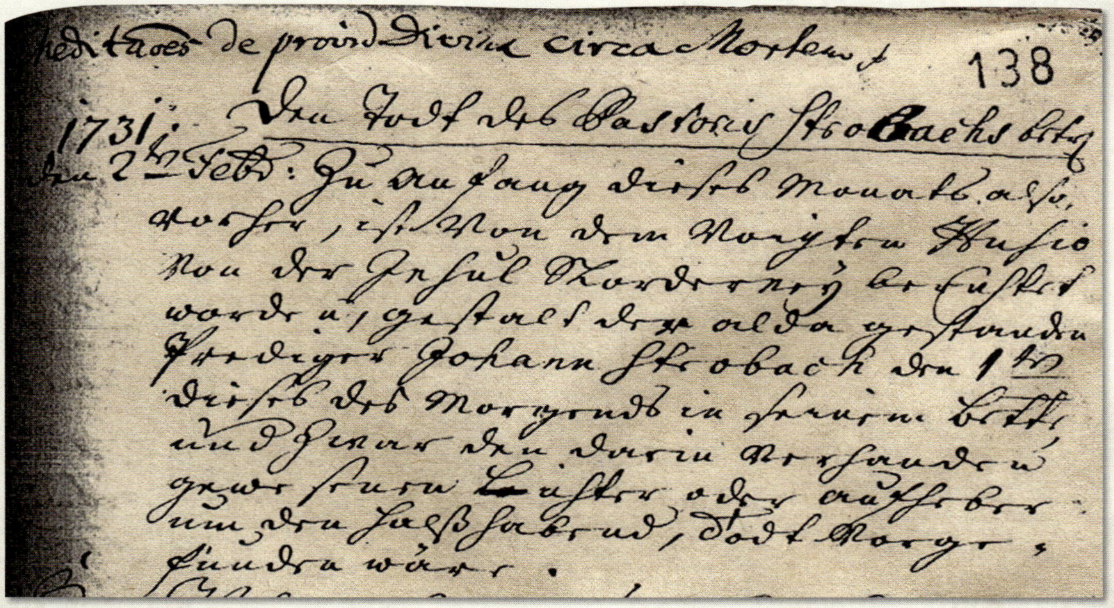

Das Norderneyer Kirchenbuch berichtet vom Todes des Pastors Strobach.

Maria Oldenburgs, 55 Jahre alt, lutherisch, berichtet, dass sie am Tag vor der Unglücksnacht mit ihrem Mann bei Strobach zum Essen gewesen sei. Da sei der Pastor *„so lustig und raisonnabel gewesen, als Sie Ihn Ihr Lebetag noch nicht gesehen hätte.“* Am Tag zuvor sei er jedoch sehr deprimiert gewesen. Am Morgen vor der Unglücksnacht habe der Pastor vier Frauen zum Tee eingeladen und erzählt, *„daß Ihm in einer Nacht, da Er sehr traurig gewesen, zugerufen worden wäre, daß Er den Schnupftuch*[161] *in den Halß stecken“* müsse, damit es ihm wieder besser ginge. Auf den Einwand der Frauen, dass er sicher nur geträumt hätte, habe *„der Pastor geantwortet, daß Er gewachet“* hätte.

Haye Siccen, 36 Jahre alt, lutherisch, ist am Morgen vor der Unglücksnacht in der Pastorei gewesen. Da habe er den Pastor *„in einem recht guten Stand angetroffen.“* Der Pastor habe ihm zugerufen: *„Haye Siccen, nun seid Ihr der erste, der mich in einem Freudenstande antrifft, freuet Euch mit mir und danket Gott mit mir. Ich habe ein großes überwunden und bin nunmehr an Leib und Seel gesund.“* Siccen sei wohl eine Stunde lang im Pastorenhaus gewesen und der Pastor habe ihm *„ein Glaß Jan Ever*[162]*“* eingeschenkt, aber selbst nicht mitgetrunken.

Der Zeuge kann sich nicht vorstellen, dass der Pastor durch Mörderhand gestorben ist. Er könne nicht glauben, *„daß dergleichen gottlose Leute sich auf der Insel finden würden.“*

Nohne Janssen, 52 Jahre alt, lutherisch, war am Tage vor der Unglücksnacht mit ihrem Mann zu einem Abendmahlsgespräch in der Pastorei. Da habe der Pastor etwas kränklich ausgesehen. Auf ihre Nachfrage hin habe *„... der Pastor geantwortet: Er wäre etwas mat. Sonsten hätte er sich vernünftig und christlich aufgeführet.“*

Weiter erinnert sich die Zeugin, dass der Pastor *„... gesaget: Es würde diesen Sommer ein großes Unglück auf der Insel passieren. Er wünschte aber, daß Gott es also schicken mögte, daß er ein Lügner in diesem Fall werden mögte.“*

Tätje Siemens Rass, 46 Jahre alt, lutherisch, hat am Morgen vor der Unglücksnacht den Pastor *„sehr freudig angetroffen, und wäre mit einem butterbrod in der Hand habend, Ihr begegnet.“* Am Abend vorher sei der Pastor aber sehr traurig gewesen. Auf ihre Frage *„ob Er Leibes Krankheit hätte“*, habe er nur mit *„Matt, Matt“* geantwortet.

Auch Tätje Siemens Rass kann bestätigen, dass der Pastor nachts angeblich Stimmen gehört hat:

„Er hätte aber (...) dabey gedacht, daß da noch Niemand an Gottes Gnade verzweifelt wäre; So wollte Er auch nicht daran zweifeln, und wäre Gottes Gnade in den schwachen kräftig. So wie Ihm vorgekommen, wäre es seiner selig Frau Stimme geweßen. Er hätte seinem bedünken nach dieselbe bey sich hinten im Bette seufzen und nachgehends vor dem Bette weinen hören. Er habe sonst sein Lebetage auf dergleichen Dinge nicht reflechiert[163]*, anitzo*[164] *aber müße ers glauben.“*

Auch Strobachs finstere Prophezeiung von einem Unglück, das über die Insel kommen würde, hat die Zeugin gehört. Der Pastor hätte allerdings vieldeutig hinzugefügt:

„Es soll auch noch etwas gutes dabey seyn, auch soll solches nur eine eintzige Persohn treffen. Auch hierbey gefüget, daß Gott dafür hüten und geben mögte, daß er in diesem Fall ein Lügner werden würde.“

Die Zeugin hat weiter von einem Gerücht gehört, wonach die Ehefrau des Pastors vergiftet worden sei, kann das aber nicht glauben.

Vogt Husius gibt schließlich noch zu Protokoll, dass der Pastor am Sonntag zuvor bei ihm zu Mittag gegessen und dabei keinerlei Anzeichen von *„Melancholie und Schwermüthigkeit“* gezeigt, sondern *„verständlich und vernünftig, nicht weniger christlich“* geredet habe.

Der Tag ging zu Ende und der Pastor lag immer noch in seiner Kammer - immer noch mit einem Strick um den Hals.

Montag, 5. Februar

An diesem Morgen wurden die Insulaner noch einmal zusammengerufen und von Vogt Husius *„nochmahls inständigst ersuchet“*, die Leiche des Pastors zu entkleiden. Die Norderneyer lehnten ab.

Daraufhin boten die von Hess und Voigting mitgebrachten Fuhrleute an, die Entkleidung zu übernehmen, wenn ihnen von den Insulanern *„zwey oder drey zu Hilffe kommen mögten.“* Die Norderneyer lehnten ab.

Resigniert berichtet der Amtmann seinem Fürsten: „*... es hat auch solches bey denen Insulaner nichts verfangen wollen, und hat man dieselben, weder durch Bedrohung oder auch durch gute Wörter,* (noch...) *durch Versprechung einiges Geldes dazu bequemen können.*“

Doch dann zeigte sich ein Ausweg aus der verfahrenen Situation. Die Fuhrleute zeigten sich bereit, die Entkleidung vorzunehmen, wenn Amtmann Hess ihnen vorher schriftlich seine Hilfe zusicherte, falls sie deshalb später Schwierigkeiten bekommen würden. Der Amtmann unterschrieb.

Doch dann stellten die Fuhrleute eine weitere Bedingung. Sie würden erst dann anfangen, wenn der Norderneyer Vogt Husius den ersten Knopf von der Kleidung des Toten geöffnet hätte. Amtmann Hess wies den Vogt an, dieser Bedingung nachzukommen, und erklärte, dass eine solche Handlungsweise keineswegs schimpflich sei, denn schließlich habe der Fürst ein ehrenvolles Begräbnis für den Pastor angeordnet. Der Vogt lehnte ab.

Er wolle erst die Rückkehr der Norderneyer Delegation aus Aurich abwarten. Schließlich habe er nur Anordnungen aus Aurich zu respektieren und sei kein subalterner Bedienter, der einem Amtmann gehorchen müsse. Das war sehr unvorsichtig, wie sich später zeigen sollte. Der Amtmann ärgerte sich und schrieb zunächst einen ausführlichen Erfahrungsbericht für seinen Fürsten und beorderte sodann den Fischer Harmen Siebels, den Brief mit seiner Schnicke[165] zum Festland zu bringen. Der Fischer lehnte ab.

Winter im Watt.

Es läge zu viel Eis im Watt. Man müsse erst besseres Wetter abwarten, meinte er. Vielleicht morgen.

Der erboste Amtmann verfasste nun einen geharnischten Beschwerdebrief über das unbotmäßige Verhalten der Norderneyer und ihres Vogts:

„Bey denen rüden Eyländern kann man so wenig mit Bedrohungen, als mit guten worten, noch mit Versprechung einigen Geldes das geringste ausrichten, und scheinet, als wenn dieselben an ihrem gewesenen Prediger auch noch nach seinem Tode Rache ausüben wollen. Aus allen Umständen können wir nicht anders bemerken, als daß der Voigt Husius mit denen Eyländern zuhalte, wiewohl Er sich so öffentlich nichts davon merken läßet. Er hat die Gemüther der Eyländer dermaßen eingenommen, daß wir ohne seinen Willen bey denselben nichts ausrichten können und scheinet es, als wenn derselbe so wohl als die Eyländer keine anderen ordres , als welche directe von Ew. Hochfürstl. Durchl. kommen, zu parieren sich schuldig erachten."

Weiter bat der Amtmann seinen Fürsten in Hinblick auf den toten Pastor zu veranlassen, *„daß der Cörper nicht länger zu jedermanns Spectacel da liege"*, sondern ehrlich begraben werden möge. Und schließlich möchte auch der Amtmann bei der Untersuchung der Leiche anwesend sein:

„Es ist mir eine pure Unmöglichkeit einen totden Cörper und absonderlich mit dem es eine dergleichen bewandnis hat, ohne die größeste alteration [166] *anzusehen."*

Der Tag ging zu Ende. Der tote Pastor lag immer noch in seiner Kammer – immer noch mit einem Strick um den Hals.

Dienstag, 6. Februar

An diesem Tag wurden die Eingaben der Norderneyer und des Amtmannes in Aurich bearbeitet, und zwar mit großer Entschiedenheit. Fürst Georg Albrecht ordnete an, dass der Pastor von den Norderneyern ehrenvoll und mit allen üblichen Zeremonien zu bestatten sei. Alle Norderneyer hätten dem fürstlichen Amtmann Hess uneingeschränkt und unverzüglich Gehorsam zu leisten. Inzwischen hatte sich die Nachricht von dem ungeklärten Todesfall in Ostfriesland verbreitet. Der Emder Pastor Michael Arnold Pfeiffer äußerte am 6. Februar vorsichtig den Verdacht eines Selbstmordes aufgrund der schwierigen familiären und beruflichen Situation seines Norderneyer Amtsbruders, der innerhalb kurzer Zeit seine Frau und ein Kind verloren hatte. Nur wenige Tage vor seinem Tod hatte Strobach ihm noch geschrieben:

„Es hat mich der Alleinweise Vater abermahls mit neuen empfindlichen Creutzes-Ruthen gezüchtiget und hart angegriffen durch das Seel. Absterben meiner Liebgewesenen und getreuen Ehe Frau und das jüngst gebohrene, liebe Töchterlein, welche Beyde in einem 4tel Jahr zusammen in die Seel. Ewigkeit sind versetzet worden zu meiner schmertzlich Wunde und Betrübnis, welches ich noch täglich fühle. Doch Gott ist noch bis hierher meine Stärke, Trost, Schutz und Schirm wieder die Pforten der Hölle gewesen…" Und weiter schreibt Strobach von seinem Lebenslicht, *„das in der Buß- und Creutzes Asche unter Gottes Gnade noch glimmet…"*

Ein Lebenslicht, das nur noch glimmt, die Pforten der Hölle, das sind allerdings Metaphern, die Düsteres ahnen lassen. Zur Verzweiflung des Pastors dürfte neben der familiären auch ganz wesentlich seine schwierige gesellschaftliche Situation beigetragen haben, von der Pastor Pfeiffer zu berichten wusste, *„daß ihn seine Gemeine bis auf das äusserste gequälet hat."*

Auch an diesem Abend lag der Pastor noch tot in seiner Kammer – immer noch mit dem Strick um den Hals.

Mittwoch, 7. Februar

An diesem Tag erhielt Dr. Matthias Jacob Bacmeister, Leibarzt des Fürsten in Aurich, von seinem Herren den Auftrag, *„… sich nach dero Insul Norderney zu begeben, und den daselbst in seinem bette hangend todt gefundenen Pastorem Strobach zu besichtigen, und so weit nötig zu secieren."* Bacmeister machte sich auf die mühselige Reise von Aurich nach Norderney.

Auf Norderney wartete man indes auf die Anordnungen aus Aurich. Der Tag verging und die Leiche des Pastors lag weiterhin auf dem Bett – immer noch mit dem Strick um den Hals.

Donnerstag. 8. Februar

Um halb 9 Uhr erschien Bacmeister auf Norderney und überreichte dem Amtmann den fürstlichen Beschluss vom 6. Februar. Mit großer Genugtuung konnte der Amtmann den zusammengerufenen Norderneyern vorlesen, dass die Insulaner allen seinen Anordnungen uneingeschränkt und unverzüglich Folge zu leisten hätten, und es ihre Pflicht sei, ihren Pastor mit allen Ehren und den üblichen Zeremonien zu bestatten. Da es sich um einen Befehl ihres Fürsten handelte, waren die Norderneyer nun bereit, Gehorsam zu leisten. Gemeinsam mit ihrem Vogt und Amtmann Hess begaben sie sich zur Pastorei, wo der Amtmann nun wieder einmal die Entkleidung der Leiche anordnete. Die Insulaner sträubten sich, indem sie vorgaben, sie würden das erst tun, wenn der Amtmann selbst *„die erste Hand an den Cörper würde geleget haben.“* Der Amtmann jedoch erklärte, dass er das aufgrund einer fürstlichen Entscheidung nicht zu tun habe, und befahl nun seinerseits dem Vogt, die Leiche als erster anzufassen und *„… so hat derselbe, nach einigen dawider gemachten capricieusen Einwürffen sich endlich dazu resolvieret*[167]*.“*

Die Leiche wurde sodann von allen Insulanern berührt und entkleidet und um halb 11 Uhr konnte Dr. Bacmeister mit Hilfe des Chirurgen Siemens und in Gegenwart des Notars Schmid sowie des Vogtes die Untersuchung beginnen.
Drei Tage später berichtete er seinem Fürsten:

„Bey der Eußerlichen Besichtigung war das Gesicht gantz natürlich anzusehen, ohne daran das geringste blaue wahrzunehmen, die Zunge war etwas zwischen denen Zähnen beknippen, aber auch nicht blau. Die Dicke des Stricks correspondierte accurat zu dem Einschnitt des Halses, den er gemacht. (…) Wie ich nun hier keine äußerliche Gewaltthätigkeit wahrnehmen konnte, so wurde dadurch erwogen, die cavitates[168] *der Brust und des Leibes zu öffnen, (…) Eußerlich nun sahe die Brust Natürlich aus, bey der Eröffnung aber wiesen sich die beyden lobi pulmonum*[169] *gantz braun-schwartz voll stagniertem Geblüth, das Hertz war gantz frisch (…) Der Unterleib war etwas aufgetrieben und gantz grün (…) Übrigens waren alle partes nobiliores*[170] *im Leib in vollkommenem guten Stande. Von dem Unterleib biß an denen Waden war er gantz braun roth, welches von dem darin stocktem Geblüth gekommen.“*

Außer dem Strick wies die Leiche also keinerlei Zeichen einer Gewalttat auf und wurde nunmehr zur Bestattung freigegeben. Die Norderneyer sahen sich in ihrer Auffassung von einem Selbstmord bestätigt und standen nun äußerst widerwillig vor der Aufgabe, in ihrer Kirche vor dem Altar einen Selbstmörder zu bestatten. Doch sie hatten zu gehorchen. Schließlich hatten sie sich ja bereit erklärt, den Befehlen des Fürsten zu folgen. Aber noch war es nicht so weit …

Um 4 Uhr erschien der Schwiegervater des Verstorbenen, Pastor Voigting, bei Amtmann Hess und klagte, dass ihm *„von denen Weibern der Eyländer, welche zur Einlegung des Cörpers erfordert und schon beruffen*[171] *worden,“* erklärt worden sei, dass sie den Toten nur dann einsargen würden, wenn die Ehefrau des Vogtes als erste den Sarg angefasst hätte, was diese aber nicht wolle.

Hess eilte daraufhin zur Pastorei und versuchte, die Frau des Vogtes umzustimmen – vergeblich. Auch Hinweise darauf, dass ihre Weigerung böse Konsequenzen für ihren Mann haben könnte, blieben ohne Wirkung. Sie wollte auf keinen Fall als erste den Sarg anfassen. Amtmann Hess überwand dann tapfer seinen Widerwillen und fasste als erster den Sarg an. Daraufhin berührte auch die Frau den Sarg, *„… ist aber gleich darauf wieder weggegangen, weil Sie vorgegeben, daß Sie eine aversion*[172]*, sowohl von der Sache selbst als auch vor des Pastoris Hause hätte. Diesemnegst ist die Einlegung zwischen 5 und 6 Uhr mit denen dazu gewöhnlichen Ceremonien ordentlich geschehen.“*

Freitag, 9. Februar

Das Norderneyer Kirchenbuch schließt das Kapitel „Strobach“ mit den folgenden Zeilen: *„... ist die Beerdigung gnädigst anbefohlenermaßen mit den gebräuchlichen Ceremonien in der Kirche vor dem Altar geschehen (...) Übrigens hat der Dr. Bacmeister bey der Section zwar keine sonderlichen Merkmahle eines erlittenen gewaltsamen Todes feststellen können.“* Aufgrund des christlichen Lebenswandels des Pastors aber könne „... *man fast nicht glauben, daß selbiger selbst Hand an sich geleget haben wird. Dem Höchsten ist am besten bekannd, auf welche Art derselbe zu Tode gekommen.“* - Das war unwiderlegbar.

Doch auch das Begräbnis war nicht ohne weitere Zwischenfälle verlaufen. Vogt Husius, der standesgemäß am Leichenzug teilnehmen musste, trug eine blaue Jacke. Das brachte ihm noch während der Beerdigung einen Verweis des Amtmanns ein, der meinte, nur schwarze Kleidung sei angemessen. Der Einwand des Vogtes, seine schwarze Jacke sei schon 17 Jahre alt und ihm inzwischen zu eng geworden, wurde vom Amtmann nicht akzeptiert. Der Vogt musste sich umziehen. Der Konflikt zwischen Vogt und Amtmann spitzte sich zu und sollte ein Jahr später für den Vogt böse enden.

Rückblick

Johann Strobach war kein Ostfriese. Er war 1692 in Hemleben in Thüringen geboren worden und begann mit 23 Jahren ein Theologiestudium in Jena.

Im Oktober 1720 erhielt er die Aufforderung, sich dem Konsistorium[173] in Aurich vorzustellen und Ende des Monats bereits erging vom Konsistorium die Order: *„So befehlen wir allen und jedem Eingeseßenen dieser Gemeinde auf Norderney bey Strafe von 10 G(ulden) (...), daß sie besagten Candidaten Johann Strobach für ihren ordentlich bestellten Prediger und Seelsorger erkennen, ehren und respectieren wollen.“* Kurz darauf erhielt der Norderneyer Vogt die Order, den neuen Pastor in Bensersiel abzuholen.

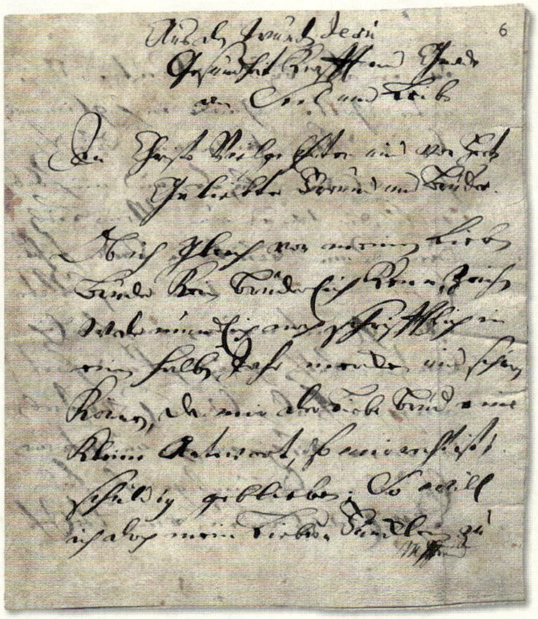

Letzter Brief des Pastors an einen Amtsbruder: „Aus dem Grunde Jesù Gesundheit, Kraft und Gnade an Seel und Leib! An Christo Vielgelehrten auch von Hertz Geliebten Freund und Bruder...“

Der Beginn seiner Amtszeit auf der Insel stand für Strobach unter einem guten Stern. Mit rund 325 Insulanern war seine Gemeinde durchaus überschaubar. Am 3. Juni 1721 heiratete er die gleichaltrige Gretje Lüningen aus Emden und pünktlich, neun Monate später, am 26. März 1722, wurde Strobach Vater einer kleinen Tochter, die er auf den Namen Anna Christina taufte. Doch dann begann das Unheil, denn nur zwei Monate später starb die junge Mutter. Der tief betroffene Pastor schrieb in sein Kirchenbuch:

„Den 19. May ist meine seel. Frau Gretje Janssen Strobachin (...) in ihrem Herren eingeschlafen und geschwinde von mir gerissen worden, da wir kaum ein Jahr weniger zwei Wochen mit einander unseren Ehestand geführet./...) Ach ein großer Schmerz ist meinem Herz dadurch zugefüget worden. (...) O, eine theure Seele!“

Fünf Tage lang hatte die Pastorenfrau mit dem Tode gekämpft, hatte mit ihrem Mann zusammen ununterbrochen gebetet, sie hatten fromme Lieder gesungen und auf Medikamente vom Festland gewartet, die aber wegen des stürmischen Wetters nicht kommen konnten, und so befahl die Kranke laut Kirchenbuch *„ihre Seele in die Hände ihres Jesu. Herr Jesu, Dir lebe ich, Dir sterbe ich, dein bin ich todt und lebendig. Amen."* Sie wurde am 21. Mai in aller Stille in der Kirche begraben. Die kleine Tochter überlebte.

Zwei Jahre später, im September 1724 heiratete Strobach in Hage die Pastorentochter Sophia Charlotte Voigting, die ihm im Oktober 1725 seine zweite Tochter gebar, Christina Charlotte. 1727 folgte der erste Sohn, Gottlieb, und 1728 der zweite Sohn, der nach seinem Hager Großvater Pancratius benannt wurde.

Im Laufe der Jahre waren jedoch in seiner Gemeinde Spannungen aufgetreten, die immer weiter zunahmen. Es war die Zeit des Pietismus, einer Glaubensrichtung, die eine öffentlich gezeigte, gefühlsbetonte Frömmigkeit anstrebte – eine Glaubenshaltung, die mit der Lebensweise und den Vorstellungen der Insulaner wohl schlecht vereinbar war. Die Norderneyer Fischer reduzierten eigenmächtig die Zahl der Fische, die dem Pastor bestimmungsgemäß zustanden, die Schiffer weigerten sich, für die Pastorenkuh Heu vom Festland mitzubringen und überhaupt wollte sich niemand wegen seines sündigen Lebens irgendwelche pastoralen Vorhaltungen machen lassen.
Im November 1726 erschien nach einem großen öffentlichen Saufgelage niemand mehr zum Gottesdienst. Ein Jahr später traten die beiden Norderneyer Kirchverwalter zurück, weil sie, wie der Pastor meinte,

„… sich beschweret gefunden, ihrem Amte länger vorzustehen, weil sie keinen Nutzen davon hätten, sondern nur Mühe und Arbeit, welche freylich denselben leider! als natürlichen Menschen, die nur auf Genuß. aber nicht auf die Ehre Gottes sehen, muß beschwerlich fallen."

Im September 1729 notiert Strobach bekümmert den Tod des Harm Sücken, der während seiner ganzen Lebenszeit *„in unversöhnlichem Haß und Lästerung"* dem Pastor gegenüber gelebt und ihn *„einen falschen Propheten gescholten"* habe.

Am 2. November 1730 bekam Strobach ein weiteres Töchterchen, Elisabeth Juliana, doch am 8. November schon starb die junge Mutter. Auf der Seite für Sterbefälle notiert Strobach im Kirchenbuch:

Costa mea charissima[174]*, des Morgens am Mittwoch gegen 3 Uhr zu meiner großen Traurigkeit allhier in der Wüste, an einem fremden und wilden Ort: Sophia Charlotte Strobachin, geb. Voigtin, und ist begraben in der Kirche vor dem Altar."* - Zeilen, die die ganze Verzweiflung des Pastors widerspiegeln!

Die kleine Elisabeth Juliana überlebte ihre Mutter nur um ein paar Wochen und wurde am 17. Januar 1731 von ihrem Großvater Pancratius Voigting in Hage bestattet.

Das Verhältnis zu seiner Gemeinde verschlechterte sich immer mehr, so dass Strobach am 27. Januar schließlich alle Insulaner zu einer Aussprache einlud, die auch so versöhnlich endete, dass ihm alle zum Abschied die Hand reichten – nur der Kirchverwalter Siebelt Frerichs nicht.
Fünf Tage später war der Pastor tot.

Seine Kinder waren beim Tode ihres Vaters neun, fünf, drei und zwei Jahre alt und dürften dann in der Familie ihres Großvaters in Hage aufgewachsen sein.

Christina Sophia verheiratete sich später in Aurich.

Gottlieb wurde Arzt und zog ins holländische Spaarndam, wo er drei Söhne in die Welt setzte, die gleichfalls Ärzte wurden: Johannes, der 23-jährig auf der Überfahrt nach Guyana starb, Hendricus, der 20-jährig als Schiffsarzt in Batavia starb, und Jacobus, der in Holland blieb und immerhin 51 Jahre alt wurde.

Pancratius wurde Lateinlehrer an der Frankeschen Stiftung in Halle.

Über das Schicksal von Anna Christina ist nichts bekannt.

Quellen und weiterführende Literatur:

1. *StA AURICH, Rep. 138 I Nr. 1732*
2. *Kirchenbuch der ev.-luth. Gemeinde NORDERNEY, 1690 – 1731*
3. *C. G. REINS: Die Insel Nordernei, Hannover, 1853,*

Norderney, im November 2010

Liste der am häufigsten genannten Norderneyer

Bentets, Sypke, 1688 – 1759,
Tochter des Kirchverwalters Bentet Remmers, heiratete 1715 einen Sohn des Vogtes Simon Jacobs Rass

Bents, Ehme, 1704 – 1755,
Sohn des Kirchverwalters Bentet Remmers, Bruder von Sypke Bentets, randalierte 1737 auf Norderney, heiratete eine Enkeltochter des Vogts Arend Kluin, ertrank bei Helgoland

Frerichs, Siebelt, 1661 – 1740,
25 Jahre lang Kirchverwalter auf Norderney, Vater des Eilt Siebels

Hayen, Afke, 1649 – 1740,
war zunächst mit dem Vogt Arend Kluin verheiratet und 1683 – 1712 mit dem Vogt Simon Jacobs Rass

Husius, Anna Barbara, 1694 - ?,
Tochter des Pastors Johann Husius sr., Schwester des Vogtes Johann Husius jr.

Husius, Johann, ? – 1712,
1697 – 1712 Pastor auf Norderney, stammte aus der Grafschaft Lippe, arbeitete zunächst in Holland, Esens und Langeoog, Vater des Vogtes Johann Husius und von mindestens sieben weiteren Kindern.

Husius, Johann, Lebensdaten unbekannt,
Sohn des Pastors Johann Husius, von 1712 – 1732 Vogt auf Norderney.

Jacobs, Triene, 1671 – 1737,
Ehefrau des Fischers Rudolph Scholemann aus Baltrum, Schwester des Wadde Jacobs

Jacobs, Wadde, 1668 – 1746,
Fischer, Bruder der Triene Jacobs

Kluin, Arend, Lebensdaten unbekannt,
Vogt auf Norderney, verheiratet mit Afke Hayen, die ihm von 1669 bis 1674 drei Kinder gebar.

Kluin, Jan Arends, 1669 – 1733,
Schiffer, Sohn des Vogtes Arend Kluin

Kluin, Hinrich Arends, 1671 – 1726,
Schiffer, Sohn des Vogtes Arend Kluin

Rass, Ehme Jacobs, 1847 – 1884,
Seefischer, verheiratet mit der aus Juist stammenden Wilhelmina Maria Visher, ertrunken im Norderneyer Riff

Rass, Jacob Simons, 1688 – 1750,
Sohn des Vogtes Simon Jacobs Rass

Rass, Simon Jacobs, ? – 1712,
von 1688 – 1692 und von 1703 – 1712 Vogt auf Norderney, heiratete 1683 Afke Hayen, Witwe des Vogts Arend Kluin

Rass, Tätje Simons, 1685 – 1746,
Tochter des Vogts Simon Jacobs Rass

Rasske, Johann, Lebensdaten unbekannt,
Schüttemeister aus Norden, 1605 Vogt auf Norderney

Remmers, Bentet, 1662 – 1740,
Kirchverwalter, Vater von sechs Kindern, darunter Sypke Bentets, die 1715 einen Sohn des Vogtes Simon Jacobs Rass heiratete, Remmer Bents, der 1726 eine Enkeltochter des Vogtes Arend Kluin heiratete, und Ehme, der 1730 gleichfalls eine Enkeltochter des Vogtes Arend Kluin heiratete.

Remmers, Hanke, 1673 – 1750,
Bruder des Kirchverwalters Bentet Remmers

Schleevoigt, Georg Christian, 1645 – 1703,
aus Borkum, 1693 – 1703 Vogt auf Norderney

Siebelts, Eilt (Ayeld, Eilard), 1708 – 1759,
Sohn des Siebelt Ferichs, randalierte 1725 auf Juist und 1737 auf Norderney

Strobach, Johann, 1692 – 1731,
aus Thüringen, 1720 – 1731 Pastor auf Norderney

Strohmann, Johann Andreas, 1658 – 1732,
aus Thüringen, 1712 – 1720 Pastor auf Norderney

Tromp, Jan, 1700 – 1750,
aus Hage, Matrose, Abenteurer und 1732 – 1750 Vogt auf Norderney

Visher, Wilhelmina Maria, 1846 – 1930,
aus Juist, hatte mit Ehme Jacobs Rass zehn Kinder, später Badefrau auf Juist

Quelle: AGGEN, Jörg Alfred: Die Familien der evangelisch-lutherischen Kirchengemeinde Norderney, Aurich, 2003

Anmerkungen zum Inhalt

1. Zweimastiger, flach gehender Küstensegler
2. Zweimastiger Rahsegler
3. 1 Schock = 60 Stück
4. Altes Maß für Wein und Spirituosen, entspricht etwa 200 Litern
5. Louis Alexandre de Bourbon (1678 – 1737) war ein illegitimer Sohn des französischen Königs Ludwig XIV. und der Marquise de Montespan, die seit 1667 offizielle Mätresse des Königs war und ihm acht Kinder gebar.
6. Ludwig XIV., König von Frankreich
7. Karl II., König von Spanien
8. Der protestantische Wilhelm III. von Oranien hatte den katholischen Jacob II. in England/Schottland entthront. Jacob II. war daraufhin Hilfe suchend zu Ludwig XIV. nach Frankreich geflohen.
9. Krieg Ludwig XIV. gegen die „Große Allianz“ aus England, Spanien, Portugal, Niederlande, Österreich, Preußen,

   Bayern, Hannover und Savoyen
10. Seegatt zwischen Baltrum und Langeoog
11. Bei Schill handelt es sich um dicke Ablagerungen von Muschelschalen, die von den Insulanern im Watt abgebaut und zur Gewinnung von Branntkalk ans Festland verkauft wurden.
12. Alte Bezeichnung für „Baltrum“
13. Lösegeld
14. Altona gehörte 1696 zum Königreich Dänemark
15. flach gehender zweimastiger Küstensegler
16. entlassen
17. Schnicke, kleines flachgehendes Küstensegelschiff für Fischfang und Frachttransport
18. Schaluppe, d.h. Beiboot
19. Lösegeld
20. Unterkunft
21. „Heiliges Land“, frühere Bezeichnung für „Helgoland“
22. ehrsamer
23. gefangen
24. abgeleitet von „ranson“, d.h. „Lösegeld“
25. zu viel
26. oberster Beamter eines Amtsbezirks
27. Schafe
28. Entlassung gegen Lösegeld
29. verlangen
30. Milde
31. Schill: Muschelschalen für die Herstellung von Kalk
32. beiliegendem
33. bezahlen, transferieren
34. Kanone
35. Befehl
36. Pulver

37. Blei

38. helfen

39. fordern

40. angegeben, gemeldet, vorgenannt

41. zweimastiger Küstensegler

42. Balje: tiefer Priel

43. Möglicherweise sind die Differenzen bei der Datierung auf Irritationen durch die kurz zuvor erfolgte Umstellung vom Julianischen auf den Gregorianischen Kalender zurückzuführen.

44. Butterfass

45. Zauberland

46. Norderney gehörte zum Amt Berum

47. apprehendieren = verhaften, gefangen nehmen

48. Zweimastiger, flach gehender Küstensegler

49. Große Sandplate bei Borkum, häufig trockenfallend

50. geschossen

51. behandelt

52. verabschiedet

53. Pulver und Blei

54. Befehl

55. Schaluppen

56. Heppens bei Wilhelmshaven

57. Bargeld

58. Amtmann

59. auf der betreffenden Liste

60. Antragsteller

61. zurückgeben

62. den Befehl übermittelt

63. Amtmann

64. Genannte

65. Lösegeld zahlen

66. Pulver und Blei

67. Bakenstecker loteten die Tiefe des Wattfahrwassers aus und kennzeichneten die Fahrrinnen mit Baken.

68. Stadt in Flandern. Der französische König Louis XIV hatte weite Teile Flanderns annektiert und viele flandrische Seefahrer als Freibeuter in seine Dienste übernommen.

69. „Heiliges Land" war die damals übliche Bezeichnung für „Helgoland"

70. Im weiteren Text wird die historisch vorherrschende Schreibweise „Rass" verwendet.

71. Die drei Gebrüder

72. Die vier Geschwister

73. Ostfriesischer Schnaps

74. gemeint sind die Fontanellen

75. Mitteilung

76. wahrscheinlich: spritzen, spucken

77. 1 Gulden hatte 20 Stüber

78. Für 1 Stüber konnte sich der Pastor damals 10 Eier oder 2 Pfund Brot kaufen oder 1 Maß Bier gönnen.

79. Gauner, Spitzbube

80. 12. Juni 1712

81. Quäker: englische Sekte, gegründet Mitte des 17. Jahrhunderts

82. Wichter Ee, Seegatt zwischen Norderney und Baltrum

83. Sandbank

84. andauernde

85. 1 Scheffel entspricht etwa 25 Litern

86. Anordnung

87. Ostfriesisches Hohlmaß; 1 Last = 15 Tonnen = 3000 Liter

88. flachgehender Küstensegler von der Größe eines Kutters

89. geborgenen

90. beschlossen

91. Hafer

92. verheimlicht

93. starrsinnig, widerspenstig

94. Geldstrafe

95. verurteilt

96. betteln

97. behandeln

98. schäbiger Mensch

99. Der Advocatus fisci vertrat die Interessen des Fürsten und Staates

100. Angeklagte

101. unangemessen

102. Lebensweise

103. Der Zwischenfall ereignete sich zwar schon vor 300 Jahren, bestätigt aber, dass das Verhältnis zwischen Juistern und Norderneyern schon immer etwas spezieller Art war.

104. Großer Priel zwischen den Inseln Juist und Memmert

105. Am Westende, auf der so genannten Bill, befand sich eine kleine Siedlung mit 18 Häusern und einer Kirche, die bei der Weihnachtsflut 1717 schwer beschädigt wurde.

106. Wattwiese

107. Der Vater des Missetäters war 25 Jahre lang Kirchverwalter auf Norderney, was eigentlich für ein anständiges Elternhaus sprechen sollte.

108. Strandhafer, wurde großflächig zum Küstenschutz gepflanzt

109. abhängt

110. zum Vergnügen

111. Vorkommnis

112. detailliert

113. Spitzbube, Gauner

114. Gemeinde

115. Straßenraub

116. Gauner

117. Mennoniten-Pastor. Die Mennoniten wurden als Ketzer angesehen

118. auf der Gemeinde Kosten

119. Abendmahl

120. Beruf

121. Anordnung

122. verhindern

123. Spitzbube

124. Seele, Charakter

125. Verärgerung

126. Gehässigkeit

127. Taugenichts

128. seinerseits

129. Amtsführung

130. per Handschlag

131. Vorladung

132. befreien

133. Bewerber

134. empfehlenswert

135. Im damaligen Sprachgebrauch: Schüchternheit

136. In modernem Deutsch lautet der Text sinngemäß: Ich muss schleunig berichten, dass Ehme Bents eine halbe Tonne Bier geholt und in Jan Klüns Haus gebracht hat. Als (er) am 8. dieses Monats abends dabei gewesen ist, mit einigen (Leuten) zu trinken, hat sich abends zwischen 9 und halb 10 Jan Klün mit viel Schreien und Rufen vor meiner Tür eingefunden: „Vogt, helft mir, denn ich leide Not und muss über Gewalt klagen." Da ich aber schon im Bett lag, ist er so wieder weggegangen.

137. vielleicht umgebracht

138. Unterschlagung

139. zustimmen

140. Rebellion gegen den Fürsten 1726/27, benannt nach dem Führer der Aufständischen Heinrich Bernhard von dem Appelle, Häuptling zu Groß-Midlum

141. flüchten

142. militärisch erkunden, patrouillieren

143. In der ausdrucksvolleren Originalversion lautet es: „... hör Du, ik segge Dij, Du salt mij die Porte macken laten, off Dij sall der Duiffel halen un ick will Dij Cannaille, hale mij der Duiffel mit Lyff un Seehle ruhiglich, (...) den Halß brechen, ja Dij Schurk den Kop tein mal off schlan, off mij sall der Duiffel halen."

144. Apothekergewicht, ca 3,6 g

145. Kleinstes Apothekergewicht, ca 0,6 g

146. geantwortet

147. Lichter, Leichter oder Aufheber:
In den Wandbetten von der Decke herabhängendes Seil, an dem man sich aufrichten konnte

148. Gemeinde

149. untersuchen

150. Es dürfte sich um eine Tochter des Hager Pastors handeln, die gleich nach der Todesnachricht nach Norderney gekommen war, um sich um die Kinder zu kümmern.

151. Aufheber, Lichter

152. anschließende

153. Unordnung, Durcheinander

154. ängstlich, schüchtern

155. vorgeworfen

156. Broterwerb

157. dann, anschließend

158. zu den Akten

159. gequält und bedrängt

160. Gemeinde

161. In älterer Sprachegelegentlich auch „der Tuch“ anstelle von „das Tuch“

162. Ein Glas Genever

163. nachdenken, vorstellen

164. jetzt

165. damals verbreitete Fischerboote, von der Größe eines Kutters

166. Aufregung, Verwirrung

167. entschlossen

168. Leibeshöhlen

169. Lungenflügel

170. wichtigste Organe

171. Es dürfte damals auf Norderney, wie in anderen Regionen auch, üblich gewesen sein, dass die Nachbarinnen für die Einsargung zuständig waren.

172. Abneigung

173. Oberste Kirch- und Schulbehörde

174. Meine liebste Rippe – Anspielung auf die Schöpfungsgeschichte, der zu Folge Eva aus einer Rippe Adams geschaffen wurde.

EINE EINZIGARTIGE
LANDSCHAFT
VERDIENT EIN EINZIGARTIGES
MAGAZIN
VW feiert: 50 Jahre „Made in Emden"
Ostfriesland
Magazin
Neuharlingersiel
Authentisches Fischerdorf
SOMMERRÄTSEL: ATTRAKTIVE GEWINNE
Ostfriesland
Magazin
Jeden Monat NEU
Seehunde
Einfach liebenswürdig
SPECIAL: NORDERNEY-SAISON 2014 32 SEITEN
NORDERNEY
NORDEN-NORDDEICH
GRÜNES TOR ZUM MEER
STÖRTEBEKER-FESTSPIELE
SPEKTAKULÄRES THEATER
Ostfriesland Magazin
SKN Druck & Verlag | Stellmacherstraße 14 | 26506 Norden
Telefon (0 49 31) 9 25-144 | Fax (0 49 31) 9 25-2 92
aboservice@skn.info | www.ostfriesland-magazin.de

WIR BRINGEN SIE HIN!
Ab Norddeich nach Norderney und Juist,
in das Weltnaturerbe Wattenmeer
Norderney
Juist
Weltnaturerbe Wattenmeer
FRISIA IV
CASSEN-TOURS
CASSEN EILS & FRISIA TOURISTIK GMBH NORDERNEY
www.cassen-tours.de
FRISIA
AKTIENGESELLSCHAFT REEDEREI NORDEN-FRISIA Tel.: 04931 987-0 www.reederei-frisia.de
Ab Norddeich zu Wasser und in der Luft nach Norderney und Juist.